谨以本书　怀念那一群

为人刚朴
处事诚敬
坚持追求学术卓越的
创校同事们

香港科大是全部由华人自己努力创办的
那群华人能够做到的成绩，其他地区的华人必定可以超越

香港科大
还有什么好说的?

齐锡生 —— 著

深圳出版社

图书在版编目(CIP)数据

香港科大，还有什么好说的？/ 齐锡生著. -- 深圳：深圳出版社，2014.4（2023.2重印）
ISBN 978-7-5507-0733-7

Ⅰ.①香… Ⅱ.①齐… Ⅲ.①香港科技大学—学校管理 Ⅳ.①G649.286.58

中国版本图书馆CIP数据核字(2022)第210523号

香港科大，还有什么好说的？
XIANGGANG KEDA, HAIYOU SHENME HAOSHUODE?

出 品 人	聂雄前
责任编辑	陈 丹
	刘翠文
责任技编	陈洁霞
摄 影	刘 晖
封面设计	斯迈德设计 0755-8314 4228
出版发行	深圳出版社
地 址	深圳市彩田南路海天大厦 （518033）
网 址	www.htph.com.cn
订购电话	0755-83460293(批发) 83460397(邮购)
设计制作	深圳市龙墨文化传播有限公司（电话:0755-83461000）
印 刷	深圳市华信图文印务有限公司
开 本	787mm×1092mm 1/16
印 张	19
字 数	330千
版 次	2014年4月第1版
印 次	2023年2月第2次
定 价	59.00元

版权所有，侵权必究。凡有印装质量问题，我社负责调换。
法律顾问：苑景会律师 502039234@qq.com

前言

香港科大，还有什么好说的？

世界顶尖大学排名榜有没有意义？

从2007年或是2008年开始，世界上几个长期从事大学教育评鉴工作的机构，就开始密切关注香港科技大学[①]的学术质量，在它们推出的世界卓越大学排名榜上，香港科大的名字出现频率逐渐增加，排名位置也逐步靠前。

依据手头数据显示，2009年，在世界最好的200所大学中香港科大位列第35名；2011年，美国的《美国新闻与世界报道》（U.S. News & World Report）和英国的QS（Quacquarelli Symonds）都把香港科大列为世界级大学，特别是QS的排名榜在华语社会受到更广泛关注，因为它把香港科大推崇为亚洲地区大学的龙头，领先于日本、韩国，以及中国的内地和台湾的大学；2012年，《美国新闻与世界报道》在亚洲最好的大学（World Best Universities: Asia）评鉴名单中把香港科大列为榜首，在世界最好的400所大学排名榜中把香港科大列为第40名，超过中国的内地和台湾所有大学；2012年秋季（9月份），QS又修正了它们的结论：香港科大在亚洲大学排名榜上依然高居第一，在世界大学排名榜上则上升到第33名。

香港科大的个别院系也进入了排名榜。例如：从2006年开始，香港科大的商学院就一直位居世界前10名之内；2008年，工程和信息技术专业在世界最好的100所大学中位列第26名；2010年，工程和计算机专业在世界最好的100所大学中位列第39名。另外还有好几个系也进入世界前100名。

最不寻常的大概是社会科学部。在一般大学里，通常在社会科学领域会设立院

[①] 本书中香港科技大学（The Hong Kong University of Science & Technology，缩写为HKUST）简称香港科大。——编者注

级单位，下设政治系、经济系、社会学系、心理学系、人类学系等，总有七八个系甚至更多，学术涵盖面很广，全院有两三百位教授属正常现象。而在香港科大，在社会科学领域却只设了一个"部"，包括政治学、经济学、科技政策学、民族学、心理学等学科，规模很小，全"部"教授还不足30位，每个学科仅有4～7人不等。仅从学科名称来看，香港科大的社会科学部似乎是个大杂烩；但从人才配置角度细看，它特别强调跨学科的结合，是一个按照创校计划发展出来的有机结合体。香港科大的社会科学部以人数如此之少的规模，居然也被列为亚洲地区的第一名，在世界上社会科学领域最强的100所大学中跻身前60名。

这一堆数据到底有什么意义？

对一般社会大众而言，这些排名很容易使他们认定香港科大是一所好大学。但是凡在大学教过书的人都了解，每个评鉴机构采用的尺度不同，得出来的结果自然有差异，因此他们都不会太在意名次的精准性。而相关的大学也无须被排名的稍前或稍后弄得沾沾自喜或是垂头丧气。事实上，的确有些大学抗议排名缺乏公正性，也有些大学为了争取把排名提前而修改办学政策或在数字上弄虚作假。2013年春天，北美洲就有几所大学（包括一所著名大学）被某机构认定弄虚作假，而被该机构从排名表中排除。

概括言之，目前世界上大学总数或许已经超过3万所，因此一所大学排在世界上最好的100名之内或是200名之外，约略可以作为估计它学术成就的参考。以这种尺度衡量，则香港科大的学术成就居然能够得到欧美这么多专业性教育调查评鉴机构的认可，委实是一个可喜的现象。特别是在亚洲有众多历史悠久和声誉盛隆的前辈，它们无论在教授人数和学生人数上都远远超过香港科大，香港科大能够和这些老牌学府相提并论，其成绩已经是得到了高度肯定，更何况香港科大还超越了亚洲许多老前辈大学，名列世界优秀大学的前茅。

还有另外一项数据也值得注意，那就是自创校起，香港科大从64个国家和地区招收了本科部学生。以2012年为例，根据校方统计，香港科大当年共收到将近9000份非港籍学生的入学申请书，录取的非港籍学生人数已占全校注册学生总数的20%，这个比例是香港特区政府所允许的最高限额，居香港各大学之冠。非港籍学生中，有45%来自中国的内地和台湾，55%来自其他30多个国家，其中包括18个欧洲国家。

当然，只看这个数据未必有太大意义，它所代表的无非是吸引了世界各地的学生而已，某些国家的某些大学为了达到创收目的，也以开"学店"的手法招收大批外国学生。事实上，值得注意的是申请香港科大的非港籍学生的素质也令人刮目相看。仍以2012年为例，来自中国内地的学生，他们在内地高考的成绩排在顶尖的2%之内；而来自其他国家的学生，他们的SAT等会考成绩也排在前4%～10%。这些学生中还包括世界多项学科奥林匹克比赛的得奖人。在2012～2013学年度，香港特区政府设立的国际学生优秀学业奖学金共有10个名额，其中有5个被香港科大学生获得。这一连串数字的意义是：香港科大不仅被世界学坛的同行认可，而且被许多国家和地区的学生和家长们认同。这个现象也可以为香港科大在国际学术界的声望和地位做另外一个注解。

香港科大创办缘由简介

许多对香港科大怀有好奇的人，心中都不免会有一个疑团，那就是港英政府为什么会选在1980年代后期在香港创办一所新大学？他们明明知道1997年之后会失去一切，为什么还要大费周章地去办？对于那段往事，笔者完全缺乏亲身经验，只能从所接触的人物和书面材料中窥知一二，也随之产生了一些个人的感触。

回头去看，我们对当时港英政府创办科技大学的动机，可以做出种种推测，但似乎一些当事人或是后来的人都没有潜心静意地对此做出一个明晰的描绘。或许有人并不认为香港科大的创办经验具有任何重要性，不值得费神细究；也或许有人心存谦虚，对于自己当年做出的贡献不肯居功说明。无论如何，如果有朝一日香港科大的开创史成为一个课题，是有许多研究工作可以去做的。笔者作为一个"半"局外人，只能根据传闻加上感受，认为香港科大之所以在1980年代成为港英政府教育建设的重大项目，大概是由几种因素糅合而成。

首先，从政策层面而言，港英政府当然是一大导因。是港英政府看到香港的高等教育在世界大学领域里一直不被重视而力求补救？还是它看到1997年香港回归中国势不可免，想给自己的殖民统治政绩添上一个亮点？还是它想在英国失去香港的管理权之后，可以在科技实业界培植一个据点，以利于英国工商企业未来能在香港长期生存发展？或者仅是一个临别秋波的招数，使香港人民长期缅怀英国"主子"的"大恩大德"？甚至是一种精心的盘算，用一所大学的创建搭配上其他几个重大项目（机场、码头、地铁），增加英国对香港"放弃主权，保留治权"的说服力，既拉拢香港百姓和地方士绅的感情，又作为向北京政府讨价还价的筹码？这一堆假想，何者是无稽之谈？何者是妙计高招？或许在未来学者们仔细检视港英政府的文档时能够摸索出一些有趣的答案，笔者在此不敢轻易揣测。

其次，建校原动力的另一个重要部分当然是香港社会各阶层的领袖。他们当然会看出政府动机赋予他们的机会窗口，他们也当然可能有自己的见解和盘算。虽然港英政府到了1997年必定要被扫地出门，但是香港社会各领域的领袖们则必须留在香港，接下港英政府留下的摊子，或使之发扬光大。一旦北京政府宣示了香港回归的基调，香港社会马上会受到重大冲击，最明显的现象莫过于精英阶层的浮荡。1980年代末期，离1997年的回归日虽然还有近十年光景，但是身怀本领的人，包括本地精英和外商已经开始盘算何时离开香港、到哪里去。渐渐地，加拿大和澳大利亚成了人们谈论的热点，精明人士已经着手经营狡兔的第二窟和第三窟了。越是接近1997年，这种现象越是明显。对于这种心理，香港社会的财经领袖们当然比一般社会工薪阶层了解得更透彻，很可能他们的中高层干部正在天天跳船出走。一旦回归日来临，他们自己（或是经过几代辛苦）建立的事业怎么办？也能跳船吗？还是必须硬撑到底？有没有办法可以化危机为转机？能不能配合北京政府的改革开放大策略，使香港的经济、金融、贸易、转口运输等行业搭上一条更大的船（中国内地）而飞黄腾达？在这一切盘算中，香港社会的领袖们都有机会转祸为福，打造出一片新天地。唯一令人担忧的是，万一专家大批撤离香港，谁来填补这个空缺？香港需要培养自己的科技队伍，在专业素养上能够达到国际水平，而且有高度娴熟的英语能力，能够在国际市场上游走自如。如果能够达到这个要求，则香港未来的繁荣稳定就会有一层新保障。

然而即便当时香港社会的领袖们果真有这些宏观而复杂的思考，一个明显而又令人好奇的问题就是：他们为什么不就近取材地拨更多经费去充实现有的几所大学，而要自找麻烦地另起炉灶？针对这些问题，或许最简单的答案是：除了香港，邻近许多使用华语的地区，多年来都遭受着全社会对教育的缺陷和失败的严厉指责，而这些地区最普遍采用的对策就是改造现有大学，用大把大把的预算、想尽各种成熟和幼稚的方法，指望以渐进的改造方式去提高大学素质。然而这些地区虽然动辄抛出一个"几年几百亿"的方案，但收获的却是人民的一片骂声。

香港科大的创立可能逼迫人们从另外角度思考：在香港遇到类似问题时，领袖们基于什么理由决定不去改造现有的大学而去另起炉灶？另起炉灶的实际效应究竟是忽视（冷落）了现有大学，还是刺激它们产生危机感，从睡梦中惊醒，从而达到原本意想不到的正面效果，这效果可能比当年政府给它们加钱加人所期望得到的还要大得多？如前所言，笔者对于这段历史毫无了解，也不想借本书追究答案，但是本书此后所讨论的问题，或许能够间接地启发读者们有自己的思考。

还有一个值得探讨的问题是：什么人主持了香港科大最早的设计？根据档案显示，港英政府在最初时期（1985年）成立了一个"第三间大学筹备委员会"，成员包括四大类：一类是在香港本地大学界服务的人士，五所大学都派了重量级学者（6位）参与其事，一律是香港人士。依照常理推测，他们能够在港英政府体制下出人头地，其个人的教育背景和所受训练大概多半也是出自英国式体系。说白了，他们的工作成绩已经在他们各自服务的大学中表现无遗，香港特色浓厚，世界特色有限。第二类是从英国礼聘来的几位教育学家（5位）。第三类是香港社会名流和实业界的领导人（7位），其中有曾经在港英政府中担任高层公职的人士。第四类是孤零零一位受美国大学教育而且曾在美国大学任教并担任过行政领导职务的教授。

总的来说，这群人大多非政府官员，而是香港社会上对于大学教育相当熟悉的人士。他们说不定可以被视为热心香港事务的民间领袖，既非大学教育权威又非绝对外行，以曾经在政府内部担任过公职的领袖为核心主导人。其中的董事长是香港极负人望而且资深的政治社会领袖，而那位美国教授则是不折不扣的美国高等教育产品。至于港英政府到底扮演了什么角色，笔者无法提出有意义的见解，但是仅就这个委员会成员的名单就可以得到一个笼统的印象，那就是当年香港社会上的确有一批领袖为了筹备一所新大学付出了大量精力，他们当时心目中一定有一个概念，即想要办出一所什么样的大学。他们的心态或许和天下千万父母心一样，一心要培植子女成长，尽管子女成长的结果和他们的预期大不相同，但还是可能让他们感到欣慰和满足。

创办过程中的几个里程碑

不管上述那一连串问题的答案是什么，建校设想一经港英政府批准，就于1986年成立了筹备委员会。该筹委会在学术方面的工作重点，大致是筹划新大学的行政管理架构，成立三个学院（理、工、商），设定未来发展的进度表和规模，制订新大学的教学和研究大方向以及应该设置的课程和科系等等。当然筹委会也要处理许多重大的技术性事务，比如说寻找校址、进行校园设计和审定建筑工程图、拟订教职员工待遇标准、招收学生的名额等，这些荦荦大端的决策都是在1986～1987年快马加鞭的速度下粗具规模的。最后还决定在1994年招收第一批学生（3000人），1999年达到7000人，最终的目标是招收1万名学生。

除了这些工作，筹委会还在全世界学术市场广为宣传要甄选一位校长。这是一个认真的、大规模的遴选过程，吸引了40余位学者投递申请书，又有40余位学者被其他人士提名推荐。这群候选人中，有一半以上来自英国，其次是北美洲，还有11位来自香港。

英国学者数目之大一点也不令人意外，因为帝国的学者们向来有奔赴其殖民统治地用"文明"去"开化"当地土著的传统。至于香港学者踊跃参选，至少可以说明他们基本上想把未来的大学办成符合传统港英模式的大学，因此感到驾轻就熟，勇于一试。筹委会约谈了10余位候选人（finalists），最后（1987年）选中了吴家玮，也就是筹委会中那位唯一来自美国的教授。吴家玮于1988年9月正式就职成为香港科大首任校长。

一群深受英国教育理念影响和训练的筹委会委员们，居然选了一位美籍华裔教授做校长，从此改变了香港科大的命运。他们当时心里到底在想什么？为什么英帝国的学者没有被选上？这绝对不是因为英国的学坛缺乏有学术分量的学者愿意到香港去一显身手。或者当时香港的大学界难道没有一批雄心勃勃的教授或是大学行政领导，想换一个新舞台去一展抱负？这类学者应该是最善于动员本地和英国的人际资源去争取校长职位的能手，也一定有人做了大量努力，但是最终都没有成功。真奇怪！

接下来的问题就是：筹委会的委员们何以能够撇除复杂的人情网、学阀观念或是地域考虑？何以能如此气度宽宏而又忠于职守地用人唯才？这个过程和结局实在值得任何地区想要把教育办好的人士去严肃思考。笔者在教育界服务过程中，曾经数度参加某大学的校长遴选工作，见到过许多热衷人士的私下运作和拜托，见识过遴选委员们的拉票、恶意向外界走漏消息，甚至还有听闻过发黑函攻击其他候选人私德和学术功夫的种种行为，何以香港科大选校长可以做得如此地干净、专业而有尊严？

1988年4月10日，新大学得到政府立案成立，筹委会随之解散，校董会随即成立，并且当即展开紧锣密鼓的前期策划工作。校董会的职责一方面当然是代表港英政府监督新大学，这其中包括做财政预算和任免校长；另外一方面是帮助大学向政府争取资源。和许多新大学一样，香港科大当时工作的重点是批地（选校址）、招标校园建筑设计方案、破土施工，举凡图书馆、实验室、办公室、教室、教职员和学生宿舍、运动场等一切基础设施建设均要校董们去操心。但是有一件事却是校董会做不来的，那就是指导学校怎么办好，这包括制订学术工作的制度法规、管理和运作的细节，这些事务都应该是学校内部工作人员（特别是教授们）自己的责任，都在所谓的"教授治校"（本书以后将会仔细述说）的范围内，并非校董会所能控制。

香港科大建校经费来自政府拨款。1988年5月，港英政府批准拨款约20亿港元建筑费，其中香港赛马会认捐15亿港元。后来由于物价上涨，预算增加为35亿港元，其中赛马会捐助约20亿港元。不久之后港英政府又拨款12亿港元添购教学和研究所必需的器材。以上这些大项，就是创建香港科大硬件的支出。

在香港科大创建初期，有两件节外生枝的事使参与者在辛勤工作之余受尽了委屈和嘲讽，那就是营造费超出预算和招标没有采用获得最高票的设计方案。这两件事使得董事会主席和校方负责人屡次在大众媒体上做详尽的解释和澄清，而民间逐渐形成的印象则是香港科大办得再好也不足为奇，因为它是一所由纳税人用钱堆起来的学校。也是在那时，"劳斯莱斯"（Rolls-Royce）大学之名不胫而走，过了好多年才在公众印象中淡化。

第一期建校工程在1990年完成。同年9月第二期工程动工，在1991年10月完工。这一切从铲平荒土开始的硬件建设，在三年之内全部完成，与此同时，还要购置设备和仪器，效率之高委实惊人。粗略地说，香港科大硬件建设和软件建设的分界点是在1990年至1991年。在此之前，重点是由校园原始设计人主持硬件建设，之后是由创校的教授们进行运作模式的建设。前者借重了英国和香港多年累积下来的宝贵经验和模式，而后者则是由教授们参与设计并经磨合而成。实际上，在硬件建设的同时，创办人已经开始软件设计工作，首先就是设计学校的格局、架构和规模。其实或许可以形象地把这所新大学分为两部分，一部分是骨架，一部分是肌腱。骨架部分应该不是太难，因为有英国大学的历史和本港大学的模式作为蓝图，只要略作修改，就可以派上用场。实际情形也的确如此。

笔者初步和校方接触所得到的印象，就是诸事都已经有了一个谱，没有闹哄哄的感觉。无论是人、物、事，都井然有序。在这背后，必定隐藏了许多先行者大量的辛劳。说白了，它决不像是一个"摸着石头过河"的局面，而是经过一群内行人深思熟虑、勤奋敬业而得来的初步成果。当然，等到这个体制真正进入运作期，才能看出它的设计是否完备。

写作本书的动机

其实香港科大的历史非常短暂，从1991年首度招收学生，不过20多年光景。难怪有许多人会提出一个合情合理的问题：香港科大何以能够在这么短的时间内做出这般成绩？

回顾中国甚至世界大学的历史，最终成为一流大学的比比皆是，这不足为奇，但是在短期内跻身世界级学府的却为数有限。而在中国近代高教史上大放异彩而家喻户晓的那几所大学，都是从惨淡经营开始，经过多年努力才建立稳固的学术地位；而且它们的成就多半在本科生教育方面，在学术研究和高级人才培养工作上，成就就参差不齐了。

香港科大办学的秘密是什么？是抄了近路？抑或是掌握了诀窍？

有关香港科大的创校经过，几位校级领导人已有类似回忆录性质的作品面世，对于香港科大的各方面都做过介绍，特别是对人物的描述涵盖甚广。另外也有人以校内人事为经纬，写成了文学作品。这些书在数量上可说颇为丰富，只要读者对香港科大的人脉有兴趣，不难按图索骥，找到代名词后面主人翁的真实面孔。

但是除了人物描绘之外，还有另外一个方法可以介绍香港科大的经验，就是从制度建立（institution-building）和运作模式出发去向读者说明：这个体制如何被塑造成型，人们在这个体制中如何互动，最后又做出何种成果？

为什么笔者选在此时去写香港科大这些陈年往事？一个立即可以排除的原因就是笔者老之"已至"，所以兴起"白头宫女话当年"的感叹。如果只是为了话旧，则三两老同事聚在一起，两杯黄汤下肚，共同沉湎往事，即可得到自我满足，无需烦劳读者诸君花钱去费神和受罪。真正促成笔者写作本书的原因，是经常受到外界一些刺激。这类外界刺激，先后发生过数起：1990年代中晚期，内地一所著名大学在推动校务改革时，就曾经把香港科大的模式列为参考之一；2000年代刚开始，内地又有某地区想进行高教试验，指明要以香港科大模式为蓝本；在前后20年中，美国、英国、中国等地的教育评鉴机构，接二连三地对世界性、亚洲性、华人地区性的大学进行评鉴，香港科大作为年资最浅的一所大学，似乎颇能得到重视，有些评鉴机构还把香港科大的个别科系列为亚洲地区的前茅。这就不免在有些人的心中产生好奇，香港科大的学术地位是如何建立的？

近年来，中国的高教体制似乎遭遇多重困难，无论在内地还是台湾，大学教育都受到严厉指责。内地北方一位知名学者甚至痛心地声称：如果把所有学校都关闭的话，则人民对知识的获得可能会受到暂时性的打击，但是他们的道德水平必将为之提升。对于内地大学群体，笔者本人多年来私下也有一个极端的妄想，那就是：如果选择性地把某些出问题的大学关门一两年，然后以刨根除底的方式进行重组，其成本是在短期内牺牲人才培养机会，但是其成果则将会远比当前这种头痛医头、脚痛医脚的方式要有效得多。因为在过去二三十年中，这种因循苟且的方式，只是造成某些学校学风日益败坏、学术质量日见低落的结果而已。

至于台湾的大学所面临的困境，和内地当然不一样，但是也有积重难返的苦处，再加上少子化的冲击，逼使大学的规模和性质必须面对重组的挑战。而两岸的共同经验，则是政府都花了大笔经费，动辄×年×亿元特别拨款，为的就是扶植少数明星大学向世界百强进军，可是它们偏偏就是挤不进世界级的学术殿堂。这在令人为之气结之余，或许也应该问一问：究竟症结何在？究竟如何才能把大学办好？

处于这种全民叫骂而主事者却拿不出解决方案的局面下，香港科大过去20年的经历或许可以供人们产生一些联想：它的成绩可以作为激励，它的缺失可以作为警惕。其实许多学术发达的国家，它们的大学最大的优势就是学术体制多元化，办大学的形式可以形形色色，百花齐放。在这个意义上，香港科大的经验只不过是其中之一，但是它却碰巧发生在华人社会自己的院子里，又属于华人最为醉心的"研究型大学"，因此或许更有仔细检视的价值。

笔者在着手写本书时，做了一个颇为极端的决定，那就是完全撇开个人色彩，只谈事而绝不谈人。所谓极端者，是指笔者想把读者的注意力，从追寻个人事迹的层面，完全转移到群体事业的层面，突出的不是张三李四是如何了不起的学者大师，而是整个大学在制度建设方面的经验。因此，读者们将发现，没有任何一位参与建校工作的学者的姓名和身份会在本书出现，即使是大学者和建校大功臣也绝不例外。笔者这样做，并不是恐惧由于顾此失彼而得罪人（尤其是早一代的创校人有的已经仙逝，幸存者也行将进入耳不聪目不明的年龄），而是认为每个人的特殊个性和经历难以再造，但是群体行为和经验则可供借鉴到其他地区去重造和改造。所以请求读者们在看此书时，务必不要耗费精神去推测书中人物的真实面目，尤其请求香港科大早期同仁们不要费神去对号入座。基本上，这本书的主角是群体和制度，而不是个人。本书对于前者会尽量报导和分析；对于后者将不置一词，只会把他们的事迹作为阐述群体和制度的素材。

本书的性质

笔者写此书的资格和局限性，也需要在此向读者做一个简单的交代，以免有些叙述和看法被读者们望文生义或是过度引申。

首先，本书不是对香港科大做全面性的历史叙述，更不是一部编年性质的校史。不论出于笔者的个人兴趣或是专业训练，都没有愿望去为香港科大立传，因此本书不是香港科大的正史，也不是它的野史，对于香港科大的秘辛，笔者本人就是消息不灵通人士，所以无法提供，这是需要认真声明的。但是作为华人社会里的一个高等教育单位，香港科大的确有其特殊之处，这些特殊之处的由来、经历和得失，值得不同的参与者从不同的角度做些报导。它若有些成绩，或许对其他关心教育的人略有参考价值；它若有些缺失，则一定要增加人们的警惕心，引以为戒。

其次，笔者初次接触香港科大是在1990年夏天。当时香港科大的前期规划接近完成，行政体系和院系安排的大局已经成型，如预备成立几个院系，各个院系的教研方向应该如何决定，每个系的编制大致如何，有多少位教授，收多少本科生和研究生，各系所需的器材设备是什么，需要多少经费，校园如何进行设计、招标和建筑等等。

依照当年港英政府的设想，香港科大显然不可能全盘照搬英国或是北美洲大学的体制。和英美大学的大而全相比，香港科大属于小而精的形态，科系设置必须考虑到香港的特色和需要，即发展何种专业才能在香港出人头地，才能为香港未来的发展做出独到贡献，才能和中国内地大学互相呼应或是互补长短。当然，要考虑的还有何种办学策略才能使香港科大在短期内跻身国际一流大学行列。

这些都是前期创校者要考虑的，其中许多筹备委员一定出过大力，绝对值得高度肯定。可惜这段经历超出作者亲身体验的范围，既未目睹，也没有用心去参阅数据，因此无法予以详细讨论。在写作本书时，为了言之有据，加上自己跳不出多年来做研究的习惯，总是希望有史料做基础，曾参阅了相当多的校内文献和档案，但是为了避免以做论文的方式引经据典地去铺陈史实，也因为数字本身最枯燥无味且缺乏生命力，引用过多的话，只能成为上等的催眠剂，因此本书着意避免引用大量数据，也没有图表和注释，只偶尔选用少量数据来说明一些重要问题或是申论个人的观点。如果读者想要知道香港科大的结构体系的细节的话，必须去参考其他出版物，恕本书不一一列举。

其三，笔者写作本书是希望在史料素材的基础上，糅杂个人的观察、经验，以及对香港科大有感而发的观点和评价，因此本书不是一篇研究报告，更不是一篇有模有样的教育学理论论文，而只是一篇根据笔者个人实际体验所做的报告。这就是它的局限性之所在。因此也希望其他对香港科大更了解的人士可以充实史料和补正本书的偏颇。

笔者想要着重说的是一所大学如何建立起来的故事：它怎么规划大局？怎么建立教授阵营？怎么处理人事纠纷？怎么决定开课和研究？怎么动员它的企图心？它到底想干什么？

笔者认为这些问题是所有大学都会遭遇的，因此香港科大与其他大学的共同性应该比它的特殊性更重要。如果香港科大是独此一家别无分店的话，那么它就只是学术界一则有趣的故事，甚或是过眼烟云。如果它面临的问题、困难、挑战和挫折和其他大学大致相同，那么香港科大处理这些事务的成功与失败之处，就可能成为华人社会建立大学制度路途上的一个试验品。就是为了这个缘故，本书的名称是

《香港科大，还有什么好说的？》。而我的答案是：它的确还有许多可说的事。

笔者参与香港科大的工作期，是1990年至2002年这12年的创校期，因此本书讨论的焦点集中在这段时期。笔者抵达香港科大时，其已经有4个学院和19个学系，笔者的工作只是其中的一部分，因此观察绝非全面，对于校级和院级事物，笔者观察和参与的机会比较多，但是到了系级和教员层次，机会就相对减少，尤其是对外系事务的细节不可能大量掌握。从一个人的体验去观察一个大型组织的成长，本来就难免有管中窥豹的危险，但是也或许仍然有其价值。这是需要向读者们事先说明的一点。

最后也许可以说一句并不灰暗且具有警示性的话。香港科大一些创校的同事颇具信心地认为，他们开了一个头，做出的成绩一定可以延续下去，我可不敢这么乐观。或许由于个人的学科训练使然，看到人类许多组织在建构时千辛万苦，花费10年、20年才能做出丁点儿成绩，但是在败坏时却如秋风扫落叶，顷刻荡然无存。笔者年轻时就曾经目睹过一所大学，创办之初，欣欣向荣，为时人所称羡，但是不过20年光景就走向平庸黯淡。而其中缘由就是换了几位领导，来了一群撞钟的和尚，虽然口里念的仍然是"主"和"神"，但是做的事足以叫"人"张口结舌。

一个比较贴切的比喻或许是，创办新大学时往往非常致力于建立制度（institutionalization），就像是拟订交通法规一样，既仔细又合理，而且也身体力行，但是仍完全无法保证好的制度一定会延续下去。君不见世界上交通法规经过千万遍的互相观摩和你抄我抄，早已达到"全球化"地步，但是不同地区的汽车驾驶员们对交通法规的遵守情况就大相径庭。就以笔者目前居住的台湾为例，民间流行的说法是交通规则在北部被认真遵守，在南部则最多只有参考价值，到了偏远地区则几近空设。这般情形大概世界上到处一样。

本书的目的并非怀旧，更不是让少数人陶醉在昔日的余晖里，而是希望通过对香港科大早期经验的检讨，从制度和运作两个层次上加以分析，使香港科大本身和其他华人社会的大学都能完成更高的教育使命。在此也许可以就笔者本人对香港科大经验的态度和立场略微多说几句话。

许多关心香港科大成长的人往往会持一种态度，那就是强调它的特殊性，特别是强调天时、地利、人和等方面有利因素的汇集，有人说是史无前例，也有人说是难以复制，这种看法当然有其道理。例如：港英政府想赶在香港回归中国前办一所大学；香港经济急速繁荣，花得起大钱用几十亿港元创办一所大学；北美洲一群学术有成的华裔学者累积了多年的心愿，希望能够寻觅到机会去实现报效民族的梦想，而且使之成为近代中西沟通史上独一无二的完全由留学生创建出来的高等学府；香港高度自由的学术环境和氛围等等。这些都是可遇而不可求的机缘，在一个特定的时间里凝汇在一起，的确难能可贵，但是如果过分强调这种千载难逢的机遇，那么香港科大的经验对于华语地区高等教育的发展而言几乎无法产生借鉴和激励的效应，这不免令人感到悲观和无奈。

然而依照笔者个人想法，香港科大诚然有上述的历史特殊性，但是如果太过于强调这种特殊性，则正是降低了香港科大经验的价值。从另一个角度看，世界上许多一流大学，在创办之初并不具备香港科大所拥有的这些优渥条件，最终依然名列前茅；也有一些大学在创办时曾经有过自己独有的优势（特别是某些石油输出国在金钱方面的优势），到头来却名不见经传。本书并不想着意掩藏香港科大在创校时的某些独特性，但重点是香港科大如何努力去学习世界上其他一流大学的规章行为和力争上游的精神。笔者认为，强调特殊性只能把香港科大归为华人高等教育史上的"异数"，则写一本书无非是说一个传奇故事而已；但是如果强调它和其他世界一流大学的共通性，则更能体现香港科大经验的价值，也值得让读者们费神去了解香港科大和世界优秀学府"接轨"的道理和"心路"历程。这也是笔者选择书名的另外一个由来。

哪些是世界一流大学的共通性？说到底，不外三个：财力（funding）、人力（manpower & talents）和管理运作方式（governance）。首先说到财力，最简单的说法是"钱多好办事"。但是多少钱才够？香港科大真的那么经费充足吗？其次是人力，其中最主要的当然是教授，但是也绝对不可低估职员的贡献。香港科大对教授和职员取舍的标准是什么？如何择优而任保障高水平的人力资源？再者，光是有钱和有人，就一定办得出好大学吗？依世界各地的经验来看，答案是"未必"，因为钱可以乱花，人可以内耗和不务正业。因此必须以管理作为第三个要素，只有好的管理制度和运作方式才能把钱和人才的优势结合起来发挥最大效益。

本书各章的内容大致是以这三个要素作为组织要点，尽量有系统地向读者们介绍香港科大如何处理在这三方面所面临的挑战。而处理好这三方面的挑战也是办好任何一所大学所必须完成的课题。

感　谢

本书所述内容能够成为笔者人生经验中珍贵的一部分，得感谢两个人和另外一群人。

"两个人"是指两位比我参加创校更早的学者。其中一位学者曾满怀热情地邀请我参加香港科大工作，而我出于对香港高教界的无知而一口回绝，他依然耐着性子以香港科大的办学理想开导我，并且劳动了一位学术地位崇高的朋友，不耻远道下访我任教的小镇，促膝谈心两三天，最终说服了我没有轻易放弃到香港科大工作的机会。这是一切的开始。另一位同事的宽宏大度则增加了我对香港科大远景的信心。当我接受聘书赴校报到时，立即被引去拜见一位创校者。他热切地向我提出各种把工作做好的建议，而我或许是出于年"老"气盛，当场请问他：我的工作到底是由我自己来进行筹划，还是听从他的指导行事？他毫不迟疑地表示当然是由我来做决定，而且此后从未做出任何干涉。这件小事让我对香港科大领导们的行事作风产生了莫大信心，也对这位同事的心胸宽宏产生了由衷的尊敬。

"另外一群人"是指我的同事们，和这群同事的愉快合作，充实了我十几年的职业生涯，也净化和单纯化了我与家人在香港科大校园的群体生活。正是因为他们是一群正派、务实而勤奋的学者，才使得我在写本书时充满眷恋和庆幸。虽然他们没有一个人的名字在本书出现，但我希望他们的群体行为成为读者们关注的焦点。

通常出书的作者都要借机会向帮助他写作和寻找数据的同事好友表达感谢之意。写作本书当然也得到许多人的帮助，他们有的接受了我的访问，有的向我提供了文献的线索，都做出了极大的贡献，但是为了维持本书既定的风格，请原谅笔者不列举任何人的姓名，只能在此表达由衷的感激。

目 录

第 1 章　先说那群人

香港科大创校者与先辈们的不同之处，是一群华人留学生在欧美学术界已经过考验站稳脚跟，却衍生出一份心愿，形成一个没有组织但是颇具特性的人群，不约而同地想要为中国的高教事业操心出力。最后还有许多人果然身体力行，决定成为1990年代的"海归"派，并且投入精力创办了一所大学。

I. 北美洲华裔学者生态点滴 / 1

II. 什么样的人去了香港科大 / 3

III. 新大学面临的一些选择 / 5

IV. 早期教授们的一些特性 / 11

V. 教授阵营的成分 / 14

VI. 更多的特性 / 21

VII. 招聘的选择与策略
　　——挖角？跳槽？流失？补充？ / 25

VIII. 薪金的公平性 / 27

IX. 校园生活的单纯化 / 30

第 2 章 研究体系、行政管理、办事规矩

研究的动力一定得发自每一位教授的内心，教授要有强烈的欲望创造知识，而不是盲目地迷信"重赏之下必有勇夫"的逻辑。简言之，有钱能够为研究创造优惠的条件，没有钱也可以做出优异的研究成果。最令人叹息的是，有了大笔大笔的钱（归根结底是民脂民膏），却做不出好的研究成果。如何跳出这个樊笼？可不是一件容易的事。

  I. 研究体系 / 35

  II. 行政管理——职员队伍 / 54

第 3 章 香港科大的学术体制

学校成立的第一个原则就是择优而任，把纳税人（或是广大的捐助人）托付的教育工作做好。其产品有两项：一是向学生们和家长们提供良好的教育，二是向社会和人类知识界提供良好的研究成果。如果教授不能完成这些任务，他们就没有权利死赖在大学里吃闲饭。

  I. "教授治校"在香港科大如何体现 / 77

  II. 香港科大教授治校的体制如何建构 / 82

  III. 香港科大学术体制实际如何运作 / 90

  IV. 早期学术工作的一些回顾 / 99

  V. 教学和研究的一个重要环节——图书馆 / 106

第 4 章　教育的对象究竟是谁

> 大学教育的目的本来就不是填鸭子，不能妄想把学生们的头脑塞满了专业知识他们就可以到职场上去大显身手了。正好相反，大学是给学生们一个充实的基础训练，并且教会他们以后如何自我学习和长进，这样的学生才有能力不断地自我更新，应付瞬息万变的科技发展，而不是捧着老师们的讲义受惠一辈子。

I. 香港科大对教育的态度 / 117

II. 香港科大教学的衍生事物 / 159

第 5 章　教授招聘和任免程序点滴

> 无论某教授来自何等顶尖学府，也不管他名气有多么响亮，香港科大的名誉、兼任、客座等各种教授的名称只能颁发给替香港科大做实际事务的教授，工作内容包括授课、参与实验、领导管理等，而且还要经过严格而正规的审查手续，聘书上订明任用起讫时限。凡是不能实际来校工作者，一律不致送该类名称。

I. 招聘工作简介 / 169

II. 学术成果的审核制度 / 181

III. 研究和教学比重的难题 / 198

第 6 章　香港科大和香港及邻近社会的磨合过程

> 事实上，香港科大欢迎校外人士使用图书馆，最后的受惠者可能是香港科大本身。笔者遇见过好几位后期的学生，当问及他们为何选择香港科大时，其答案是他们在中学时就来香港科大图书馆看书，所以一直向往有朝一日能够成为香港科大的学生。这样的故事也确实可以让人内心感到温暖。

I.　香港科大与香港　/ 209

II.　香港科大学术交流的对象

　　——内地、台湾与世界　/ 225

III.　一个特殊的案例——海南计划　/ 227

第 7 章　创校者的退休和谢幕

> 香港科大第一批创校者很早就定了一个君子协定，那就是，时间一到，扫地出门，绝不死缠烂打。这样的目的就是以身作则，排除许多未来可能发生的障碍，断绝后加入的教授们设法延期退休的借口。这个规矩从校长开始，普遍遵守，为香港科大立下一个好风气。

I.　退休制度的安排　/ 235

II.　创校教授为什么不留在香港　/ 237

III.　告别校园　/ 238

IV.　退休生涯　/ 239

第 8 章 联想和结语

> 西方国家能够做到的事，华人社会也一定要敢去想和谦虚勤奋地去做，而不是自我陶醉或以此傲人，特别是不要在自家后院逞英雄舞大刀，到了国际上却还是一个叫人看轻的侏儒。世界上的好大学，要想保持一流水平，必须靠一代又一代人长期不懈地自我驱策，方能在世界学坛挣得一席被人尊敬的地位，要不然就会昙花一现。"眼看他起朱楼，眼看他宴宾客，眼看他楼塌了。"华人的高等教育一定要跳出这个圈套。

I. 研究和教学果真是相辅相成吗 / 243

II. 大学教育的总体布局——多元化选择 / 246

III. 教育的目标是什么 / 251

IV. 一个稍纵即逝的中外教育交流机会 / 254

V. 教育工作的内容是什么 / 260

VI. 与香港科大经验无关的因素 / 265

VII. 与香港科大经验密切相关的因素 / 269

VIII. 说到底，还是事在人为 / 272

第1章
先说那群人
XIANSHUO NAQUNREN

I. 北美洲华裔学者生态点滴

香港科大体制大框架粗定，首要工作就是招募人才。大概从1987年开始，香港科大的初创者就曾在美国学术界网罗了一批华裔热心人士做顾问，在加州地区举办过几次大规模座谈会，每次出席者达数十人之多。他们深度探讨新学校将面临的各项工作，包括招生、院系设置、课程安排、教授招聘等，这些早期策划工作初步厘清了新学校的方向。根据某些参与其事的同事转述，早期创办人对招聘教授工作特别费心，做了极其详尽而又细致的调查工作，尤其对从台湾赴美的学者群，他们在台湾参加大专联考的排名、做学生时的成绩、在北美洲工作的成就，都在求才调查之列，可见香港科大早期物色教授工作的勤奋程度。

稍后，校方在香港九龙半岛广东道租了临时办公楼，行政工作正式启动，当时建校参与者总共不过十几个人。学校的进度表原定是1994年招收第一批学生，随着内外各种因素不断变化，进度不断加快，努力的结果是筹备工作缩短了三年，1991年秋季就开始招收第一批学生，其工作效率之高，可以想见。

校方在稍早时期就拟订计划，希望到1990年时能够选聘到22位领军人士，其中一半是学术领导人，指望由这些人把关，去展开第二波招聘教授工作。这是一个慎重而又务实的做法，既不东拼西凑，也不奢求一步到位，而是尽量按部就班地分工合作，由校方领导先去找一批能手，借重他们的鉴赏力和判断力，再去找下一批能手。这个招聘策略所冒的风险是动作或许稍慢，各系的成立不能同步并进。优点则是可以避免许多新办学校可能遭遇的风险：有些学校在开办之初，往往担心找不到人使形象受损，因而会急得乱抓，一心一意想赶快拼凑出一个亮眼的学术队伍。另外，新学校也可能遭到来自四面八方的毛遂自荐和人情关说，令创办人应接不暇而又难以抗拒。更糟糕的是创办人便宜行事，自己不具备相关学术领域的评鉴能力，却又胆敢独挑大梁，不经过咨询和细心甄选程序就胡乱把空缺给全部填满，其结果是从此尾大不掉，把整个大学的风格和水平限制成型。香港科大的做法稳扎稳打，一定要把招聘工作做得扎实。

笔者没有亲历最早期的招聘工作，缺乏第一手经验，但是从几位创校功臣的谈话和他们留下的文字记载中可以体会到他们的艰辛。虽然他们出自仁厚心肠，在讲到当年的人与事时，多有隐晦，但与我们这些在北美洲教过几十年书的人的见闻并无差异。

以整体来说，在北美洲学术界工作的华裔好学者成百上千，他们不但学术功底深厚，而且为人端正，身上蕴藏了中华文化诸多优点。但是他们或许有一个共同的"弱点"，甚或是"缺点"，那就是他们习惯性地守本分，即便是才高八斗，也绝不自我吹嘘，只顾埋头苦干，尽责地把自己分内的工作做好。这类人物并不亮眼，恐怕需要花一番工夫去"挖掘"才能找到，但他们一旦做出承诺，就一定会把任务完成，甚至加倍完成。

与此形成鲜明对比的是，在美籍华裔学者（甚至华人）圈子里，也不乏些自吹自擂、轻诺寡信、吃里扒外和攀权附势的人物。这类人本就是一个学术平庸（浅薄？）的教授，只有三分货却想把自己装扮成足色赤金，对于拉关系、结交权贵表现出极大热忱，借此自抬身价。他们挤进大使馆去做客，恳求国内政府发请帖邀请他们回国参观，甚至死皮赖脸地恳求领导人接见并合影留念，然后回到美国端出神秘姿态，乃至主动拜托新闻记者去采访他们，借以增加在媒体上的曝光率。继之又把这些虚名向国内兜售，增加他们在国内的身价。还有些人不惜闭起眼睛说瞎话（比如慷慨陈词地称赞"读书无用论"的正确性、"亩产万斤"的科学性，或是"文化大革命"是中国对全人类文化最重大的贡献，等等），尽管这些谬论事后逐一被现实推翻，也无损他们摇身一变成为华裔著名学人，因为他们最厚实的本钱就是"爱国"，而且这块招牌将会终生不变。

面对以上这两大类华裔学者，如何取舍实在充满风险。有的人看不起新学校，公开断言它肯定没有前途；其实这种人仍值得尊重，因为他至少表里如一，只是判断错误。更叫人伤心费神的是有人夸下海口可以帮忙，然后消失得无影无踪；也有人慷慨地许了愿，甚至拿了钱，最后心安理得地不见踪影。

笔者之所以提出这一段往事，并不是为香港科大前辈们叫屈，也不想拿照妖镜去审视历史，只是因为香港科大的取舍经验具有长远而广泛的重要性。因为不管是创办一所新大学还是为充实现有大学师资到海外招聘，大概都会遇到上述两种人物。何取何舍？答案是不在于碰运气，而在于慎重行事。招聘单位必须下功夫认真了解候选人的学问和性向，主持人一定要有鉴赏能力，对候选人一定要先察其言、观其行、读其作（品），然后再做决定。如果为了省事省时，只是凭关系、推荐、道听途说，或是依赖履历表和打电话去做选择，就很可能轻松一阵子，悔恨一辈子，把大学给害了。这是所有的大学都输不起的一盘棋。

II. 什么样的人去了香港科大

事后回顾，香港科大的前辈们和香港科大本身最大的幸运，是在前一类人中找到了一部分人才。在后面一类学者（有些也的确是学问扎实的学者）面前，是吃了瘪的。事实上，事情也本应如此发展，因为对后者而言，那时的香港科大是何等低档的格局？那时的香港虽然号称购物者的天堂，但又是何等让人看不入眼的学术小池塘，怎能容得下他们这些大鲨鱼？

香港科大当时对于招募人才是以慎重为最优先考虑，宁可步调慢也不要出错，采取了近乎上穷碧落下黄泉的寻觅方式，但是对是否能够完成前述的招聘目标并无把握。依当时校领导的臆度，如果能够完成上述目标的一半就相当满足。即便如此，当时采取的做法仍是完全开放招聘程序，运用学术界行之有效的人际关系网，同时也利用相关学科的学报、季刊，乃至当地报纸向全世界学术市场大量发布招聘公告。事实证明，这种做法非常有效，其效果超过雇用猎头公司（head-hunting agency）。因为根据笔者的所见所闻，猎头公司在某些行业里的确很有效用，但是

对学术界内行的似乎有限。香港科大有些职位出缺时也找过猎头公司。笔者也曾经突然接到猎头公司的招徕，但其提供的人选或是单位经常文不对题，类似乱点鸳鸯谱。

香港科大第一波面向全世界的征才公告最后收到了约1200份申请书，校方经过精挑细选，成功地招聘到十六七位人士。为什么这么自苦？只要肯接受这些申请人中最优秀的百分之二三，新学校的人事需要就可以立即得到满足，现在却只在每100位申请人中选一位，程序诚可谓既严且苛，宁缺毋滥。最好的证明就是商学院没有完成招聘任务。限于港英政府制定的薪水标准，同时还要顾及对本校其他学科教授们的公平，香港科大不能向商学院的教授提供超过理工科院系和人文社会学院教授的薪水，否则就可能影响后者的士气（虽然在北美洲，商学院教授的薪水普遍较其他学科高是被普遍接受的现象）。校方面临的难题是，要么付市场价值的高薪为商学院聘请好教授；要么既要坚持薪水标准的限制，又要坚持学术水平，两全其美。香港科大选择了后者，就只好等待资优教授出现并愿意加入。幸好只过了一年，商学院就找到了一流教授，且在薪资方面维护了学校的原则。

大致而言，到了1990年10月，大部分院长和系主任已经到位，开始第二波教授选聘工作。此时最大的不稳定因素是，被聘请来的系主任来自各地，彼此并无共事经验，也无法预测香港科大今后的发展方向是否会符合他们原先的期望，他们为了自保，最初只愿意签订短期合约（1~2年），不敢贸然放弃在北美洲的原职。相形之下，资浅教授们倒是没有此类忧虑，一心一意只想抓住一份稳定的工作，因此多数人愿意接受较长期的合约。最后学校决定还是努力聘请资优教授，进而尽心争取他们愿意长期留下来。这就导致了最初期校方和教授们之间出现了一种特殊的局面：在正常情况下，都是雇主（校方）有主动裁决权决定雇员（教授）的去留；但香港科大在初期正好相反，是雇员（教授）去审核雇主（校方）的行事作风是否值得他们留下来，因为他们并不是在找一碗饭吃，而是在挑精拣肥地找一个可以发挥自己抱负的工作环境。幸亏教授们在彼此共事了一段时间之后发觉可以达成互信，而且他们在工作中也逐渐体会到，香港科大今后发展得好与坏、祸与福，其实大部分正是操纵在他们自己手中。就这样，绝大多数初期加入的教授就把短期合约改为长期合约。

简言之，最初选聘成功的例子分散在各院系，校方并没有指定把某一个院或是系作为重点优先发展的对象，多半时间凭机遇，找到了合适的人才就断然聘用，找不到就宁缺毋滥。这种做法对于一个新创办的学校而言至为重要。

III. 新大学面临的一些选择

在通常情况下，新学校的创办者经常会面临一种压力，那就是担忧新学校在社会的千呼万唤之下出不来而丢人现眼。创校者既希望赶紧开张办学，又担心找不到人，于是走上饥不择食的歧途。

依照某些人的如意算盘，如果新大学能够赶紧网罗到几位重量级学者来撑场面，就容易一炮打响，立即树立起一个令众人瞩目的社会形象。而这些重量级学者，今后也可能帮助学校在推展校务、找经费、拉关系等方面都能够进行得比较顺利。

这种盘算自有其道理，但是最重要的还是看这些知名学者是真的把他们的心放在这所新学校上，还是只挂一个虚名虚张声势而已。如果是认真参与，则这些知名学者当然是新学校的财富。如果是后者，那就可能成为祸害，因为世界上只会念书和做研究而做不来行政事务的知名学者比比皆是，把他们挤在一起，未必是新学校的福祉，很可能尾大不掉，毫无实惠。如果他们根本不是全职地为学校事务服务，则后果可能更糟糕。

与此同时，还有不少人或是对新学校出于向往，或是想换一换自己的工作环境，会运用关系或是毛遂自荐，以求进入新大学，而学校接受他们，也正好可以纾解招聘的压力。其结果往往是双方一拍即合，学校未经深思熟虑，就东拉西扯地拼凑出一个教授班子，把学校里重要位置全部填满。

新学校还会面临另外一种诱惑，那就是出于懒惰，事先没有制订缜密的学术发展计划，而冀图先抓住几位名牌学者作为骨干，指望由他们去决定该系的学术专业方向。在这种心态下，抓住大学者成为最优先的策略，至于他们的学术专业反而成了次要考虑因素。美国俚语有一句粗话，大意是"要让狗去摇尾巴，而不可让尾巴去甩狗"（Don't let the tail wag the dog），中国对应的词汇大概就是本末（主从）不可倒置。本末倒置的坏处是过于突出个人，不能保证整个肌体的全面成长，学校的学术和研究很可能东一块西一块，彼此不能互相呼应配合（synergy）。如果不幸遇人不淑，大牌教授们还可能彼此争风吃醋和夺取资源，把系的肌体弄得伤痕累累。更何况，万一大牌明星教授跑了退休了或是去世了，又该如何收拾残局？

最初香港科大有些系也一度为了这个选择而左右摇摆。但是香港科大初期招聘工作在总体上做得相当严谨，首先尽量找诚心加入的卓越学者主持系务，同时拟订出系预计发展的大方向，然后一步一步地招聘学术背景与这些专业相关相近的学者来执行这个发展计划。

在北美洲，许多历史悠久的大学一个系动辄有五六十位教授，甚至更多，是典型的"大而全"模式，凡是与该系有关的学术领域都一概配备齐全，这些学校招聘人才的空间比较宽广，只要沾得上边的人才都可以列入招聘考虑。香港科大创校时没有这么富裕的发展空间，也根本无法达到这个规模，每个系在通常包含的学术领域中，只能精打细算地选几个特别符合学校或香港需要的领域去重点发展，或者放弃传统的学科分类法重新组合。因此，香港科大每个系都需要尽量按照计划发展，而不是盲目地先去追寻名牌学者，然后因势借力地随着他们的专业才能去发展系务。过分迷信学者的名气并不能有助于系务重点的发展，只看教授名气而不去细致地考虑他们的专业究竟是互补或是相克的话，那就会更加提升风险度。

这就说明了为什么香港科大各系发展的速度不一致：在某一个时间点上，有几个系已经有将，有的系甚至有兵，而有的系还在唱空城计。各系建成的进度不同步，在校方看来极为正常，的确有紧张感，但没有焦虑感，一切以找到能够执行学术发展计划的好教授为前提，绝不敢说出"一步到位"之类的豪言壮语，也不会因迷信大牌教授而本末倒置。当然从后来的发展情况看，也有一个当时还没有体会出来的教训，那就是：如果一个系聘用了两三位大牌教授为发展核心，到底是祸是福？这事先任谁也无法预测。如果他们心胸广阔，精诚合作，则全系可能融为一体，如虎添翼；如果他们争风吃醋，互相别苗头，就会把这个系搅得天翻地覆。反之，如果系的发展是按照计划进行，教授是为了实现一定的目的而被聘请，主从关系非常明确，这种冲突情形就大可以避免。换言之，即使是一流教授，也必须符合学校发展的要求。香港科大是借重他们雄厚的资材来巩固合理的学术体制，而不是把他们捧成明星，让他们在学术上任性地各奔东西，却把其他教授都当成是跑龙套的。因此，如果一流学者的学术专业和香港科大发展的大方向不符合的话，就只好割爱。

初期，加入工作行列的同事很少，有一句话在广东道临时办公室内颇为流行，那就是：一流的教授可以吸引一流的教授，二流的教授只能吸引三流的教授。以此类推，三流的教授肯定会排斥一流和二流的教授，只能吸引"不入流"的教授。

为什么这么说？是不是有些嚣张、自大而又缺德？

其实讲这话的人并不是自我陶醉或是自抬身价，这句话的确颇有道理。一流的教授通常不怕别人比他好，可以尽心尽意地去物色一流的教授，甚至找比自己更好的教授，也不会有争风吃醋的扭曲心理，更不会产生自卑感。如果创办院系的领导人属于这种类型，就比较有希望开门办学，招进质优的学术骨干，为本院系打下扎实的人力资源基础。他们出去招兵买马，到北美洲著名大学举办招聘会，也能得到这些学校的重视和积极配合，因为这些大学也希望为他们的博士生找到好学校去任职。当然，有头有脸的一流教授也比较能够得到年轻而初出茅庐的学者的信赖。

二流教授主持招聘工作时心情就可能会比较复杂。一来他们担心被一流教授看不起而招致招聘失败伤了他们的颜面，又怕其他二流教授成为竞争对手跟他们抢天下，或是不服气他们的领导。因此最保险的方法是找三流四流教授，这样就容易建立威信，罩得住同事们。二来他们学术根底不够扎实，对本学科缺乏宏观思维，即使本人行事为人绝对正派，尽心尽力地去发展学科，也可能做不出好成绩，因为他们缺乏那份锐利的眼光。如果一个系一开始的领班教授有了这种微妙而扭曲的心理，这个系就很难找到一流教授，因为一流教授完全没有理由放弃自己已经建立起来的事业和名望，跑到一个名不见经传的新学校去蹚那摊浑水。而这个系也注定以后在学术上不会有好成就。

当然，更糟糕的就是先聘请了一批三流教授或是副教授。他们一旦坐稳了江山，就会下定决心阻挡好教授进来搅乱他们的安乐窝，即便是优质的资浅助理教授只想把分内的科研和教学工作做好，他们也会觉得有威胁。这种先天不足的系，只能长期在内部打烂仗。

笔者在香港科大那几年的见闻，各个系当然努力去找最好的教授，同时也努力以系和学科的建设为首要考虑。换言之，按照系的需要决定如何求才，避免因才设系。这个优先顺序，最后成为全学校共同遵守的约定。

反过来说，如果遇上不适合的人选，香港科大的做法有时也会非常真诚（天真？）和不顾情面。笔者特别记得当年的一个案例：某院有一个系的系主任出缺，该院院长颇费了一番工夫邀请到某地区一位院士级教授来应征，想不到却被遴选委员会投票否决。这不但对该位学者是一个完全意想不到的挫折，对于该院长也是一个难堪无比的局面。但是遴选委员会所持的立场非常单纯：该学者虽然在自己的专业领域里绝对是一流学者，但是和该系发展方向并不能配合，不能有效地领导该系，而他能够开设的课程也无法和系里现有的整体课程结构互相呼应。遴选委员们对自己的处理心安理得，因为他们完全是对事而不对人，这件事也没有引起任何后遗症。

当然这个案例并不表示香港科大对好教授有恐惧症或是忌才，正好相反，香港科大在这方面的成就还是可圈可点的。比如说，在1990年代，香港科大教授阵营包括美国国家科学院院士（2人）、美国国家工程学院院士（4人）、加拿大院士（2人）、美国总统的科学顾问、中国台湾研究院院士（6人）、中国科学院院士（2人）和世界级大奖（wolf prize）的得主。他们在工作岗位上尽心尽力为人表率，在校园里平易近人恭谦有礼，不形成特殊阶级，也无某些地区"大牌"学者喜欢表现出的那种张牙舞爪的架势。校园里其他同事也以平常心与之相处，在彼此意见相左时，照样据理力争，而不会礼让三分。有这些杰出的同事真是香港科大的福分，也可以说是香港科大坚守创校原则的善果。

尽管香港科大初期的总目标是绝对强调由资优教授领军，但是不可否认的是，在不同的系里面，似乎各种情况都曾经发生，只是主流思想还是努力达到"一流教授"领军的标准。有多项实例证明，许多系主任的确去找了比自己更好的同事。那些年中，笔者不止一次地遇见有系主任兴高采烈地宣称他们系里新近又找到了一位杰出的教授。笔者本人在物色正教授时也一心一意地要找比自己更好的教授，而且向上级建议的薪水也超过笔者所拿的薪水。其实，一流不一流，并没有那么铁板一块的尺度，也不是用来自食的迷魂药，而是一个大家都接受的浅显道理并共同追求的目标罢了。

依照香港科大经验，似乎一个新学校最要小心从事的就是找第一批教授，香港科大也是在学习和犯错误中成长的。最初前来应聘或是由校方主动去游说的教授中，也偶尔会有拿假学位、拿假推荐函、自吹自擂的人物，幸亏都被警惕性高的识货人看出，当机立断地处理掉，避免了产生长期性灾难。笔者最早听说过的例子是，某系在一位英国人主持之下，向一位刚在英国一所著名大学得到博士学位的年轻学者发聘书。或许是英国人比较看重英国著名大学的学位价值，因此径行授予该博士副教授资格。这个做法已经离谱，因为香港科大的规矩是只能以助理教授资格聘请刚刚得到博士学位的人，不管他是英国博士还是美国博士，一视同仁。哪知校方对此案进行复查时，却发现此人原来尚未正式拿到博士学位，那就更离谱了，因此当即终止合约。这个结果当然使那位英国籍主管大为难堪，但是为了维护学校聘用制度的庄严和公平，也非得如此做不可。此后，凡是拿到博士学位的人一律以助理教授资格聘用，没有拿到学位的人则只能以讲师资格聘用，在制度上没有回旋余地。

学校既然有19个系，当然无法齐头并进，选聘过程也有幸与不幸，如果某个系在开头就没有把大方向抓好，不能坚持用人唯才的基本原则，此后就会头痛不断。比如有一个系刚刚开办，还没有把系的总体架构思考清楚就急忙忙聘请了三位资深（也知名）的教授。岂知后者一进校门就自立门户，引进自己原先指导过的博士生。不久形成三分天下局面，不但系内专业之间壁垒分明，妨碍总体性发展，而且人员也分帮派，即便是年轻教授也难以幸免。年轻教授们大致出于两种考虑：一是想投靠一个主子，以后在系里可以得到照顾；另一是自己身份低微，前途茫茫，不敢得罪大牌。两种心理都被主子们用来争夺名额、预算、实验室空间和器材，甚至争办公室，这和许多大学里发展出来的歪风大致相同。幸好校方处事比较果断，明确规定系的资源运用必须言之成理，不可人为割裂使用。校方又对该系人员配置进行严格审查，而不只是客客气气地尊重系的决定。最后这些兴风作浪的大爷们也看出来他们"英雄"无用武之地，先后选择（被逼）离开，该系同事终于从人事噩梦中解放出来，去发挥他们的学术潜能。但是经过这么一番折腾，该系却需要耗费好几年工夫才能疗伤止痛，恢复元气，成为一个正常运作的单位。

人事倾轧是许多大学的致命伤。考其原因，首先是选人过程发生严重偏差，如果一个系选了几位爱好舞权弄术的人挤在一起，则更是不幸。其次是上级领导缺乏拨乱反正的魄力，明明看出了问题，却为了息事宁人而装聋作哑，纵任发展，最后蔓延到其他单位，破坏整个校风。这种病态最直接的受害人是年轻教授。他们本以为来到香港科大，能有一个安宁公平的环境专心从事研究和教学工作，只需凭借个人学术本领就可以得到校方合理待遇，哪知却需要把大部分精力虚耗在察言观色、见风使舵上，那种屈辱和无奈真是校方对他们最大的亏欠，也是校方在学术上自挖坟墓。笔者也曾看过一些大学，就是因为过不了人情关，终至沦入误人子弟和斯文扫地的境地。

笔者认为一所大学要想办好，在学术上必须严格审核，对不合格的教授必须狠心辞退，可以充满同情，但是无需抱歉。但是学校在聘用教授的同时，也应该做出一个基本承诺，特别是对年轻教授，那就是承诺为他们提供一个光明正大的工作环境，帮助他们鼓足全副精力发挥他们的专业才能，而不需要浪费脑力和疲于奔命地应付人事。许多人还没到中年就深切叹喟"做人难"，还没有成为学者就已经成为乡原，这个罪过必须归到学校领导的身上，他们责无旁贷。香港科大的幸运，是这类事务并没有占据教授们太多精力，大部分都由各阶层的学术领导当机立断地处理掉了。笔者听到过一个有趣的案例，某个系为了谋求一位系主任，看中了一位北美洲的资深学者，因此不露声色地请他来做一年的访问教授，目的就是借机观察他为人处世是否正派。结果这位教授不久就露出狐狸尾巴，在系里热衷串门子、结交拉拢，到处打听小道消息也勤于散布，心中所想不是帮助年轻学者做好工作，而是想走群众路线，冀以爬上领导的宝座（然后就张牙舞爪？）。院方看在眼里，也同样不露声色，一年期满绝口不提续约之事，该教授只好卷了铺盖走路。虽然这个决定说不定挽救了那个系，但是院方一年培植的努力也付诸东流了。

依据香港科大学术部门的计划，最终目标是招聘450~500位教授。最初的二三十位教授（各院系主管）中，只有极少数是欧美籍学者，包括具有英国和英联邦背景的。次少的是香港本地出生然后到国外（多半是去美国，也有极少数去英联邦）学成归港的学者。最引人瞩目的多数派则是那群讲普通话的人，一律来自北美洲，都是在北美洲知名大学做了正教授，然后应邀赴港的。他们在北美洲已经全部获得终身制保障，不可能因为接受了香港科大的聘书再被评审一次，而他们又是评审聘用其他等级教授的主动力，因此他们成了香港科大唯一一小部分身份特殊的学者。换言之，在他们被香港科大聘用时所经过的遴选过程，就等于是香港科大终身制的审核过程，从此他们不需再经过评鉴。而其他教授，则无论何种等级，都要按校内标准经过审核。

IV. 早期教授们的一些特性

笔者根据1992年6月份的教授资料做了一个简单统计。当时学校19个系（这个数目从此未曾变动），这些系主任是第一批学术和行政骨干。当时，他们的权力和责任都非常重大，因此其背景颇有参考价值。

以地区计算，台湾背景的华人9

人、本港背景的华人4人、菲律宾华人1人、欧美人1人。有4个系（多数在商学院）还没有找到系主任。如果再加上研究中心、图书馆和校级学术行政部门首脑，台湾背景的美籍华裔学者占决定性的多数。这些人对香港科大此后人事上的发展和充实，起了决定性作用。

在此或许还可以借用另外一种观念来说明这些人的重要性。一个组织的发展（不管是创建新大学还是改革现有的大学），作为原动力人员的数量必须先要达到一个物理学家所谓的"临界质量"（a critical mass）才能推动政策实施。如果一个新大学只有两三位高瞻远瞩的智者做领导，而其他工作人员却懒懒散散偷鸡摸狗，则政策必定难以推行，只能靠行政命令行事，最终就会落得"上有政策，下有对策"的局面。但是如果学校里有相当一群人拥有共识，则不管在哪个层次上政策都会被忠实地执行，甚或有下级比上级执行得更认真彻底的可能性。而系的层次能够对教授群产生的感染力，就可能比上级学术领导人下达的行政命令更能产生效果，更能扩大共识的影响面。以后见之明观之，香港科大首批的二三十位资深教授，或许就形成了这种临界质量，让分层负责的体制得以顺畅运作，而不需要两三个校级领导日夜担心基层干部会怠惰了事和阳奉阴违。

若再进一步去检视草创期这些系主任的学术背景，则他们的博士学位来自加州大学伯克利分校、加州理工学院、华盛顿大学（各2人）、普林斯顿大学、麻省理工学院、西北大学、芝加哥大学、多伦多大学、霍普金斯大学和台湾大学（各1人）。若再以他们加入香港科大前的工作单位来计算，则他们分别来自密歇根大学、乔治亚理工学院、布朗大学、华盛顿大学、南加州大学、纽约州立大学、北卡罗来纳大学、多伦多大学和台湾大学（各1人），加州大学（2人），还有2位分别来自美国联邦政府和美国高科技企业。

以上这两组数据有两点最令人注意：一是绝大多数创校学术领导人的专业训练来自北美洲，几乎没有英国高等教育的痕迹。这和当时香港高等教育界的主流学者来自英国大学的状况截然相反。英国大学的排行有规有矩，一般都是从牛津、剑桥往下排，所以这群来自英国的学者在香港的地位也高低分明。北美洲大学比较多元化，好大学可能有平庸的教授，次好大学可能有很好的教授，也可能得过诺贝尔奖的教授甚至在非常小的地区性大学教书，形形色色，不一而足，所以专业领域或科系的声望往往比大学总体的声望更具有参考价值。香港科大这样一群来自北美洲的

"新人",的确打乱了香港学界按资排辈的习俗,更何况这群人对香港本地的学坛泰斗们并没有表现出适度的恭谦客套,也没有投牒拜候,更没有把香港学界长期以来所尊奉的"伦理"放在眼里。二是这群人来港前任职的经验几乎一律集中在北美洲(除了一位),都是扎实的研究型大学里有成就的学者,当然都是正教授,是华裔,而且对香港科大怀有高度热忱和理想。形象地说,在初期,香港科大似乎是一个英国式的瓶子(行政体制),装了美国造的酒(人才造就过程),而其作料(学者的籍贯)又来自不同的华人地区(中国内地、香港、台湾)。确实颇具特性。

仅是这种人口分布情形就不免令人感叹。读者们应该记得,香港科大的创建工作完全由港英政府和香港地方领袖们主导,学校经费完全在港英政府掌控之下(当然归根结底是香港人民的纳税钱),他们的首选当然是英联邦优秀大学的教育体制模式和传统。而一半出于机缘,一半出于智慧,最初的筹办领导人之中,居然有几位高瞻远瞩的本港人士决定采用(也可能是"容忍"或"试验")北美洲的大学制度,这可真是一个大举动。而港英政府居然同意把这块耀眼的学术新园地让一群来自北美洲而且从未谋面的教授们去塑造,也真是气度宽宏的表率。

一旦决定了采用北美洲的大学制度,香港科大最早的创办人就到北美洲去邀请了几批华裔学者专家共同策划。第一次在旧金山飞机场旁边一个旅馆开会,第二次在洛杉矶郊区开会,每次参加者都有数十位,至于小规模三五人之间的商议则更是经常举行而无法统计。这的确是难得的结合。读者们可以想象,以北美洲地区之辽阔,光是要说动一群学者对华人地区的高等教育事业产生热情,然后风尘仆仆地赶到同一地点去进行脑力激荡,这本身就是一件难上加难的壮举。这些华裔美籍学者集于一堂,共同商讨的题目是如何在香港建立一所大学。他们对学校体制,到院系建立、资源分配、专业重点等,都做出了重要贡献。无论以参加人员的规模和素质,还是他们关心民族事务的热心等方面来说,都可谓是近代海外华人知识分子关心中国高等教育并投身奉献的一段佳话。在某种意义上,这也是中国留美知识分子的一个"运动"。这场"运动"既有别于以往走上街头、摇旗呐喊、含有高度政治性取向的高昂,也有别于自扫门前雪和寄人篱下的温顺。香港科大的创办者和襄助人,把个人的立场和动机汇集成一股浩大的实际行动,那就是抛弃了"坐而言"的方式,创造了"起而行"的成果。

来自香港的创校者和海外一大群知识分子的良性互动,帮助香港科技大学有了雏形。这个现象有没有历史意义？

回顾1920年代，一批留学西方国家的留学生回国，分赴华北、华中和华南等地区的一些名校担任教职，对中国的高教发展做出了一定程度的贡献。但他们教学的对象基本上是大学部的本科生，对于大学研究工作的体系和运作似乎没有什么建树；而且基本上是三三两两的自发行为或靠朋友介绍推荐，规模有些零星，不是一个集体行动。作为一个群体而言，他们之中有些个人的成就确实非常卓越；但有些人只是到过欧美去"游学"，而不是专攻学术，因此许多人没有拿到学位（也不在乎学位），更没有在欧美学坛承受过锻炼和考验；还有些人在回国后在国内也许建立了名气，但是学术硬功夫未必扎实。以他们人数之多和留下来足以传世的学术作品之少来看，似乎其总成绩并未光芒四射。关于这方面的现象，学术界其实已经有一些专著去分析和评价，在此无需重复。

香港科大创校者与先辈们的不同之处，是一群华人留学生在欧美学术界已经过考验站稳脚跟，却衍生出一份心愿，形成一个没有组织但是颇具特性的人群，不约而同地想要为中国的高教事业操心出力。最后还有许多人果然身体力行，决定成为1990年代的"海归"派，并且投入精力创办了一所大学。而这群教授进入工作岗位，既没有去当地港英官员处拜码头，也不允许后者插足学术领域内的事务。如果"见微"果能"知著"的话，这可真是可以看出西方国家谨守政治和学术分野的分寸。除非英国人是笨蛋（他们当然绝顶聪明），否则，对出现这种现象的唯一解释是，当时港英政府的确尊重学术独立和专家治校的原则，放手任由这群华裔美籍学者去开创局面。笔者在香港科大服务期间，也没有看到一丁点港英政府企图染指学术部门的蛛丝马迹。在今日华人社会的大学中，不知道有几所学校得以如此幸运？顺着这个思路推想下去，则这些大学挤不进世界级大学之列，在先天上早已失调了，又何足怪哉！

V. 教授阵营的成分

香港科大创校时期骨干们招聘教授的成绩，在两三年内就显露出来。有两组数字或许可以简洁地说明当时情况。

先从大局说起。香港科大从1990年开始扩大招聘工作，到了1992年春季，编制总共为360位教授，已经分配到4个学院，校级学术部门只保留了15个名额以供机动运用。各个院系基本上知道自己的配额，敢于大胆招聘。到了1993年秋季开学时，305位教授职位已经招聘成功，且新同事已经到校任职；25位教授已经接受职位，短期内会陆续到校。这个数字本身就可反映出招聘工作的紧张进度，而且更重要的是，这些人都经过严格考核，学校没有丝毫马虎，也没有用滥竽充数的手法填满空缺的心理。到了1995年春季，学校又确定，到1998年学校教授全额为565位，另外还有71位助教①，总共636位在学术部门教书的人，师生比例为1∶11。

从1993年的数据看，香港科大教授阵容已经粗具规模，每个系都有足够的教授提供本系整体性的课程。就这些教授们的素质而言，他们的博士学位来源大致如下：

教授人数	博士学位来源
18	加州大学伯克利分校
16	加州大学洛杉矶分校
12	芝加哥大学
10	普林斯顿大学
16	加州理工学院、多伦多大学（各8人）
28	麻省理工、哥伦比亚大学、斯坦福大学、不列颠哥伦比亚大学（各7人）
18	普度大学、伊利诺伊大学、明尼苏达大学（各6人）
25	哈佛大学、康奈尔大学、伦敦大学、南加州大学、威斯康星大学（各5人）
20	牛津大学、卡内基梅隆大学、马里兰大学、西北大学、华盛顿大学（各4人）

以上共163人，约占当时全部教授的60%。若以全体教授计算，有85%的教授是在北美洲顶尖的六七十所大学取得博士学位或有博士后经历或工作，而这些大学是北美洲大学教育界的前1%~2%。初步招聘可以称得上严谨认真。姑不论创办骨干是否人人皆是一流学者，单是他们谋求一流人才的诚意和勤奋，已有目共睹，绝

---

① 助教：指由教授指挥的助理人员，分为研究助理（research assistant，RA）和教学助理（teaching assistant，TA），不属于教授的一个等级。本书中凡未特别说明，均从此义。——编者注

不输给北美洲一流大学的招聘成绩。换言之，香港科大在创校大约三年内，已经从教授热心奉献的"临界质量"扩大到教授教研素质的"临界质量"了。到了此时，个别教授的主观意愿（为华人高等教育服务）缔造了客观的团体成绩（香港科大教授的素质）。

顺便可以一提的是，在事先没有预设任何立场的情况下，加入香港科大的教授们的个人背景也真正国际化了。还是从1993年的数据看，所有教授中香港人占40%，台湾背景（包括台湾的外省人）占14%，从内地赴美念书而被延聘者占18%，外籍人士占28%。特别值得注意的是外籍人士，据笔者所知，就来自美国、加拿大、英国、俄罗斯、德国、法国、意大利、西班牙、丹麦、以色列、印度、巴基斯坦、澳大利亚、日本、韩国、菲律宾等十余国。这完全是机缘使然，数据每年都可能有大幅度改变。换言之，香港科大的唯一目的，是在招聘时段在世界学术市场上找最好的人才，千方百计地争取他们加入香港科大。夸张地说，如果他们全部来自冰岛，则香港科大也会乐意成为以冰岛学者为主导的大学，只要实际受惠者还是香港的纳税人，就可以心安理得了。这个结果，一小半归功于当时港英政府可敬的度量，一大半是香港科大创办人胸襟宽广和勤奋求才的成果。

还记得在最初两三年时间里，教授的招聘工作委实沉重得令人喘不过气来。从1990年的十几二十人开始，在短短几年时光里，教授的招聘工作出现了几个特色：一是职位配置均衡，既无头重脚轻也无头轻脚重现象，这样就使教学和研究可以同时均衡展开。以1993年底为例，全校已经招聘了61位正教授、89位副教授、223位助理教授，正教授、副教授、助理教授之比为1∶1.46∶3.66，呈梯形。这个比例和北美洲许多历史悠久的大学有些差别。一般而言，一个科系在成熟正常的编制状态下，正教授、副教授和助理教授大概各占三分之一，新陈代谢和轮班接替程序才容易顺利进行。而香港科大是一所崭新的大学，想要在短期内成立教授班子，然后从中挑选出优秀人才保留下来，因此多招聘助理教授是在学校成长过程中难以避免的现象。

要强调的是，这将近400名教授都是在当时条件下精挑细选出来的。其中正教授最为稳定（终身制），他们大部分留校多年参与建设；副教授多半得到终身制保证；而助理教授的流动性很大，如果他们不能符合校方期望，三年后就必须离职，由新血代替。这个做法使得香港科大的教授阵营的确由优秀的资深教授们主导，但是作为一所年轻的大学，香港科大的肌体是由年轻教授组成，而不是只靠几块学术大牌去撑场面。

香港科大教授阵营的第二个特点是老、中、青结合，这是保障学术在未来得以继续提升的基础。比如说，在1995年，香港科大共有441位教授，其中60岁以上者有16位（4%），51～60岁者有38位（9%），41～50岁者有85位（19%），31～40岁者有261位（51%），而不足31岁者有41位（9%）。换言之，那些中年和老年的教授，在两三年内为香港科大精选了一大批不同年龄层次但是学术水平优异的生力军。

那么，这些新血又是来自何方？

这个问题可以从1995年4月份的教授阵营得到答案。如果以他们受聘时来自的地域（不是他们的国籍或种族）计算，当时有记录的共有364人，其中247人（68%）从美国聘来，48人（13%）从加拿大聘来，23人（6%）来自英国，13人（4%）来自澳大利亚，10人（3%）来自香港，23人（6%）聘自其他10个国家和地区。

读者可以从这一组数字看到几个重要信息。（1）教授阵营北美洲化（美国和加拿大）已经极端明显（82%），难以改变。（2）英国的学术影响力已经微不足道，这就使香港科大和本港其他大学的差异益趋明显，当然就会产生许多意想不到的结果。（3）香港科大尊重本港其他大学的耕耘成绩，绝不向本港高教机构挖角，因此只有10人是在本港招聘的，而且可以断言全部是他们主动来申请，而不是香港科大去招揽他们。（4）香港科大已经走上国际化的途径，除了美国之外，从世界其他地区招聘的教授占了30%。

当然读者或许还禁不住好奇，香港科大教授阵营的成分究竟如何？有趣的是，校方一直无法做出详细统计。笔者试以1995年底校方发布的教授简介手册为基础，依靠他们的姓氏拼法去判别他们的背景（在内地、台湾、香港，姓氏拼法各有特色），得到了一些数据，虽然未必绝对准确，但是应该非常接近事实。依手册所示，当时全校共有教授460人，其中台湾60人（13%）、香港148人（32%）、内地107人（23%），其他国家人士145人（32%）。根据另外一个数据显示，香港科大教授来自将近30个国家和地区，而他们的国籍和种族也是30个以上。这些都只有参考价值，而非绝对数据，因为香港科大教授班子每年都在汰旧换新，所以没有一个稳定的数据。但是这些数据已经有力地显示了香港科大教授国际化的特性。

这一组数字还可以给我们另外一些启示。

第一，如前所言，具有台湾背景的资深学者是创校阶段招聘工作的决策人。如果他们心存门户或是地域偏见的话，则尽可以运用手中大权，特意关照有台湾背景的学者。这种想法是否符合现实？

事实上，在北美洲学界的确有一大批台湾背景的学者和博士活跃于学术市场。这个现象自有它特殊的历史背景。简言之，中国内地学者赴美攻读自1950年起就全面停顿，因此在美国学界已经站住脚的教授泰半是抗战末期和内战时期到北美洲念书的老一辈，为数有限，有些甚至已经年长退休。而台湾即便是在政治风雨飘摇之际，也一直坚守储才的原则。比如说，1950~1960年代，在台湾，男女青年一定要等到大学毕业才准许参加留学生考试，当时每年大约录取2000名，制度相当公平，拉关系走后门的案例并不常见，贫至三等贫农，富至公司老板的子女，一定要达到一定的学术水平才准许留学深造。特别令人惊讶的是，有些犯罪人（包括"共谍"、反对派人士）并没有祸及下代，他们的子女们只要通过留学考试，其留学的权利都不被剥夺。

尽管那个时代台湾人均所得不过50~100美元，但是有关方面还特别拨出一笔款项，允许每位留学生用远低于市价的汇率兑换2000美元作为旅费和学习生活费用。女生可以在大学毕业（大约22岁）就出去留学，而男生则必须服满兵役（大约24岁）才准许留学。由于长期坚持储备人才的政策，因此到了1970年代，来自台湾的留学生人数已经在美国所有留学生中排名到了第二或第三位，而居首的总是邻国加拿大，或是腰缠万贯的伊朗，台湾经常紧接其后。换言之，1990年代若要存心在北美洲挑选台湾背景的留学生或是年轻教授的话，则可谓资源丰富之至。

但是，香港科大来自台湾的资深教授们从未如此想过，这个话题在学术领导人之间甚至连谈也不曾谈过。反而在他们主政时期，台湾背景华人在香港科大教授阵营的比例数，从一度接近二分之一（主管级）迅速减少到不足七分之一。这或许可以看成这些人信守了用人唯才，而不是用人唯亲的原则，更没有帮派思想或地域观念在作祟。而事实上，据笔者耳闻目睹，至少有十几二十位来自台湾并且在北美洲教书有年的教授，向当时主持招聘工作的个别台湾背景教授毛遂自荐，希望到香港科大去"共襄盛举"，但他们有的是资格不合，有的是专业不对称，都被婉言谢绝。为此，香港科大某些系的教授们还付出了难以估计的人情代价。

第二，香港籍的学者加入香港科大者明显增加。这在正常情况下本是毋庸置评的事，因为香港本来就是他们的乡土，返乡服务再正常不过。但是当时此一现象的确比较特殊。在历史上香港学生对大英帝国教育体制的崇敬心远远超过他们对北美洲的态度，因此和台湾相比，香港籍学者在北美洲任教的数量也望尘莫及，更何况学术有成的学者又缺乏回港服务的意愿。香港科大建立之时香港回归日期已经确定，大批香港社会精英正急着向大英联邦地区（加拿大、澳大利亚）移民，而已经身处国外的香港人更不愿意贸然回到香港就业。就在这种情况下，香港科大居然说服了一批留美香港学者回到香港工作，的确是一个不小的成就。一旦有了这个开始，在此后几年中，香港其他大学也逐渐成功地招聘到香港子弟从北美洲回到家园从事教育工作。因此，在人才外流的大局之下，香港科大居然做出了一些人才回流的成绩。

第三，内地籍学者普遍年轻，多半刚刚拿到博士学位，但是其数目之多（23%）实在令当事人既惊且喜，因为他们居然成功地网罗到西方世界造就出来的第一批中国内地学术精英。香港科大有许多系都胆敢声称，当时中国内地留学美国的最优秀年轻学者都曾经被锁定为争取对象，而其中有相当一部分也接受了聘请。

在招聘内地籍的年轻教授过程中，还出现过一个小插曲，今天重新回顾也有特别意义。1992年春夏之交，当各系在没有事先协商的情况下各自招聘了几位内地籍学者之后，校园里已经有一小部分人士开始担心，认为是否在名额上应该作出限制？持此种立场的人虽然没有明言理由，但是其担心的原因不难推测。一是担心内地年轻学者在"文革"时期和1980年代所受的大学教育是否够扎实。二是地域观念：当时内地籍学者在香港极为稀少，香港人士对于"九七回归"又心怀疑惧，担心他们会由政界渗透进学界，即便是身不由己，也可能变成接收教育体系的先头部队。三是道德和行为规范的差异：内地籍学者既然是在"文革"中成长，则他们可能染上一些特定时空条件下的为人处世作风，跟香港科大学术环境格格不入；特别是如果不小心引进了少数几位斗批和打砸抢能手的话，则香港科大的努力将毁于一旦。

学校高层为此确曾在会议里公开讨论过，最后坚守用人唯才的原则，不预设立场，也不限制人数，尊重各系自主安排。当时多数人的意见是，内地籍学者在大学的成绩并非关键，重要的是他们在北美洲著名学府获得了博士学位，足以证明他们的学术造诣。他们来自不同研究型大学，经过严格考验，而担负政治使命的说法未免杯弓蛇影。至于他们是否染上"文革"恶习，必须以实践为凭，不可预先下结论。校方高层领导这个明确立场，使得更多的内地籍学者顺利加入香港科大行列。

第四，由于坚守"唯才是用"的原则，香港科大的国际化特性已经完全成熟，超过三成的教授来自欧美亚非各大洲，这在当时的亚洲大学中，大概没有可以与之伦比者。

更进一步说，这在当时的香港也可能还有一层更深的社会意义。香港当时还在英国人的殖民统治下，也因此吸引了一大群外籍人士（expatriots），他们的社会地位、生活风尚和经济实力都凌驾于当地华人之上。简言之，香港的社会风气历来是白人倨，华人恭，一切谨遵"洋大人"的吩咐办事。政府机关如此，实业界如此，街坊商店售货员如此，学校亦复如此，甚至有华人热衷于模仿白人味。这就是殖民统治下的社会生态。但是香港科大的决策阶层是华人，有意识地坚守种族平等原则。笔者早期听到过的一个例子，某系一位来自英联邦的访问学者，没有摸清楚香港科大的气氛，还是摆出那副对付当地"土人"的姿态，违反了系里规矩，结果被华裔系主任召到办公室严词叱责一顿，并在下学期请他走路。

在香港科大，"洋大人"并没有特殊的气焰，不但教授们如此，教职员们也如此。1997年香港回归之前已经树立了好规矩，1997年之后当然就更无问题。在香港科大，"洋人"虽多，却是一个健康平等的华洋杂处社区，从来没有为种族问题烦恼过。说起来道理也不复杂，那就是凡事依据规章，从来不从皮肤颜色去考虑。后来香港科大又招收了大批外籍交换学生，也从来没有发生过差别待遇或是族群摩擦事件。

以上所叙述的香港科大早期招聘过程，产生了一些长期性的效果，都不是有预谋性质的。简言之，有台湾背景的教授们的行为，注定了他们退休之后的接班群体是香港籍的教授们。这是香港科大的第二代学术领导层。而香港籍教授们退休后的第三代领导层，看起来应该会有许多早期加入香港科大工作的内地籍教授。当然，他们之所以能够继续留在香港科大服务，本来就是因为他们通过了层层的考验关卡，证明他们在学术上表现优异，因此把香港科大的命运托付给他们，是最正常不过的事，也是任何一所大学赖以更新进步的最后保证。但是同样重要的是，他们除了学术成就一定要比创校那一代更优秀，也一定要在为人的正派和维护学校纯净良好风气上做出特别的努力,才能够使香港科大的成就继续扩大。

笔者曾经熟知另外一所大学,开办的时候光彩夺目,在某些领域里聘请到当时华人学界最优秀的老师。但是可惜在老一辈退休后,学校就一直走下坡路,终致沦为二三流大学,令人为之扼腕不已。这个实例显示,要办一所好大学,选好第一批教授固然极为重要,但是同样重要的是,需要建立一个良好的聘用制度,使好教授们能够运用他们的判断力,选出第二批更好的年轻教授,然后第三批、第四批,延绵不断,这样的学校才有机会在多年努力之下累积成果,拔尖而起,否则会人亡政息。每一个人类缔造的组织都逃不过这个轨迹。

VI. 更多的特性

早年,凡是走进香港科大校园的人,他们的第一个发现,就是香港科大在语言上的另类:不但和香港市区不一样,也和香港其他大学校园不相同。

在最早期,大多数院系领导是台湾出身的美籍华裔学者,他们讲的英文是美腔美调(不是牛津味),而讲的中文则是普通话(不是广东话),这也使得职员和学生们都受到影响。香港科大的官方语言是英文,而且是香港唯一只准用英文教学的大学,这是港英政府硬性规定的,不可任意更改。香港科大校园的非官方语言则是普通话。这个现象大大帮助了香港科大与台湾及内地的学术交流:许多从内地和台湾来香港科大访问的学者都在私下表示,他们进入校园之后就舒了一口气,因为南腔北调都行得通,不需要和香港本地人卷起舌头说英文,也不用竖起耳朵来解读广东话。香港科大自成了一个语言的小"特区"。

光是从讲普通话的教授群而言,他们还有几个共同点。一是这些来自台湾的学者,有些甚至是小学、中学和大学同学。二是他们之中不少人在1970年代初期发生在北美洲的"钓鱼台运动"中互相结识或发展出合作关系。当年受到这些(知识分子)爱国运动不同程度感染的学者和学生之中,颇有一部分最后采取了另外一种实现民族情怀的途径,那就是选择到香港这个人生地不熟的地方,进入香港科大服务,完成他们为华人高教奉献的心愿。

最初一批接受香港科大召唤的华裔美籍学者们之中,普遍洋溢着旺盛的民族情操,在不同的时空环境下,各自都曾经为中华民族的诸般事务作出了一些贡献。港人回港服务,听起来理所当然,有趣的是台湾学者并没有选择回到台湾那块熟土,却选择去香港这片生地,而且这个决定绝非偶然,更不轻率,却是连根拔起,誓不回头。总而言之,他们都选择了香港作为据点,还真有些雄壮的意味。这种无形的精神力量的确把同事间的感情拉近了许多,酿成一股士气和行为规范。就像当年校园里的一句口头禅:"如果你不是想为××(可以填民族、华人教育等)做些贡献,那你来香港科大干什么?"这个想法像是一把尺,无论在私下的互相激励,或是公开场合的互相检查,都产生了一定的作用。这个共识对于一个新体制的建立,自有难以估量的功效:它给了成员一种使命感、方向感,既可自我督促,又可用以检验他人,是早期香港科大的一根精神支柱,而绝不是宣传高调。

由于形成这种共识的教授们有一个台湾出身的共同背景,因此凡是不具此种身份的人,在处事的态度上就难免偶尔会感到格格不入。创校之初,华人和外籍(白人)学者之间的看法和做法的确时有差异,而华裔美籍学者和纯粹台湾或是内地背景的学者之间也不免产生矛盾。记得当时有一位纯台湾背景的学者就曾经抱怨,"你们这些美国回来的人,真不知行为的准则到底是什么!想要采用一种做法时,就振振有词地说这符合中国人的规矩;想要采用另外一种做法时,又振振有词地说应该按照美国规矩办事。叫人无法适从。"这种抱怨其实相当中肯,因为在不知不觉中,早期进入香港科大的教授们之间,已经酝酿出一种小文化(sub-culture),那就是亦中亦西,或是中西合璧,说得负面一点,就是不中不西。但是粗略地说,应该是"西"多于"中",有时大大地多于"中"。大家共事时,能够掌握这个分寸,处事就能平顺,否则就会格格不入,甚至发生重大冲突。香港科大园区内的小文化,真是建设工程中一个不可忽视的重要因素。

即便这群华裔美籍学者,他们受北美洲文化浸染的程度不同,价值观也有差异。有一个令人事先没有想到的可能性,就是有些人在北美洲时,一切行为循规蹈矩,谨守北美洲大学的习俗处世做人,一旦回到华人社会,却把华人文化中的一些老把戏玩得滚瓜烂熟。无可讳言,香港科大的第一次人才组合,也有些叫人难以想象的怪事。大部分这种背景的人在美国大学里服务时,外人都只是听说对他们学术成就的评价,很少接触过他们的为人。当年进入香港科大创校班子的学者,绝大多数有着冲谦本分、勤奋宽厚的人品,但是也正是学校正在草创的机缘,使人能够领教一些平常难以观察到的新鲜事物。

形势比人强。香港科大当时就是这么一个不中不西、半中半西、西多于中的新型学术单位。就是这么一个群体，创造了自己的文化，做出自己的事业，接受社会的检验。问题或许不是"中"与"西"孰优孰劣，而是首先一所大学要有自己的文化——校风，而这个校风最好是能够和世界接轨。要想创办世界级大学，必须学习世界级大学的文化（除非拿出更好的方法），否则只学皮毛不学精髓，只重表象不重精神，最后只能做出一个四不像，骗人骗己。香港科大的经验固然和它的"海归"学人有密切关系，但是其中真正重要的，应该是它从一开始就有一个自己独具特色的小文化，然后逐日加深，成为团体的向心力和行为基准。要不然，"人不为己，天诛地灭"，这个新学校只不过成为每个人贪图私利的竞技场而已。

其实，即便大家都是从北美洲回来，华人学者也还是暴露出一些问题。在香港科大最早筹备时期，创办人的甜酸苦辣故事就累积了一箩筐：有的人言出必信，一听到要在香港创办科技大学，大目标又是为了华人高等教育的前景，就兴高采烈地出主意出力气，即便本人无法加入教授阵营，也全心全意地为这个共同理想而努力；也有人轻诺寡信，慷慨激昂的大话说了许多，但是等到真正要做事时就东躲西藏，眼前如果捞不到好处，就别想他们付出心力。根据一些早期创办人的回忆，有些学者爱国声调越是高昂，对于香港科大的帮助也越少。其实这也一点都不奇怪，凡是1970～1980年代在美国学界工作过的人都经常会看到一种现象，那就是有些"学者"见风使舵的本领真是令人大开眼界。他们不管是争取回国访问，还是到华盛顿的中国联络办事处（中美建交后改为大使馆）去接受招待，都存着一登龙门身价十倍的心态。国内派到美国访问的代表团被一小群学者施展浑身解数地包围住，不容其他华人学者去接近，完全不顾代表团访美的目的正是要和学界广泛结识的初衷。最妙的当然是一小群幸运地被官方邀请回国访问的学者，回到美国之后，口袋里经常放着一本相片簿，逢人便骄傲地展示他们跟某某领导人的合影。这个风气好像十几年都没有改变。

等到香港科大教职员进驻校园，一个令人吃惊的现象出现了，就是所谓"高等华人"的嘴脸。这种情形在早期颇不乏人在。笔者在美国大学里工作了几十年，很少或是根本没有机会看到华人学者行为乖张的现象。华人在北美洲大学里的标准形象是谦虚有礼、守本分、沉默寡言、勤奋努力，总之形象非常正面。可是这些人中间有极小一部分回到华人的大环境，就会改头换面，变得自大狂妄，看不起别人，对本地人（特别是香港籍的职员）大叫大喊，肆意凌辱，处处想要显示自己是高等华人的优越感。根据传闻，有人经常挂在嘴上的是："我在这方面的学问在香港绝对是第一把交椅。"这种在北美洲本是循规蹈矩的学人，回到香港却变成一只横行霸道的八脚大螃蟹的情形，在香港科大创办之初，确实存在。有人甚至会为校方某领导人曾经去机场迎接了某甲而没有迎接他而醋劲大发。幸亏当时创校的骨干分子自己学有所成，见过世面，不至于被院士、大师之类的大招牌震慑住，也敢于请他们另谋高就。而被香港科大留下来的优秀学者，则是把他们的优良质量全部奉献给了学校。

这一类小经验，想必在其他学校中也同样发生过。有些学校为了提高声望，不惜重金礼聘"名大气粗"的学者。而这种人因为过于以自我为中心，一旦从国外回到华人社会，就失掉了主心骨，不但不能恭谦尽责地成为学术领军人物或是年轻教授的好榜样，反而成为特殊分子，只顾自己的薪水和待遇，不关心校务，还自以为他的大驾莅临是给了学校一个特大恩典。聘请这种人诚非务实办学的良策。应该谢天谢地的是，香港科大在头几年对这种现象拿捏得正确，恳请他们不要继续在香港科大屈就，把"老佛爷"们送走了，因此逃掉了不少灾难。不久，学校小文化的内容日益明确，这种耍大牌的气焰就不再见到。回过头来看，这也是香港科大的幸运。当然，这类学者心怀不满，事后在社会上对香港科大的针砭也是香港科大必须吞下去的苦水。

大致说来，香港科大最初到位的三四十位资深教授，有一部分（特别是理工科）来自美国华人学界的人际网，而另一部分则是经过创校委员会多方打听得来的人选。过程都相当慎重，成果也非常好。这个阶段的基本作业程序是由上而下，先把校级学术骨干3～5个人选好，再依次选院长和系主任、每系资深教授1～2位，等等。遴选有一定的程序：在世界市场（多半是北美洲）求才，经过初选、复选、面试，最后聘用。在某些情况下，甚至专程到北美洲去登门拜访，进行长时间甚至多次交谈，介绍新学校的状况和理想，希望能够引起对方的共鸣。这种做法，对于创校者而言，确实辛苦，但是也因为这种仔细勤奋，大大地增加了选对人的几率。事后证明，香港科大的第一批院长和系主任绝大多数称职，不称职的几位也很快就被调整。这使香港科大在极短的时间内就可以全速开动学术业务，而不是虚耗在人事纠缠上，节省了许多宝贵时光。

VII. 招聘的选择与策略——挖角？跳槽？流失？补充？

香港科大在初创时期还面临了另外一个选择，那就是：要就近取材，还是不厌其烦地面向世界市场公开招聘？用不着说，就近取材的好处显而易见，可以大幅减少工作量，既省钱又省事。何况如果香港科大愿意的话，还可以采取挖角（raiding）的方式去鼓动香港其他大学的教授们以跳槽方式加入。挖角的好处是略费吹灰之力，就可以挖到副教授以上的学者。因为太年轻的学者一般而言还不懂得玩这个把戏，也没有胆量去瞎撞乱碰；反而是半资深学者，精通这个门道，做起来驾轻就熟，既不露痕迹，又不失身份。实际上在当时的情况下，香港科大没有主动去挖角，就有一些邻近地区或是香港的学者自愿一试。最极端的一个案例是，有学者声称他可以带领旗下一群学者集体跳槽过来，这样就可以使刚刚诞生下来的香港科大这个婴儿，在一夜之间就在该学科领域里爬到香港领导地位，还真是天上掉下来的"喜讯"。至于其他单枪匹马、不声不响私下来申请的就更多了。

其实，香港科大对于这些同行的好意和他们看得起香港科大非常心领。但是从另外一个角度来看，当时在香港办学校的重要目的之一，就是要把世界其他地区的人才吸引到香港来共同充实香港的知识界，而不是在香港的大学教授群中你争我夺，因为后者所能达成的效果，无非是重新摆放香港教授们的座位而已。

这个想法并没有经过校内任何会议做出正式决议，但是成为创校者的共识，而且被诚意遵行。因此早期香港科大只有极少数同仁来自本港姐妹院校，绝大部分还是在世界市场上物色礼聘而来的，包括大多数香港籍的教授都是在外国聘来的。而且在建校之后，即便是在某些科目没有办法开课时，也绝不去姐妹校挖角来应急。笔者特别记得的一个例子就是某个系需要招聘系主任，有一位香港的优秀学者和一位境外学者同时被列为最后考虑人选。当然两位教授的学术成就各有所长，但是差别并不悬殊。最后院方选了境外学者，考虑的重要因素之一就是认为向姐妹校挖角（而且是一位资深教授）有失厚道。当然该姐妹校对于此事一无所知，因为香港科大向来极力保持招聘的隐秘性，务使遴选失败者事后不致遭到难堪，这是基本职业道德。事实上，香港科大校方领导对于不向香港本地学校挖角一事非常重视，甚至向各系发出指示（1997年底），如果曾经或是计划要向其他姐妹校招聘教授，一定要向校领导提出报告，其用意就是不鼓励此类招聘工作。

讽刺的是，人世间事物的发展往往有出人意料者，香港科大创办几年之后，反而变成香港姐妹院校挖角的对象，而且经常发生。比如1997年夏季，某学院倏然警觉，在过去短短几年内，该院被本港姐妹校挖走了14位教授，而且其中7位是被一所老字号学府挖走。其他系也发生类似情形，只是程度不严重而已。虽然缺乏准确统计数字，但是在一般人印象之中，香港科大全校在早期被挖走的同事，大概不下数十位。

这个现象产生的时间，就年轻教授而言，有一定的轨迹可循。香港科大的试聘合同为三年一期，期满如果评审不能过关，就会被辞退。因此在创校之后的第一个试聘期届满之前，挖角现象就已经浮出水面：在规定他们接受学术评审之前的一年中，或许他们不喜欢香港科大的气氛，或许他们对于评审的成功率缺乏把握，因此趁早另作打算。

有趣的是，在一般情况下香港科大教授不是平行跳槽，而是升级跳槽，职位比在香港科大加码1～2级，就他们的事业而言等于是加快了一步。这些老同事由于是跳槽策略成功者，所以对香港科大并无芥蒂，不时还会心情坦然地回来看望昔日好友。他们最常说到的是庆幸新工作单位的研究压力要比香港科大轻松多了，日子更好过。笔者还听说过某系有一位年轻教授跳槽成功而且连升三级，这当然是跳槽策略最为成功的表现。但是也听说这位教授在新单位被破格擢升为副教授不久，又千方百计地向香港科大送秋波，想要回到原系，而且希望以新的身价被聘回，该系却敬谢不敏，不肯参与这场竞标游戏。虽然这位教授前后经过几年努力，还托了其他人士疏通，仍然未能如愿，对他也是一件憾事。而与此同时，香港科大已经找到更优秀的人才填补了空缺。

至于香港科大的资深教授，偶尔也有流失现象。比如说有人荣任其他大学校长，有人被政府延聘做行政部门主管，也有人回到内地出任要职。对于这种现象，香港科大并没有感到沮丧，反而觉得只要这些人才留在香港或回到内地，就是香港或内地的收获。至于香港科大，则依然可以到世界各国去引进新人才。依笔者服务的部门而言，在创校的头十年里，没有一位教授是从香港其他学校"挖"过来的，却有三位同事被同一所本港地位崇高的姐妹校挖出去。

这种现象和北美洲的情况颇有出入，举凡跳槽、挖角，在北美洲大学里是家常便饭，有些人玩得出神入化。笔者了解的一个案例是，一位资深教授，学问没有问题，却同时跟三所大学交叉谈条件，制造紧张空气逼使它们互相加价。最后他又来和香港科大（第四所大学）接触，学校主持人只提出一个简单要求，就是要他承诺要来就来，不来就停止接触。这样才避免了香港科大被卷入这场比价游戏。当然，北美洲地区的高度流动的人才市场也有其正面意义，那就是可以刺激竞争力，活泼学术界，鼓励自由风气。但是北美洲是个庞大的市场，而香港当时不过才五六百万人口，不可同日而语。即便香港全面向外招聘人才，也仍恐学术进步的速度不够快；如果反其道而行之，都在香港挖角，则大家都会成为受害者，整个学术界都得不到提升，只类似小池塘里面的几条鱼搬家而已。香港需要的格局是把小池塘变成大湖大海，才能在世界上赢得尊重。所以香港科大"非正式"的做法仍是有其道理的。

VIII. 薪金的公平性

另外还有一个问题在最初几年给香港科大带来了很大的困扰，也严重影响了教授们的士气和对大学的效忠感。问题的症结是一部分教授感觉受到了不公平对待。这个问题在资深教授群和资浅教授群两个层次都曾出现。

从资深教授群而言，针对最早招聘的极小部分教授，为了补偿他们从北美洲连根拔起来到香港就职的风险，或是酬劳他们在校园仍处在百废待举的艰苦生活环境中，抛家离子，独在异乡，连吃饭都是有一顿没一顿胡乱凑合的生活（港式腐乳通菜烩饭是当时相当一部分教授每日的主食），董事会决定在他们官定的薪水之外，再发一笔额外津贴，不管是称为外勤费或是辛苦钱（hardship payment），数目都颇为可观。当时到底有多少人拿了这笔特殊费，金额又是多少，谁该给和谁不该给的标准是什么，校方不愿坦然说明，这一切都讳莫如深，笔者至今仍然不知道。

只知道的是，第二批受聘教授来得比较晚，就取消了这笔额外补贴。但是纸包不住火，不多久，晚来的教授们就得知了这个台面下的秘密而为之不满。有一位后来也做了校领导但是没有拿到这份特殊津贴的教授，他每次谈到这个问题，就会满肚子恼火而又咬文嚼字地说："我绝对满意我绝对值的薪水，我也绝对不满意我相对值的薪水。"这句话很能够表达许多初期到校的资深教授的感受，所以被经常引

用。由于校方对于谁拿了额外津贴和金额多寡都噤若寒蝉，因此更增加了资深教授们之间流传的谣言，也严重伤害了某些人的感情。这大概是校董会始料未及的后遗症。

可见一所大学（不论是新创办的大学或是成立已久的大学）在招聘教授时，的确需要小心从事，必须严格遵守公平原则，以工作成绩为支薪的依据，而不是弄出一些模棱两可似是而非的薪酬等级。不然的话，多花了钱，反而伤害了教授们的公平正义感，严重地打击他们的士气。教授们对于他们的薪水并没有抱怨，但是对于某些教授在薪水之外还有暗盘（优惠）待遇，则感到不公平，认为是对自己的侮辱。幸好香港科大这种额外津贴的做法很快就停止了（大约在三年之内？），没有对后进来的教授们在心情上造成负面影响，而更晚才参加香港科大工作的同事则对这段故事根本就不知道。

不幸的是，类似情形在其他地区许多有长远历史的大学中似乎每日仍在发生。比如说，为了吸引留学生归国服务，打出在薪酬上"和国际接轨"的口号作为诱因，把他们的起薪定得比本地教授们高出数倍甚至十数倍。这种只知道高薪招聘却懒到不肯在质量管理机制上下功夫的作风，导致的糟糕的结局是"洋和尚"的工作成绩其实还比不上"土和尚"。同样糟糕的是，由于学校一般不需要从校内经费中支付这些特别费用，而是从外界（各级政府、企业家捐赠）获得，因此学校争取到的名额越多，名声就越响亮。如果校方有了这种心理，则拿高薪的"洋和尚"可能只交出不足称道的科研和教学成绩反而能受到大张旗鼓的表扬，而"土和尚"可能成就非凡却被冷落一旁，当初政策制订者的一番美意可能落空，反倒是在无意中伤害了"土和尚"中那群资优教授的积极性。这类政策其原始动机当然是谋才，充实本地的教学研究队伍，但是其结果可能是得不偿失。简言之，大学教授们的薪酬一定要和他们的工作成绩紧密挂钩，而且工作成绩应该是最强调的唯一条件。如果只重外表而不重资质，则绝对办不成好学校；如果只讲求形式和阵仗而不认真地进行严苛的评鉴审核工作，则这种学校要想提高学术水平，实在是缘木求鱼。香港科大的幸运是这项失误（？）在两三年内就予以改正，没有留下长远的后遗症。

资浅教授们的遭遇则反映出当时港英政府制度上的一个陋规。香港当时受英国殖民统治，港英政府当然想尽办法用香港纳税人的钱去供奉英国人过好日子。依照历来的规矩，港英政府公务员有两类不同身份，一类是本地人（locals），另一类是外籍人士（expats）。后者主要是英国籍人士，不但薪水较高，更重要的是薪水之外的福利非常优惠。香港科大既然是港英政府的机构，当然遵照港英政府的做法，也把教授分成两类。这样做的原本目的并不是要制造内部歧视，而是要向港英政府争取到外籍人士的待遇，以便在世界学术市场上吸引最好的人才。后来事情的发展并非出于预谋，结果是招聘了相当数目的内地籍年轻学者做助理教授。按照港英政府的行政法则，持有外国护照的一律视为外籍人士，持有中国护照的则一律视为本地人士，于是这些内地籍助理教授便被视做本地人看待。

重要的差别是，外籍人士每年可以用公费返回母国一次（甚至两次），也可以享受政府津贴其子女在外国念书的费用，而本地人士则享受不到这些优惠待遇。等到内地籍的年轻教授们发现这个差别待遇时，当然心存不满。因为他们也是北美洲著名大学的博士，论资历、学问都绝不比英国博士逊色，却为什么要变成"二等公民"？有的甚至气愤到张贴大字报抗议。校方和许多资深教授也非常同情他们的委屈，尽量设法加以改善，但是港英政府当然不肯让步，因为此例一开，其他成千上万的本地人士也将会提出同样要求。这个陋规一直等到1997年香港回归才被彻底废除，全校教授的待遇采取统一尺度。最幸运的是，这个问题没有造成校内教授的对立，因为大家都知道"祸首"是港英政府。外籍人士，特别是美籍华裔教授也都希望把本地教授的福利提升到大家一律平等，只是力不从心，爱莫能助。

以上两个例子幸好都只是暂时性的，但的确打击了教授们的士气。每个大学或许都有各自的问题，但是对于公平原则的追求，则是普天之下，人同此心，心同此理，只要学校定出客观的审核标准，无论如何严苛，大家公平竞争，就不致产生怨怼。如果校方对于教授们有差别待遇、暗盘交易、施惠宠信等等行为的话，则教授们绝非傻瓜，迟早一定会听到风声而心怀二志。香港科大早期的确遭遇了这种情况，但都能很快地化解掉，这也是香港科大的幸运。

IX. 校园生活的单纯化

还有一个问题，在北美洲学术环境中根本不值得一提，可是在华人社会里则可能成为一件极重要的事，那就是在校园内配偶的地位和活动性质及范围。

香港科大校园内，教职员和眷属总共有三四千人，等于是一个小规模社区，当然有人事复杂的一面，但是职员们或许有部门的向心力，却没有组成小圈圈迹象，教授们之间更是看不出有任何小团体迹象。每次学校面临重大事件，教授们之间很少串门子、搞小动作，拉帮结派的风声从未听到过。在开会前大家安安静静，没有风声传闻和私底下搞布置或运作；到了开会时，每个人都只是即席尽情发表个人的意见，没有会前默契或具体行动形成的投票集团，拉票活动从来不曾见到过。校务都可以从理性角度得到解决，无需去揣摩上意或是看风向，只需老老实实和尽心尽意地表达自己的想法和投票即可。这和校领导的气度当然有极大关系，他们是诚意地集思广益，有时还会特别指名要求听反对者的意见，因此教授们也就知无不言言无不尽了。我个人在香港科大十余年中参加过大大小小各式各样的校务会议，还真是从来没有见过会场上见风使舵的丑态。正因为与会者都能心无顾虑地畅所欲言，所以香港科大各种会议的质量的确不错，有议就有决，不和稀泥，值得自豪。当然，与会者（教授们）的品格和思想及判断的成熟也是会议成功的要素。

早期香港科大还有一个极大的幸运，就是不存在配偶派（夫人派？）现象。任何一所大学如果出现了夫人派，就会扭曲校务的正常运作，腐化校园的风气，这实在是华语文化圈普遍烦恼的问题。笔者在做学生时，有一位校长夫人家学渊源，风度良好，除非公事绝不碰校长公车，跟学生们挤公交车又绝不接受别人让座，天长日久可以看出她为人方正、表里如一，是全校共同尊敬的对象，和校长夫人身份毫无关系。因此其丈夫当校长时，其他教授的配偶也洁身自爱，校园风气简朴单纯，学术成绩也非常卓著。后来换了校长，夫人走向前台，属下争相拍捧，校风也跟着败坏。最近十多年，笔者还在其他地区领教过两个事件。第一个是某个大学刚刚选上的校长，尚未完成任命手续，就应夫人之命忙不迭要先去检查校长宿舍，以便能够及早进行修缮；而与此同时，该校长却以时间不够为辞，拒绝和该校学术领导们见面。第二个是某大学校长刚刚听到被任命的消息，夫人就坚持要去检测校长公馆的"风水"。这两个例子都发生在有头有脸的大学里，难怪她们会把学校弄得鸡犬不宁。

　　至于在大学内成立类似妇女会的组织，跟本地区文化和传统紧密关联，理所当然地由领导者的夫人出面担任妇女工作领导。有的大学甚至把一部分公务（比如说福利社）交由夫人们的组织去主持，把财政收入当成是她们的活动基金。领导的夫人甚至可以直接要求大学的行政部门配合和支持工作。谁敢不听？配偶的一半在公职领域里本来就有上下级关系，而配偶的另外一半又在私人生活领域里出现了尊卑之别，这两套不同人员的系统在互动过程中，终致公私不分，制造了不断的烦恼与祸害。

　　香港科大并不是没有少数夫人们试图把其他地区的这些坏习惯和陋规拿到来施展，她们对于上级领导或是他们的夫人特别示好、邀宠，甚至争风吃醋。也听说过有的系在举办社交聚会时，主管的夫人对于系务了如指掌，呱啦呱啦地说个不停。但是这些行为看在校园中其他人的眼里，却并不能成为风尚，反而引起人们的鄙视和成为笑柄。原因是，香港科大校园的主流作风是，从最高层领导开始，夫人们努力遵守一个极好的规矩，那就是远离校方任何公务，有的甚至绝不踏进配偶的办公室一步，不和配偶的秘书、职员们打电话或是有亲密互动关系，更不可能差遣他们去操办私事。而在私底下，职员们也很自爱而拘形迹，不热衷于跑上级领导的公馆，不传播小道消息。

　　香港科大人办事有时的确会较真到"过分"的程度。这些年来，华语社会已开始注意尊重个人隐私权或个人数据隐秘性等，在招聘人员时，不会触及私人或家庭事务，不会因性别、宗教、肤色和党派色彩而有任何歧视。在这些方面，香港科大非常谨守分寸。但是如果有绝对必要，香港科大也会打破砂锅问到底。笔者就知道几个案例，在招聘时校方（当然只是在有充分理由时）直截了当地问申请人：是否可以保证其夫人绝对会安分守己不干涉公务？只有在得到承诺后，香港科大才会考虑聘用。

当然这并不表示夫人们必须与世隔绝而不可以相互发展友情，但是她们在校内都遵守本分保持低姿态，绝不呼群喝党，引人斜视。即使是结伴出游，也是单纯朋友间的活动，不去饶舌校内公事，更不会运用公车公款去办任何活动。笔者的直觉是，香港科大绝大部分的教职员根本不认识校领导的家人，也不会为他们提供特殊温情待遇。

除了夫人们保持本分不插足公务，事实上香港科大还有一个颇不寻常的现象，那就是许多学术领导人的夫人根本不住在香港。原因非常简单，因为许多领导人参加香港科大时已50来岁，子女们很可能仍在原住地（北美洲）念中学或大学，需要亲人照顾，夫人只能在孩子们放寒暑假时段才能到香港来和亲人团聚。当然这种长期独居的生活形态对同事们来说是一种牺牲，但是也大大地减少了校园内人事的复杂性。残忍一点地说，这些"王老五"领导们晚上回家不见亲人，只好继续以宿舍为办公室处理公务，或是以实验室为宿舍不分昼夜地拼命工作，成为香港科大意外捡到的便宜。有一位学术领导人回忆说，在香港科大时社交和私交的圈子很小，因为他住在香港科大的目的是创校，不是交朋友。难怪有些高层领导过的是类似苦行僧式的生活，只要夫人离开校园，方便面就成为他们的主食，日复一日，从不改变。

香港科大的幸运是，凡是想抄近路、走后门，或是巴结权贵的行径，在校园里都没有发展成风。诚然，香港科大在最初阶段并不是没有人做过这类的尝试，学校里也出现过"消息灵通人士"，也有风声说某某领导最偏信某某人。当时同事们来自世界各地，在一个新的群体文化和互信还没发展成型时，这种现象并不奇怪。但是校方领导人有意识地要营造一个健康和光明磊落的人际环境，因此尽量以光明坦然的态度去行事，让小道消息没有滋生空间。校领导为了杜绝蜚语流言，甚至曾经做出规定（1996年）：凡是系主任直接向校方领导人写报告，必须将副本抄送该院的院长。其用意就是一方面保证下情得以上达，一方面要维护信息传达的正常化和光明磊落，不使有心人趁机煽风点火，又让他人感到被蒙在鼓里。这种做法可以避免无谓的猜疑，也防止某些人在外面吹嘘自己有"直达天听"的内线。

既然香港科大的同事们都是靠自己的本事获得职位，那么就完全没有必要哈着腰、提着礼品盒去登领导之门求情。更何况依照香港科大的制度，教授在评审、升迁、薪俸等问题上，都需要过五关斩六将，光是靠一两个上级领导的关怀完全使不出力道，因此双方关系可以尊而不亲，更无需向上级领导的眷属去献殷勤。即便是生活问题，也都有透明的处理程序，大家都可以去查询作业程序，主办人员也必须把话说清楚，因此上级既不会也不敢去进行关照。在这种情况下，某些夫人也就无可施展法力了。还有一点需要说明的是，在香港科大，夫妇同时在校服务的情况极为少见。每个学术单位（系）或是行政单位的用人权都有一套严格规矩，教授们的妻子能够被行政单位录用而成为职员的例子可谓少之又少，依据笔者的印象大概总共不超过三五例而已，而且全是靠自己的资历，另外那一半根本使不上力道，而且一旦被录用之后彼此也懂得谨慎遵守职业纪律，不会有"夫妻档"的暧昧关系。

公平说来，香港科大高层领导们的夫人其实颇为辛苦。她们没有任何法外之权，但是每逢学校需要烦请她们出来服劳役（比如校庆、毕业典礼、募捐、学生运动会或比赛等活动），又不得不劳动她们承担筹备、接待等杂务事。此外当然还有

她们之间的许多联谊活动，比如登山组、庆生会等，都是自愿组合。这种做法和工商界的情况完全不同，工商界的规矩向来是由老板夫人领头，资浅人员家属被迫参加。香港科大校园里的人际关系却显得分外单纯，有时在系里面，助理教授或家人和系主任的夫人从来没有打过照面，这一点也不奇怪。这种淡如水的关系或许会让某些资浅教授感到受冷落，但是其实是他们的福气，因为他们绝对无需伤脑筋如何去处理和上级在公务之外的关系。

附带一提的是，香港科大夫人们这种作风也表现在校外。香港是一个小地方，有着一个明显的"上流社会"。政府要员、商界领袖、职场活跃分子、学术界知名人士，总共加起来人数有限，但是彼此之间互相碰面的次数却颇为频繁，不但有年节庆典，还有酒会、晚会、音乐会、慈善活动等，不管是在1997年回归之前或是之后，大家的衣着打扮多是以英国绅士淑女的风范为楷模，和台湾及内地相比，风格尤其显著。但是住在清水湾冷清环境里的那些香港科大的先生和女士们，似乎对那个大千世界缺乏兴致，极少参与，非但不向往，简直可说是冷漠和蓄意疏离，反而是在校园内组织了不少文化艺术活动，这和香港其他姐妹校的情形颇不相同。在校园内没有攀比的现象，甚至衣着华丽的人都少见，确实维持了一派学府气质。

回想起来，香港科大校风之所以正派、公务之所以循序推行，校领导的夫人们实在功不可没。她们有尊严，顾大体，任劳任怨，把办公室和家庭的界限区别得清清楚楚，真是香港科大一群值得尊敬的人，这种机遇虽属偶然，但的确是香港科大的福分，成为了校园文化的一部分，值得一书。一所大学要想办得好，一定要谨守"公事公办""家事家办"的原则，两者之间的鸿沟越宽越深，就越健康。在学校各阶层，任何教职员的家人都不可以为他人传话、代言、说项、求情，这一点是香港科大非常值得自豪的品德。

第2章
研究体系、行政管理、办事规矩
YANJIU TIXI XINGZHENG GUANLI BANSHI GUIJU

香港科大的行政格局分成三大块：学术、研究和行政业务，各由一位副校长主持。

学术部门是香港科大的核心，在本书第一章已经做了初步介绍，以后各章还会更详细地加以说明。本章的重点是介绍研究部门和职员群体的工作概况。在此需顺便指出的是，所有和学生学业有关的事务均在学术副校长领导下进行；而与学生生活内容有关的事务则由学生事务部门负责，隶属行政业务副校长领导。

I. 研究体系

香港科大研究部门的执掌范围略嫌含混，有时会造成职权不明确的纠纷。港英政府在香港科大成立时赋予其的一个重要使命是开拓教授们学术研究的社会效益和商业实用性，使之可以贡献给社会大众，提升香港在国际上的科研竞争力。因此香港科大的研究工作可以分为两方面。一方面学校设立一个直属单位，称为研究中心，阵容非常强大，可以直接接受外界（政府和企业界）委托，调动组合本校的教授资源进行有偿研究。香港的地铁公司和赤鱲角国际机场都先后从该研究中心得到了许多协助。这是把"象牙塔"和社会需要连接起来的一个重要环节。在此需要强调的是，这个研究中心的重点是面向社会完成研究使命，并不是为学校制造创收机会，更不是为该中心的成员开创个人赚钱的机会。他们还是只能拿固定的薪水，没有额外奖金福利等噱头，因此没有造成教授们之间苦甜不均的现象。在处理这类性质的科研项目时，研究部门一般享有高度自主权。

另外一方面，虽然香港科大是一所研究型大学，全校教授人人都必须从事研究工作，可是研究副校长却无法直接掌控所有教授的研究项目，因为教授们的研究兴趣和方向是由他们自己去拟订，而不是服从学校（院、系）的命令。基本上，研究是一个自发自动的行为，不是教授们去请求学校指示该做什么研究，更不是学校去拜托教授们从事研究。如果教授们自己想不出精彩的研究课题，就应该离开研究型大学。对教授们研究工作的考核由学术部门掌管，研究副校长办公室只能在某种程度上从旁去协调这些项目。研究副校长当然会为学校争取研究拨款、开拓与外界的研究合作、与研究合作者签订合同，但是这方面的工作是研究和学术两个部门合作进行，各院系也直接参与。在香港科大，研究工作是一个全面性的活动，身为教授，无一人能够置身事外，因此除了正规学科内的研究工作，校方还鼓励跨学科的研究工作，并在十年之内成立了超过十个研究所或是研究中心，尽量帮助教授们顺利展开他们的工作。举凡生物技术、信息软件、电讯信息技术、经济发展、金融分析等等，本书无意在此一一细列，因为每个大学都必定有它自己的特色，着重点肯定各不相同。但是重点是它们都是由教授们自己设计建立而成，而不是服从校方领导人的主观意志。正是由于研究风气弥漫全校，可以想象，如果有教授对研究兴趣低落的话，则他在香港科大校园的日子怎么能够挨得下去？

还有一点需要说明的是，香港科大一般教授的研究即使产生了经济效益，也和邻近华人地区的某些大学的创收行为大不相同。香港科大所有运作经费来自政府拨款，收入（包括学费）也一律缴回公库。即使一个院或系有创收，也不能成立小金库，更不能作为该部门员工的福利、奖励或补偿，因此他们的工作是为了学校，而不糅杂着私利成分在内。事实上，如果香港科大教授们做出的研究成果有商业价值，他们必须遵循政府和学校本身的规定，向学校报备和分享，其所得利润必须要和学校有一个合理合法的分配比例，因为他们用了学校的实验室和人员，也用了香港科大的教授身份和名望到校外去争取研究项目和经费。否则就是吃里扒外、公器私用了。

这个区别非常重要，它不仅关系到学校和社会的关系，也影响到学校本身的诚信和教授们的操守。因为如果教授可以私下去贩卖他们的研究成果的话，则上下交征利，每位教授都热心于赚外快（美其名是"创收"）而忽略了本身的教育任务，学生首先成为受害者。而教授们之间由于行业不同，外快收入必然苦甜不均，这最能打击士气。电子计算机系可以大赚钱，哲学系则只能喝西北风；中文系和历史系可以上电视台去说书，美术系就只好去画广告画了。如此一来，学校变成了个别教授赚钱的工地：他们向学校支领薪水又创造个人收入，有神通广大的教授还可以利用公家的教室和器材开办补习班、进修班，甚至热衷办分校（在自己的校本部都办不好的情况之下），不一而足。总之，什么都要，就是不要教育；什么都管，就是不管学生。学校真沦为学店了。这种情形在香港科大，斩钉截铁地说，绝对不曾发生过。

这种以学校资源为少数人牟利的风气，近年在某些地区似乎愈演愈烈，已经到了斯文扫地的地步，而学校行政领导和教授们也把它们视为当然，还要从这些不义之财中抽头，人人有份，雁过拔毛。而他们振振有词的理由则是薪金不足，所以当然可以公器私用地把学校的名声、设备、时间、场地一律当作摇钱树。最终干脆扛着推广教育的清高旗号，实际上向地方政府圈地，改头换面做起房地产投机生意，利润动辄以亿万计。即便是从外界争取到研究费，也有个别教授并不将之全部投入研究工作，反而巧立名目，中饱私囊，甚至勾结实验器材厂商，以少报多，赚取差价，真不知道何以为人！

而且有些教授还以为这是学术自由，气鼓鼓地警告别人少管闲事。另外也有人把这种不务正业的行径美其名为"社会服务"项目。这种情况在相当多的大学里或明或暗地正在进行，其结果当然是学生们最受忽视。老师们忙着开辟灰色财源，当然就缺乏时间去更新讲义、改作业，更没有时间和学生进行面对面交流。学生们即便认真写出考卷，老师们也疏忽阅览，随意打分，既不指出学生的疏失，更不会建议学生如何改进答案。产生这一切弊端都是因为老师们的时间和精力太"宝贵"——他们已经被校外的公司行号收买了。更糟糕的老师恐怕还会把学生作为廉价劳工替自己干活，剽窃学生的研究成果，而学生们却只敢怒而不敢言。

以这种方式办学的大学，居然还敢声称有雄心跻身世界级大学，其道德勇气和职业操守之荡然无存，真是足以令人瞠目结舌。而学生们不但学识的成长受到摧残，在人格的培养方面，只要看看老师们的德行，也就无法产生敬意了。这恐怕是大学教育最大的悲哀。

这个悲剧难免要让香港科大那些参加早年建设的人，难以自抑地要再三庆幸自己的纯洁和天真。香港科大教授们的研究工作当然需要经费支持，不但是理工科实验室、仪器设备、研究生（硕士生、博士生）的配置等等需要大笔花费，即便是商学院和人文社会学院的研究项目也需要财力支持。单就硬设备而言，香港科大四个学院的要求各有不同。大略言之，人文社会科学学院和商学院对于空间和器材设备的要求比较小，校方很容易给予满足。可是理学院和工学院的要求就大多了，因此即便是在创校计划里已经仔细计算和考虑过好几遍，但是一旦聘用的教授研究项目和原先设想不符合，就需要做出调整，甚至可能大幅度变更。为此，理工科教授们在早期的"较劲"，和其他大学的遭遇大致相似。特别是实验室空间分配的"不公平"、仪器配置的延误和失误，都能造成同事之间尖锐的争执和争夺，也都曾经使相关的主管为之头痛不已。有的教授主张校方定制一个公式作为分配实验室空间之用，这样可以增加透明度和公平度，但是这个公式似乎并没有宣布，校领导人还是保留相当程度的裁量权。经过校方合理和坦诚的处理，这些问题在开始招生后的三四年之内大致上都得到公允解决。

笔者特别记得的一个案例是，当时全校所有的实验室拢总置于一个管理中心掌握之下，该中心主任是一位以"难缠"善斗出名的西方人士，激发了系与系之间的许多矛盾。后来校方为求彻底解决这些无止境的争端，成立了一个超然性质的调查委员会，并指派了一位与实验室利害完全无关而又对科技几乎是外行的教授为召集人。这个委员会对于被委托的责任非常重视，委员们分头拜访各个实验室的使用者，询问他们对于管理中心不满的具体事实，还到库房去和管理员们沟通，以求了解所有化学药品的储存量和代换频率是否合理。他们针对理工学院各系平时口头上的互相责怪进行了客观而系统化的全盘厘清，最后提出的建议是，不但取消该管理中心，就连中心主任也予以解雇。在这个导致校内权势大搬家的过程中，该委员会举行过公听会欢迎有关人士来表达意见，但是从来没有受到同事们私下的压力或关说。校方能够把这么一个重大机构予以裁撤，说到底就是委员们"认真"，他们考虑的是效率，而不是如何去"摆平"人事。这种行事作风充分显示出香港科大教授们的风格，一言以蔽之，就是六亲不认，就是公事公办。

1. 校外研究费来源

至于香港科大的研究费,则分别来自几个不同的方面。最重要的来源是港英政府的研究资助局(Research Grants Council,RGC)。RGC规定各个大专院校(当时为7所)提出研究申请计划的上限(比如说,香港科大最早期只准提出20个研究计划),在汇集全港上呈的申请表之后,以客观审核方式,邀请国际知名学者为评审员进行评审,大家公平竞争,优秀的计划入选,劣质的计划落选。

香港科大起步晚,初创期人员编制又少,在科研队伍总人数上当然不能和香港任何一间有历史的大学相比。但是不论是以人均计算,还是以学校为单位计算,香港科大的成绩从一开始创办就名列前茅。虽然这个评选过程是在校外进行,但是香港科大对于它的公正性始终信任和尊重,从未认为需要去疏通人情、拜码头,更不会担心该委员会可能采取平均主义或是轮流给奖的下等做法。各大学对这个结果也都心服口服。

香港科大在被允许参加全港研究奖助金竞争的第一年(1991年),RGC允许提出20个研究项目,结果18项成功入选,成功率是90%,得到900万港元研究经费,成为香港争取政府研究经费成绩最好的大学。次年(1992年)香港科大教授阵容略微扩大，共提出44个研究计划，其中26个获胜，得到的研究经费超过1200万港元，占港英政府当年付出的研究经费的16%，仍是全港之冠。到了再次年（1993年），香港科大提出61个研究项目，获得奖助的项目是44个，成功率为72%，共夺得2000万港元研究经费，占港英政府当年付出研究经费的五分之一，依然是全港大专院校之冠（当年香港老字号的中文大学的成功率是62.2%，香港大学的成功率是52.2%）。这个纪录后来一直保持。到了2000～2001年度，香港科大又获得8747万港元研究经费，成功率为60%，远高于当时香港各大学39%的平均成功率，连续七年蝉联香港各大学研究项目入选成功率之冠。

拢总地说，香港科大在创校最初三年之内（到1993年6月份为止），向港英政府成功地提出了182个研究项目，获得研究经费6100万港元。另外从各种民间团体又获得研究项目的补助金共60项3400万港元。因此在这头三年中，香港科大以其粗具规模而数目微小的教授阵营，共有242个研究项目获得资助，经费接近1亿港元。到了2000年，香港科大教授们所获得的研究经费总数已超过2.85亿港元。

香港科大历年来提出的研究计划名目繁多，本书如果一一列举出来，只不过是一堆数据，并没有多大意义。如果读者想要了解这些年来香港科大在研究方面做出的成绩是在哪些方面，学术水平是本地性的地区性的还是世界性的，那或许要烦请读者仔细去查阅香港科大的文献（包括在香港科大网站上可以查到的教授们的履历表），就可以得到一个较为全面性的评价。

对于本书读者而言，更重要的问题或许是：作为一所研究型大学，香港科大是依靠什么方法去缔造它的研究成果的。

首先，校方对于科研工作不是口头宣传，而是极力推动。重大研究项目由教授们自动组合，先在校内经过校方委员会初步认真评审，只讲实质不讲情面，择优向香港政府的大学研究基金会提出。在提出前，校方学术和研究单位会动员其他一切能够提供支持的单位，向有关教授提出善意建议，务使项目计划书写得完善。

其次，香港科大的首批教授并非研究新手。早在来香港之前，他们已经是北美洲各专业中优秀而资深的研究学者，累积了丰富经验，建立了扎实名望。更何况他们在主持香港科大严格招聘教授的工作中又物色到一批出色的年轻学者作为助手，自然如虎添翼。他们不但在竞争中获得大量研究经费，而且使香港的"研究工作"在实质上得到提升。

其三，香港科大对于全港研究项目的竞争，并不以获得政府拨款机构的支助为成功的唯一标志，它还仔细地去参考了评审程序，以了解自己的教授们研究的真功夫到底有多强。政府拨款机构的资源有限，每年只能给出一定数额的研究补助费，但是该机构除了把预算中所有的研究费全部分发给优秀项目，还进行另外一种评估，那就是评估申请的研究项目其实已经达到值得给予资助的水平，只是可惜政府预算已经用罄，因此只能割爱。换言之，这些项目具有值得资助的实质，但是可惜政府无钱资助（fundable but not funded）。在通常情况下，这些项目很容易就被归类为"落选者"或失败者，下次再另起炉灶。但是香港科大却不如此想，校方对于政府拨款机构的这种评价十分重视，因此千方百计地寻找其他财源去支持这些研究项目，帮助研究者完成心愿。这种做法充分显示校方对科研项目的珍惜：只要质量过关，学校一定尽量予以支持。对于教授们的士气而言，这个信息自然是一个极大的实质鼓励。

事实上，香港科大还更向前多走了一步：即使是对于那些学校原本认为不错但却被政府退回的研究计划，校方也想要了解清楚其失败原因究竟出在何处。因此决定（1992年）委派一位研究中心负责人把这些项目重新审查一遍，指出其失败的原因，然后把意见书交给研究项目的申请人，供他们作为改进的参考。校方从一开始就全方位地把研究工作当做重点来处理，从要求教授们人人从事优质研究课题开始，到如何把计划书写好，每一步都动员校内的行家予以协助。后来（1995年）学术部门领导也做出规定，要求系主任帮助同事们写好研究计划书，以便增加他们在全港竞争的成功率。

由以上叙述可以看出，香港科大对于研究工作的重视，不是在口头上的空谈，也不是任由教授们去自生自灭，而是全校上下总动员，务求使有研究能力的教授得到最大程度的协助。

更有进者，香港科大极端强调教授们的研究成果必须赢得国际学坛认可，非常鼓励教授把论文提送到国际知名学报或是出版社去发表。但是无可避免地，有些教授（特别是年轻教授）尽管可能是研究能手，但是外语表达却未必顺畅。当学校在初创时期遇到这个困境时，幸亏有一位外籍资深教授的夫人自告奋勇，为所有的教授润色他们的英文稿件，做出了极大的贡献。后来学校规模扩大，这种义务性的协助方式已经应付不暇，于是成立了一个部门，聘请了对学术语文有素养的专业人员。只要香港科大教授需要在研究报告上做语文修饰工作，都可以请该单位协助。是一个非常得力的研究附属单位。

从以上简短的叙述可以看出，香港科大从创办开始就重视研究工作。光是为了争取政府的研究费，就动员了全校上下，从校长到系主任，全力以赴。研究项目申请人的资质和研究内容当然是最重要的因素，加上其他同事参与打气、加油和提出建设性的建议，最后使研究实际上变成是一个团队的协作，再加上本校物质资源的支持，真可谓尽心尽意，难怪成功率那么高。

校方对教授们在研究工作上这么一个劲向前冲也不免产生警惕。校方发现（1996年）有些教授未免冲过了头，需要"刹车"。甚至学校的研究部门主管发现，有些教授居然在12项研究项目上列名。这个现象令主管深感忧心。在其他地区，有些教授确实曾经表现出一些坏的或是错误的习惯或是观念，以多取胜，让自己看起来是研究界的活跃分子，借此增加在校内的声望和地位。也或许有些资深教授本人根本没有认真从事研究项目，也未必是专家，但是想大口大口地先把研究费咬到嘴里再说，完全违反了西谚所说的"bite off only as much as you can chew"（能嚼多少就咬多少）的简单道理。当然也有更糟糕的情况，那就是透支了自己的名望，争取到大笔研究费，然后以发包方式交给别人去做。如此一来，他们就不再是研究工作的实践者，而是摇身一变成为研究项目"经纪人"（掮客？）了。这种风气绝对不利于货真价实的研究，也非香港科大所能接受。学校因此主张各院系应该建立监督机制，追踪教授们的工作进度和项目完成率，警示教授们不要盲目追求多多益善，到处挂名、华而不实，到头来却一事无成。这个措施也给了教授们一服清凉剂，提醒他们研究工作必须脚踏实地，切忌好大喜功。

除了政府对研究的补助之外，香港科大另外一个大财源是国外和本港民间团体。香港科大创校期的教授来自北美洲，他们在离开北美洲之前已经参加的多项研究项目仍须继续；或是以他们专业的声望，即使人在香港仍然可以继续向北美洲的研究单位提出经费申请。因此这个财源从未间断，甚至可以把香港科大年轻教授和研究生拉进这个国际性的研究轨道中去。比如说，香港科大教授和美国国家科学基金会（U.S. National Science Foundation）或是个别大学（比如Univ. of Southern California）曾经进行多项合作计划。其中值得特别提出的，是有关当年积极筹划的香港赤鱲角国际机场。这个机场预计耗资160亿美元，是香港在20世纪最大规模的工程，预计在完成后将成为世界先进的机场之一。而香港科大的教授们刚到香港就被邀请参加多项设计项目。1993年11月，香港科大和港英政府签订了价值1.2亿港元的合同，为新机场从事风切面（windshear）预警系统设计。这个系统可以帮助航空交通控管员预先向飞行员提出警告，使他们在降落时不致被突发风向干扰而陷入危险。此外，香港科大教授们还参与了香港的地铁工程设计和多项环境工程研究。

由于香港科大教授的积极推动，香港开始受到世界学坛的注视，开始举办国际学术会议，这成为香港学界发展的里程碑。在以往数十年中，世界重要的学术科技会议，很少选择香港作为开会地点。举办国际学术会议的目的，并不仅是装饰学术门面，而且能够在实质上刺激本地的学术风气和风尚。香港历来有购物天堂的美称，但是要想吸引国际学者到香港举办学术会议，一定要主办者有相当的学术分量才行。经过早期香港科大教授们的推动，香港在世界学坛逐渐被重视。

再则是香港民间机构的支持。香港科大成立了多个特定领域的研究所，如生物技术领域、信息技术领域等等，得到的外界支持从1000万港元到1亿多港元不等，有私人基金会的捐助，也有赛马会的捐助。由于教授们每个人都在从事研究，因此项目多到无法列举，一个简单的数字或许可以作为介绍，那就是从建校开始到1991年底的头两年之内，校外来源的研究经费已经超过2.7亿港元。港英政府原来创办香港科大的目的，就是建造一所科技研究型大学，香港科大从一开始就没有辜负政府的期望。

2. 校内研究费的运用

除了全力向校外各方面争取研究经费，香港科大在早期（1991年秋季）就筹划以校内资源设立自己的奖助金，扩大对研究的支持。最初配额每年为300万港元，目的是奖助那些所需费用不高的研究项目，交由各院去分配。这个经费项目称作直接拨款（direct allocation grant，DAG）。

香港科大向校外提出的研究费申请，必须仰仗政府聘请的国际评审员的眼光和公正性，但是DAG则完全在校内进行评审，其公正性必须全盘依赖自己的教授，也因此更容易看出香港科大做事的风格。说白了，如果校内主持人为了保持同事间关系和睦而官官相护，不得罪人，则最好的方法就是把钱平均分配，凡是提出申请的教授都可以多拿一份额外补贴，教授们皆大欢喜，而校方原来拨款的目的被破坏无遗，易言之，就是赤裸裸地分赃，而这也是在某些大学里天经地义的规矩。反之，如果为了真正提升研究质量而认真评审，就必须以公平客观的立场照规矩办事。何去何从？

香港科大处理直接拨款的程序大致是：各个学院各自组成本院的评审委员会，当然由资深教授担任委员。院内教授们不分系别或是资格等级，都可以单独或是联合提出申请项目。用不着说，研究申请书必须详尽说明研究的目的、方法、数据来源、希望达成的结果和它的学术价值何在。如果申请书写得草率，就会被委员会否决或是退回重写，毫不客气。这当然会让申请人大失颜面。所以申请者无论是资深教授还是资浅教授，都不敢以"走过场"的姿态玩忽视之，而必须极端认真对待。有些院根本不给申请人一个到场说明的机会，一切以书面文字为准。理由也很简单：如果申请人连一份申请书都写不好，那么他的研究功底显然薄弱，不值得资助。如果他还在评审会上露面解说，则给了他动用人情的机会，也对其他申请人不公平。

有些功底差的申请人，甚至集体成绩不佳的系，也会提出一些破坏公平性而达到自救目的的"妙计"，比如说会以科系性质不同为说辞，主张把院的研究费按人头分发到各系，以保障本系教授可以分到一杯羹。但是这个美梦通常都会落空，因为绝大多数的系还是信奉公平竞争原则，不屑采取人人有奖的乡愿做法。也有评审委员会为了严格维护研究水平，甚至宁可把研究费交还给校方，或是宁可不厌其烦地举办第二轮申请，也不轻易把经费当做人情去一次分光了事。这一切都是对评审委员会成员职业道德的一种考验。只有大家维护制度的公平性，不屑去做乡愿，才能贯彻奖励研究的目的，使优质的研究项目能够获得支持。所以即便是在这么一件小事（而且也是小钱）上也可看出，制度的建立并没有什么深奥学问，但是执行者的品德操守却是决定性因素。

3. 研究项目的管理

研究项目申请成功之后，申请者就可以放手去进行实质研究工作，院系方面不会加以干涉。但是后继的检查成果工作会在两个不同阶段发生。

一是，申请者如果没有完成申请的项目，则下次再申请其他项目时，极可能被拒绝受理。因为申请者研究项目的完成情况是有累积性的，项目审核机构不但要审核本次的申请，也要审核申请者以往完成情况。申请者可能在第一次申请时侥幸蒙混过关拿到了钱,但是如果想混第二次,就会此计不售了。所以申请者的研究信誉非常重要,不可自毁前途。说得更明白一点,研究项目是否能够获得校内或是校外的资助,并不是以研究者的声望地位为决定性因素,而是以研究项目所提出的计划为准。没有一个先入为主的立场把研究费先分配给有资望的教授,然后由他们去组织研究队伍。而是无论资望深浅,均以研究内容的重要性为分配研究费的重要因素。资历高的教授如果写不出精彩的研究计划就拿不到研究费,而资浅教授如果能够提出精彩而又有创意的研究计划,就可以拿到研究资助,和按资排辈没有关系。

教授们是否拿到了研究资助之后就大功告成?当然不是。他必须在研究完成后拿出成果。那么又如何检验研究是否完成呢?所谓研究型大学并不是教授们看起来忙忙碌碌地在做研究,而是在实质上争取卓越。研究了半天没有做出成果,那就是白做。所谓"完成"的含义,是要说明研究成果在知识上做出了何种创新,而这个创新对于人类、社会和知识领域又有何种重要性。这些都是研究者必须回答的基本问题。要不然,大学里人人忙得要死地"做研究",最后都在鬼打架,自欺欺人。

那么宣告完成的研究项目应该在什么质量和等级的学报或是学术出版社发行?偏偏有些自我标榜以研究为职志的机构却只要求研究者写一个简单的行政报告,自我宣告该项目"顺利完成"就可以交差。这种做法在香港科大可行不通。香港科大对研究成果和质量一定会加以追踪,在一两年内就会见真章,因为有了"照妖镜",任谁也无法含混过关。如果有教授在申请研究费时把自己吹得天花乱坠,而在一两年内却拿不出高质量的成果,那么在未来研究费开放申请时,他就可以无需费神了。请读者们再次注意,所谓"成果",不是指教授把他的论文以稿件形式呈交给评审委员会存档,而是要列出在学术界"出版"的证据。凡是没有出版的稿件,不能视为研究成果,最多只是半成品而已。理由很简单,因为未发表的稿件未能在学术界产生影响力。这个规矩唯一的例外是申请人能够提出证明,他的论文基本上已经被学术出版机构接受,只是还需要做小幅度的修订,或是正在排队等候出版。有了这类信件证明,则或许可以等同视为已经出版。还有一点需要说明,就是所谓"出版",是指在有高度学术水平的刊物发表,而不是指名不见经传的刊物。如果刊物在世界学坛上毫无地位,则即使由其发表,也不足以称为"出版",因为对世界知识界不能产生影响,等于是白费工夫,无非是废纸一堆而已。所以"出版"这个用词颇为明确而又苛刻。

二是，在申请者聘用合同到期而要续约时，系内和院内的评审委员会又会再度关注其研究项目申请次数和金额，并且与出版成果做比较，作为一项重要参考数据，决定其续聘、升等或是解雇。

所以如果一位教授仅仅是一位写申请书的能手，能言善道，累积了一堆研究经费申请成功的案例，这并不是一件值得嘉许的成就，主要还是要看他拿的研究费和做出的研究成果之间的比例如何。某些地区有的大学从政府争取到大笔研究费，然后又分发给了多位教授。仅从数字上来看，似乎研究工作遍地开花，其实玩的把戏依然是人人有奖。拨款单位如果出于懒惰或无能，而没有树立一个严格检验成果的机制的话，最后花出去的研究费无非变相成为教授们的额外补贴而已，甚至连行政人员也要从中抽成，犒赏自己，完全不能提高该校在研究领域中的地位。许多民脂

民膏就是这么白白地年复一年地被浪费掉了。本书在前言里就曾经指出，财力（funding）是一所大学成功的三大要素之一，自有其高度的重要性，但却也不是一定"有钱好办事"。如果缺乏好的管理制度（governance），则财力就可能被浪费、滥用和贪污。不幸的是，人们在这方面的想象力往往超越他们中规中矩做事的能力。

在香港科大，所有研究奖助费的申请资格对全体教授一视同仁，不分级别高低，只要有本领就可以申请。根据笔者了解，在某些地区的大学，大项目基本上是分配给"大学者""老教授"，借用他们的声望（和人际

关系）把项目争取（承包？）到手，然后由大教授去雇用（发包给？）小教授和研究生去做牛做马。而在后者做出了一些可嘉的成绩时，大教授还要把名字列在论文的首席位置，有时甚至心胸狭小到根本不提替他做研究的人姓名。有些地方，这种"把持"现象相当普遍。

在香港科大，所有的教授（不论资格高低）都可以用本人名义去申请奖助金，成为研究项目的领导人（principal investigator）。最重要的是，谁有好的研究计划，谁就可以去争取研究费，没有按资排辈的陋习。当然，也有些研究项目是某些院系计划中的重点项目，通常由资深教授主持，而资浅教授可以作为合作者（collaborator）参与一个研究团队。但是如果一位资浅教授能够以自己独到的眼光找到精彩的研究课题，也大可以单干而无需去"傍大款"。说来说去，研究的实力决定一切，公平得很。

话虽如此说，但是香港科大的确有一个鼓励研究的做法，那就是校方拨出了一些特别奖助金，专门扶植初次跨入研究工作门槛的人士。比如说，1993年底，学校拨款100万港元设立了一个特别奖助费，如果研究生的研究成果或论文被国际知名学术会议接受发表的话，他们可以申请出国到会场上去宣读研究报告。他们可以报销的差旅费包括全部交通费、注册费和食宿费。如果是资浅的助教、讲师，或是助理教授级别的话，则他们可以在本来就有权申请的差旅费配额之外，再申请报销12000港元。这么做的目的非常简单，就是要对资浅的研究人员给予特别鼓励，帮助他们走出第一步。一旦他们出国和世界知名大学者共处一堂，当然也会激发他们想更上层楼的雄心。而学校这个态度也很快就被年轻学者们知晓，让他们体会到学校是如何地重视他们的成就。

香港科大使用研究费既可以慷慨大方，也可以斤斤计较。与上述情形形成鲜明对照的是，校方明文规定（1993年），教授们不得使用公款支付学术组织的会员年费或是杂费。换言之，假如教授只是想要参加国际上有名的学会成为会员，那他得自掏腰包。这个道理也不难理解。虽然大学教授们通常都会参加他们各自本行的学会，但是那是他们经营自己学术生涯的一部分，参加一个或是十个学会，那得由他们自己去拿捏。如果一概由学校付账，则许多人肯定会选择参加许多学会，多多益善，因为有不拿白不拿的扭曲心理作祟。这样参加学会就变成了形式主义。更何况，教授们参加学会并不会增加他们的研究本领。因此学校宁可务实，而不讲究虚套。香港科大在各个方面表达了对于研究工作务实的立场。比如说，校方鼓励（1992年底）教授们超越行政界线和其他院系的同事合作研究。但同时校方也表明，不希望教授们（特别是资深教授们）在太多的研究项目上挂名，以免只是在表面上看起来热闹非凡而拿不出实质成果。

香港科大的研究工作还有一个与其他大学的显著不同之处，那就是研究费的每一块钱都用在实际的研究工作上。在北美洲许多知名研究型大学里，凡是教授获得外界研究资助费，学校都要抽成，美其名为"行政管理费"（overhead charges），一般学校抽20%~30%，也有学校抽50%。换言之，研究费被校方拦腰截下。为什么会有这种现象？一般官方的说辞是，研究场地、管理、水电能源消耗均需由学校负担，因此抽取一些行政费用是理所当然的事。但是实际上，有些学校只发给研究人员6~9个月薪水，不足部分就需要从研究费中挖出来。

香港科大是政府机构，每位教授一年实拿12个月薪水，因此学校无需从研究费中抽头，每一块钱的研究费都可以实际地用在研究工作上。这样自然大大地增加了研究工作的效果。至于研究所需的实验室和仪器设备等，香港科大也在创办时就做出了分配方案。在正常情况下，工学院的需要量最大，理学院次之，商学院和人文社会学院则需要量最少。如前所言，香港科大早期慎重地定出了一些使用规则，虽然也曾引起院系之间的争夺，但是最终能公平合理地解决，没有造成教授们的不和。倒是有些设备和空间没有被及时而有效地运用，某些学术主管因此受到申斥，有人甚至丢了乌纱帽。香港科大在这方面办事还真是铁面无私而狠心。

每一块钱都用在实际研究工作上，还有另外一层重要的意思，那就是争取到研究费的教授们根本就看不到也摸不着该研究项目的"钱"。不管研究费来自政府、民间，或是校内，这些钱完全进入一个专设的研究特别账户之中，管理权控制在学校财务部门手中。教授们如果需要购买仪器或是耗材（equipment & consumables），必须向财务部门提出用款要求和产品规格，甚至在某些情况下可以更细致地指定必须采用特定的产品，但是不经手金钱，也不能和供货商直接打交道。谈价钱和支付费用是财务部门采购组的工作。这个做法乍听起来有些奇怪，因为香港科大有19个系，需要采购的品类千奇百怪，多到难以枚举，采购部门如何能应付？但是这并不能难倒采购部门，该部门自有一套采购标准程序，并不需要雇用19个领域的购买员。采购组一般分成四个小组，每一小组各负责一个学院，因此在业务上有一定程度的熟悉感。

负责管理研究费用的部门可以经过招标比价等合法手段，把研究所需要的成品送到研究者手中，完全断绝研究者和供货商之间接触的机会。因此拿回扣、贪污、送礼、宴请、免费度假等鬼把戏完全施展不出来，过程真是干净。说得更细致一些，这个采购程序的繁简程度是随金钱的数目而改变。在此举几个简单的例子加以说明：如果采购费在5000港元以下，则系里可以遵循学校的采购规定自行购置；5000～20000港元则需两家厂商报价并经财务部主任审批；20000～50000港元则需至少两家厂商书面竞标，报请财务部主任审批；50000港元以上则需三家以上厂商书面竞标和更繁琐的书面资料，但是仍由财务部主任审批；到了350000港元以上的采购，除了需要至少五家厂商公开竞标之外，连财务部主任也无权审批，而必须呈交给上级委员会审批。换言之，金额越大，规矩越严谨，审批者的层次越高。这期间，研究者连出席会议的资格都没有，虽然牵涉的都是他需要的器材。

正因为香港科大每一块钱都能够用在研究实务工作上，所以研究的效果才能彰显。而这个制度还有一个优势，就是弹性大。如果一位教授本来打算买一种仪器，但是市场上突然出现了效能更高更新的款式，他就可以随机应变要求财务部门改购新产品。财务部门除了设有采购部门，还设有审计处，会每隔一段时间进行内部的账目稽核（internal auditing），由另外一群审计人员去稽查别人用钱是否合法和合手续。这些都是在学校内部必须做好的细致工作。

笔者曾经访问过几个不同系的行政秘书，请问他们是否曾经风闻过在使用研究经费方面有过违规行为。这些资深的业务专家一致认为这是不可能的事。为什么不可能？他们的第一个答案是："我们香港人胆子小，不敢做违法的事。"乍听之下似乎是半开玩笑，但是追问下去，廉政公署（ICAC）的名字立即摆上台面。所以说胆子小是真的。以上这个过程在此说得似乎是如此心平气和，温文有礼，其实千万不可忘记的是后面的那一把大刀，那就是香港的法律和廉政公署，这刀砍下去必然鲜血淋漓。如果在研究费（或是任何其他经费）的运用上有人玩了鬼把戏，这刀砍下去又是必然的后果，即使港督或是特首也只能闭起嘴巴，不敢去求情。

简言之，香港科大没有研究经费被贪污或是被违法挪用的现象，并不是学校建立了如何密不透风的层层监视系统，而是采用了非常简单明白而又合理的制度及程序，以每个人的品格和职业道德作为基础，则杂念自然无法滋生。万一有哪位教授不信邪一定要去碰碰"运气"的话，那么后面那把刀就一定会砍下来。如果其他同事或是主管还想去求情，那只能暴露他们自己缺乏人格和职业判断而已。这种做法真是既冷酷无情又有效。说来说去，防止贪污枉法的法规条文无需太复杂，只要把规矩说明白即可。更重要的是要有正派而不贪心的同事，最后还一定要有那把赏罚分明的"大刀"。这几个因素保住了香港科大二十多年下来研究经费使用得干净而公正，也自然增加了研究经费使用的效率。这些简单运作程序大概用不着大学教授绞尽脑汁去设计。不义之财不要拿，是我们好像在做小学生时就被父母不断教诲过的做人道理。香港科大在这方面的做法与其说是深奥，不如说是归真返璞，单纯天真。

香港科大的教授们是否永远不会遭遇研究经费拮据的问题？当然不是。站在研究者的立场，最理想的情况当然是申请的款项全部被批准，甚至在经费用完时还准许随意追加。但是天下哪能有这么好过的日子？

一般而言，审批机构批准的款项总是少于申请者期望的数字。遇到这种情形，研究者就必须修正研究的规模，缩减目标，依照批准的款项做出务实的新预算。如果原本是一个大型研究计划，也只好分段执行，或是分割处理。甚至万一研究者认为批准的款项根本无法完成研究计划，还可以诚诚实实地拒绝接受研究费（这种事实际上也曾发生），而不是横了心先把研究费拿到手，再以钱不够作为研究做不出成绩的口实。当然，最糟糕的是自作聪明地在款项和设备上去搞移花接木的鬼把戏，最后为了洗刷自己的不干净，还要归罪于研究费不足而迫不得已去做"弹性处理"。事实上，在香港科大，即使教授们没有拿到研究费，也不能以此为借口不做研究，还是得省吃俭用、东拼西凑地做出研究成果。要不然就正好给了校方予以解雇的充分理由。

香港科大研究费使用的情形和邻近地区似乎有极大差别。根据媒体和同行的说法，一个普遍的现象是，由国家和社会赞助研究机构分配下来的经费，相当一部分首先就会被项目主持人（大牌教授）自由支配，移作与研究课题无关的用途，如果没有必须报账的法律规定，还很可能有一部分进入私囊。这样，明明是支持研究的费用就大大地打了一个折扣，其实变相成了交际费、津贴或是个人额外收入了。剩下的余款即使进入研究经费账户，也很可能产生众多弊端。比如说，允许研究者和供货商直接接触商议产品类型和价格。上焉者还可能信守"公款公用"原则，只是以偷天换日手法申报购买甲物而其实是购买乙物（这当然就要用造假的收据）。此时学者们明明是自己犯了法，还要怪制度不健全而陷他们入罪，说自己是"不得已"。当然都是别人的错，教授自己怎么可能有错？我不是"公款公用"吗？下焉者和供货商串通，又吃又拿，甚至接受色情款待或是家人旅游度假，丑态百出，站在讲堂上唱仁义道德的高调，走下讲台做男盗女娼的勾当。最令人纳闷的是，居然还有学术行政领导者急不可待地为他们开脱，要求社会公众体谅和法官大人开恩。这就更不知道是非何在了。最近从坊间听来的消息称，某地区一个著名大学某个系说不定有四分之三的教授会被检察官指定作为调查对象。这样的教授如何去面对学生们？如果其他地区的检察官也如此依法办事，说不定学术界的阴暗面会更令人震惊。

这种现象或许可以引发一些有心人去做一项长期跟踪调查，那就是去检查教授们的研究成果，看看研究型大学内如此多的"绝顶聪明"的教授们，这么多年来到底为知识界提出了多少具有原创性的发现，值得全民去原谅他们的欺骗？还是全社会纳税人蠢到经年累月地喂养这么多的蛀虫？华人社会这些年来，痛心疾首于在研究领域里遥遥落在西方国家之后，因此高层领导人会下定决心以每年数十百亿元的巨额投资支持研究型大学的研究工作。但是如果只是粗糙地拨款，而不检查成果，就是自欺欺人。如果教育界领导人能够停下脚步算一笔总账，看看国家每一元拨款的研究费到底有百分之几是真正用在实际研究工作上，就大致可以知道想要争取进入世界大学排名百名之内是有希望还是做白日梦。

4. 香港科大如何巩固研究成绩

作为研究型大学，香港科大的看家本领就是研究成果，所以当然要把研究费花在刀刃上，而且必须定期检验研究成果。这就只能认真办事，探寻各种方法达到此目的。该花的钱要舍得尽量花，不该花的钱却一块钱也要抠门。香港科大的作为就是那一群创校者所想出来的一些法则，虽然有的是从北美洲借镜而来，有的是自己摸索出来，但是基本上对于创造本校的研究传统都发挥了显著的作用。作为一个有500位教授的小型学校，他们的研究成果能够发表在世界一流的学报上，或是由世界一流大学的出版社（举凡哈佛、耶鲁、牛津、剑桥、斯坦福都在其中）出版，数据已经历历在目，可供世人检查，无需造假或自我吹嘘。据笔者记忆，这么些年来，好像还没有听说香港科大的教授有研究造假的传闻。这一切的关键都并不只是运气使然，而是事在人为。香港科大在1993年就设立了一个专门委员会，称为研究道德委员会（Research Ethics Committee）。这个委员会成员为三个人，其中只有一位是本校教授，另外两位必须是校外人士，而且其中一人必须具有法律专业背景。该委员会的职责就是审核一切与研究行为有关的道德问题。

回顾起来，香港科大作为一所历史短浅的新大学，教授们的研究功力应该令创办者感到欣慰，实现了创校者们当年回到华人社会所带的期望。而香港科大作为一个兼顾研究与教学的大学，对教学的重视也令创办者安心。香港科大忠于办校的使命，使得一小部分教学成绩极好而研究成果不足的年轻教授无法留校，这始终是笔者感到遗憾的事，但是内心并不愧疚，因为这本来就是要办好一所研究型大学必须面对的痛苦。作为同事和他们资深的领导来说，爱莫能助，不乏一分惆怅；但是作为一个研究型大学来说，这个代价必须狠心付出。这也是笔者并不对研究型大学一味钟情的原因。一个社会应该有多元化的大学教育体制，让这些好老师能够造福学生，但是他们选择进入研究型大学，委实是上错了船。幸好他们之中许多人，很快就找到了更能施展才华的安身立命之所。

建校才不过五六年光景（1996~1997年），就有几个发展使得香港科大对自己的研究能力产生了高度信心。首先是大学教育资助委员会（University Grants Committee，UGC）透露（1996年），香港各大学教授们所提出的最好的5%~10%的研究计划，其质量和美国最好的5%~10%不相上下。接着（1997年）该机构的主席在一次会议中又报告，香港邀请的国外知名学者在统计了评鉴结果之后，认为香港的研究成果，可以在世界所有大学中名列尖端的10%之内。虽然该机构主席不会直爽到指名道姓地说出谁是这些优秀研究者，但是香港科大自己估计，本校教授们的科研质量应该是在UGC审核项目中占据前茅地位。所以这些美誉无疑有香港科大的份儿。这或许就解释了为什么在1997年底，香港科大领导人首度公开表示，香港科大的雄心是不仅要在中国成为一所领先的科技大学，也要在世界级大学中争得一席之地。换言之，创校短短六年工夫，香港科大学术领导层的视野和广大教授们努力的目标，终于从埋头孜孜苦干走向抬头环顾世界学坛之路。

如何去理解香港科大在这么短时间里所缔造出来的研究成绩？

依照笔者的体验，应该归功于以下五个因素。

第一是严格挑选教授。凡是想进入研究型大学任职的学者都会信誓旦旦地宣称自己如何热爱研究工作。但是口说无凭，招聘者一定要仔细检验应聘者的研究成绩。资深的申请者当然必须提交已发表出版的论文作为检验依据。如果是尚无学术论文发表的新科博士，至少可以请他们提交博士论文作为审核依据。而且招聘委员会还必须去细心研读其内容才能做出判断。这些工作招聘委员会都必须万分认真地执行，切忌走过场地在形式上虚应故事，目的就是尽量保证招聘进来的人是货真价实（而不是自吹自擂）的研究者。道理很简单，没有货真价实的研究者，就办不成杰出的研究型大学。一旦引进了一位在研究方面缺乏才能的同事，既折磨了他也伤害了大学，因为有了共事关系和人情纠缠，到时候想把他赶走，也时常不忍下手。这种情形就像是点错了鸳鸯谱一样，会后悔一辈子的。因此，与其事后痛苦，不如事先苛刻地挑选。

第二是学校一定要极力强调研究的重要性，培养研究风气，讲求实质，不尚空谈，务使人人在校园里都能感受到必须从事研究的压力。与此同时，校方领导也必须尽全力对研究工作加以支持和关切，不能一味要求别人而不鞭策自己。

第三是校方必须把研究的目标说得一清二楚，不可含糊其辞，那就是要朝世界学坛高标准的研究水平迈进，而不是以在三四流学报登一篇论文就算是达成任务，更不能在研究项目"完成"后向资助单位提交一篇简短的报告了事。这其实关系研究者的自许和自尊心问题。如果一位教授整天叫嚷为研究工作忙得不可开交，而最后只能拿出低劣的作品或是一纸报告书，他怎么好意思自称是研究型学者？

第四是香港科大在检验成果时非常认真，提醒教授们不要把劣质品当成是优质品来鱼目混珠。这个立场，校方宣示得非常明确。即使当事人胆敢把低劣作品塞进履历表，罗列得密密麻麻，评审委员也会不屑一顾。接下来的就是赏罚必须分明才能够令人信服。年资浅而研究成果丰硕的教授可以被破格提拔；年资深而故步自封者，其职位和薪金就只能在原地踏步，或是接受更难堪的待遇。研究型大学应该是一个朝气蓬勃的学术园地，总目标就是"创新（有价值的）知识"，竞争的对象是全世界数以万计的、而大部分又聪明绝顶的优秀学者。面对如此严峻的竞争局面，在评审研究成果的工作上，实在难以维持一个心慈手软的运作方式，香港科大绝不可能例外。如果缺乏这种以世界一流作为自我期许和自我鞭策的手段的话，则又何必浪费纳税人的钱去维持一个"研究型"的假象？这种认真的气氛，在香港科大校园内非常浓厚，让人无法躲闪。

　　第五是在资源运用的层次上，如果要使研究项目得到最大程度的支持，则研究经费一定要用得干净而有效率，不允许任何人（特别是项目主持人和行政工作人员）用任何借口从中克扣和中饱。这项工作基本上是香港科大和政府掌管教育的部门的职责。如果政府没有把法令规章拟订好，而科研单位又不曾提出抗议，甚至还因循苟且，明明看到违规作弊行为还装聋作哑，那其实就是在怠职，说得更糟糕些，就是尸位素餐。如果在东窗事发之后还做出一副悲天悯人的姿态要求法外开恩，就令人真不知道以他们这种逻辑思考的功力何以能够从小学拿到毕业证书？笔者在北美洲工作二十余年和在香港科大工作十余年的经历中，没有一次听到过有研究者在经费上玩了把戏的案例。这难道证明西方人就是和华人不一样？就是比华人更优越？幸亏香港科大还是华人办的，所以这句话并不完全成立。"钱多好办事"，这句话在研究工作领域里当然有效，但是在许多情况下，钱多并不能保证一定把事情（研究）办好。有的研究需要很多钱，有的研究未必需要很多钱，这是一个实证的问题，不可一概视为必要的先决条件，必须因案情而异。香港科大的立场当然是极力帮助教授们从各方面争取到丰沛的研究资源，但是否能够拿到研究经费，那得看教授们自己的本事。拿不到研究费而又做不出研究成果就必须解聘（没有借口），拿到了研究费而做不出成果依然必须解聘（不成材？）。只有那些不管拿不拿得到研究费都能做出一流研究成果的教授们，才是香港科大的心肝宝贝。

　　以上五点大致是香港科大所奉行的铁面无私做法的缩影。

II. 行政管理——职员队伍

　　香港科大最大的人群，集中在各个行政业务单位，如人事、财务、总务、园林、修缮等等。这部分职员的总人数大约1750人，是教授的3倍以上。只有保安工作是外包给私家公司负责。这个数字首先就让北美洲来的教授们吓了一跳，因为比起他们原先的经验超出了太多人。但这是港英政府传统的编制，教授们无权更改。等他们慢慢体会到港英政府行政规矩的精细化之后，也渐渐能够了解职员数目庞大的道理。但是3∶1这个比例，似乎还是有进一步精简的余地，只是没有人去积极推动而已。

1. 香港科大职员的来源和特性

香港科大最早一批职员是从港英政府借调而来。这个措施让许多北美洲来的教授初次听到了"seconded"这个英文单词，意思就是从政府单位先借调来支持新大学，过若干时间，这些人可以选择回到政府原岗位，也可以选择留在香港科大发展新事业。这些借调人员本来就是政府里面的"官"，不论高官低官，都带有殖民统治政府的那股"官味儿"。他们突然被安排去和一群来自北美洲的教授共事，而且不是去主持大局而只是去听从命令做后勤部队，实在感到委屈。有人放不下身段，也有人尽量适应。根据创校老前辈的回忆，在磨合的过程中的确出现过许多喜剧性的故事。比如说，是"官"就有指挥和管理别人（老百姓）的心态，难怪初期的高阶职员会向教授们宣称他们是来"管理"香港科大的。当他们遭到后者无情的驳斥之后，心中当然老大不是滋味，急不可待地要避开这些书呆子。但是事实上，虽然政府工作是铁饭碗，但仍有相当数量的职员选择继续留在香港科大，成为创校元老。

在几位创校元老的评价里，这些初期借调来的政府部门的职员们，不论最后回归政府或是留下来，都为建立香港科大的行政体系做出了很大的功绩，而且没有遗留下"学术行政化"的弊病。教授是教授，职员是职员，两者截然分开，功能不可互相跨越，职务等级和任用资格完全隔离，因此不会产生什么级的教授等同什么级的行政干部之类的疑问。他们各属于两个绝对不同的系统，不能跨系统去兼职；教授不能直接指挥职员，职员及其主管无权过问教授的工作，也无法取得教授的资格和头衔。他们之间无论是名称、资历、功能都可谓壁垒分明，没有模糊地带。说得更浅显一点，教授们教学的服务对象是学生，他们研究工作的服务对象是知识界（创新知识）；职员们的服务对象则是教授和学生，他们的工作性质属于后勤。这大致是国际学术界惯例。万一有人打破砂锅问到底，一定想要知道教授的行政级别究竟相当于什么，依笔者的猜想，多数教授的回答可能是：相当于国家副总理以上吧！

第二种方式是公开招聘，中下级职员招聘工作只在香港市场进行，少数领导层职位则是面向世界市场招聘。两者的招聘标准都颇为严格，而招聘的办法和执行完全是由一位自政府部门借调过来的资深行政主管主持。他所采用的方法显然是港英政府本身行之有年的一套完整制度。教授们不被邀请参与，也没有过问的资格，当然更没有机会安插亲朋好友。笔者在香港科大服务期间，似曾未看过有夫妇或是一家人的成员同时在学校工作的。

第三种方式是在职务出缺时，在学校内部进行公开招聘，接受现任职员申请参加评比，择优而任。这个方式是香港科大职员数量已经达到相当规模才被广泛采用。但是如果用人的单位（系）坚持要公开招聘的话，则人事部仍需尊重该单位意愿，向社会招聘人才。换言之，香港科大人事的职责相当分明。职位的名额由上级分配，选聘的权力在用人单位的手中，选聘的过程和资格审核等事务则由人事部全程负责办理，任谁都没有办法进行干预。顺便可以说一声的是，香港科大人事部门和其他任何行政部门对于教职员的个人数据和隐私绝对保密，滴水不漏。在笔者服务期间，从来没有听过任何闲言闲语是从行政部门透露出来的。这真是一件值得称道的表现。

关于最后这一点，一旦和其他地区的大学做横向比较之后，就会体会它的重

要性。不管是笔者本人的经验，或是从在其他学校服务的同行们口中得知，他们对职员素质的评价参差不齐，有的非常有效，有的几近无能。或许一个重要的因素，就是行政部门往往成为校方有权势人士安插"自己人"最方便的场所，举凡校内高层领导人的远亲近邻，或是与校方事业有关的来往户，都可以设法推介安插进来成为职员。而且也正是这些复杂的人际网，使得职员们的评审制度、年终考绩都无法认真推行：这帮人的来头如此之大，谁还敢去惹是生非？难怪行政部门的效率变得无法控制，基本处于低效率状态。如果给一个职员劣等考绩评估，不但会引起他本人的抗争，还等于是打了他后台靠山一记耳光，那可是后果严重的事。华人社会的人情世故中历来就有很重要的一条，就是"打狗还得看主人"，有了这句"警世良言"，每逢在人情和公正的较量中，经常是后者败下阵来。

正是因为港英政府给了香港科大一套好的职员人事规章，所以难怪来自北美洲的教授们的第一个反应，就是异口同声地称赞职员们的专业程度和工作效率。总的来说，要比许多北美洲大学高得多。香港科大创校初期，第一批教授年龄是40~55岁，而绝大多数香港籍职员则是25~35岁，而且多半是女性。据说这些职员中许多人没有念过大学，只有中等专科学历，但是他们对于自己职责范围内的法规掌握得滚瓜烂熟，行事一板一眼，引经据典，绝不含糊。正因为有不少职员没有受过大学教育，校方自建校开始，就鼓励职员们在公余利用校内设施选课进修。为此还定出一套办法，用意非常光明磊落。但是另外一方面，也有人担心教授和职员之间有了同事情谊，在学业考绩上就难以公事公办。这种情形，笔者在美国大学教书时就曾经见识过。当时学校一位高阶行政主管向某系申请作为博士班学生，往后不知是由于工作太忙，或是天资不足，就是无法完成博士论文，长年累月，令系里非常尴尬，最后还是取消了他的资格。香港科大最不愿意这种事发生。所以在进修办法刚颁布时颇有几位同事（也是主管级的）兴致勃勃地想在校内念博士学位，但是都被系主任泼了冷水。从此职员的进修考核没有成为头痛问题。

跟教授们接触得最多的当然是本系办公室的职员，少则五六位，多则十几位。他们前来应征职位时，履历表上写得一清二楚的是：一分钟能够打多少字、计算机处理达到何种娴熟程度、公文档案管理采用哪个系统。这些资料都不必当面测验，因为都有秘书学校的结业证明书，诚实度值得信赖。因此一位新手上任，不需几日就能完全进入状态，全速配合其他同事的工作节奏。那种整齐划一的高效率，实在是香港职员群的特色，远远超过北美某些学校里那种大而化之的懒洋洋的架势。这个对比不禁让人产生其他联想。北美洲大学许多办公室的文员（文职人员）多半是大学毕业，但是背景各不相同，也没有经过办公室制式的训练，所以许多工作经验是上班时一点一滴地摸索出来的，是好是坏要靠运气。但是香港的文员训练学校有制式课程和训练，教育出来的人员水平非常可靠，就像是有品牌的产品一般。一个现代化的社会，的确是需要各种专业的配合。香港职员们的效率是令人信服的。

这些行政部门的职员们，是港英政府送给香港科大的一个珍贵礼物，他们在一所大学的创建中起了极大的作用。教授们请他们做一件工作，十之八九能快速有效地完成。他们在办公室安静严肃，绝不嘻嘻哈哈，举凡看报纸、打游戏、聊天、偷懒之类的情况，百日难得一见。他们无时无刻不在埋头忙着干活，表现出高度专业精神，遇到疑难或是有争议的事件，立即查阅相关条例，最后按照法规办事，毫不马虎。有了这么一批生力军的协助，学术部门的工作才更容易推动。而职员们对于这些外来的教授们的作风和热心，既有新鲜感，也受到感染。这或许帮助彼此提高了工作效率。特别值得一提的是，香港文员一般行为比较拘谨，因为在本地的工作单位（特别是政府机构）里，等级观念相当浓厚，上下级之间是不会坐在一起吃午饭或喝咖啡的。但是香港科大这群外来客完全没有受过香港办公室文化的熏陶，带来的还是北美洲那一套不讲究等级观念的随和。这么做起初有些让文员们感到突兀不安，一旦习惯了之后，倒是让教授和文员们之间的关系增加了许多真诚和亲切。

职员们和教授们之间也存在某种程度的文化隔阂。香港科大校园里的官方语言是英语，而许多教授的习惯语言是普通话，职员们的习惯语言绝对是广东话。所以在沟通时，偶尔会出现一些有趣的误会。再者，从名字上也可以看出彼此的差别。许多教授的名字是具有地区特色的汉语拼音（两个或是三个音节），而绝大多数的职员都取了英文（基督教）名字（比如玛丽、约翰），有时彼此同事多年却不知道他们的中文姓名。这个对比非常明显，或许反映出文化和习性的差别。照常理而言，把两群文化背景和生活习惯如此不同的人挤进一个工作场所，一定会出现大量摩擦。但是事实并非如此。职员们做事唯一被教授们经常诟病的是他们的刻板性，做事太过于一丝不苟，有时实在违反情理（以后会提供一两个实例）。但是他们凡事依法有据。要想变通方法，必须先修改法规，或是请求上级主管亲自裁定。真是唯恭唯谨，绝不逾矩。

总之，笔者认为当年香港科大的职员是最有效率的一群事务人员，专业素养令人敬佩。也让笔者体会到，一所大学要想办得顺利，必须有一群干练的职员从旁协助。而两群文化和事业背景截然不同的人，居然可以合作缔造出一所新大学，也是一个令人感到鼓舞的实例。

笔者在香港科大服务的十余年间，只听过两个与上述褒奖之词截然相反的例子。一个是某职员想要争取获得单位主管职位，竟然偷录和他人的谈话作为把柄。最后纸包不住火，反而遭到开革。另一个是某单位办公室主任，是一位地方小政客，经常在上班时间开溜去办私事，严重延误了该单位的工作效率，还给下属起了投机取巧得逞的坏榜样；而且他对下属们作威作福，缺乏基本礼貌，甚至听说还下作到向报纸写匿名信函去中伤其他同事。最后此人受到严厉申斥，并在人事处档案中留下了明确的劣迹记录。这两位当事人均是男性，而关于女性职员则似乎从未听过乖张的故事，我个人所接触到或是耳闻的，尽是她们如何勤勉、细心和尽责的工作表现，更没有听过以权谋私的风言风语，或是懒散怠惰的批评。从位高权重的单位主管，到初出校门的年轻人，个个谨守本分，勤奋尽责。香港科大这个偌大的组织，有这么一大群优秀的职员去支持教学和研究工作，真是莫大的幸运。

2. 办事规矩：经费运用的两三例

要办好大学当然需要经费。以1993年为例，学校全年度经费为12亿港元，其中85%~90%来自政府拨款，10%为学生缴交的学费。在支出部分，最大项（60%）为学术及研究部门的经费，第二大项（15%）为校舍校园保养修缮费。在其他地区的许多大学都占有绝对优先地位的行政费用，在香港科大却只占总预算的7%~8%而已。

香港科大是否节俭？它又如何达到节俭的目的？根据笔者观察，香港科大校方领导的确相当努力地节俭，并且有实际效果。

第一个根本原因是各个单位（包括院系办公室）在提出下年度预算之后，一定会遭遇不断的定期严格审核。校内财务部门也分组，分别负责四个院，各有所司，对分内工作非常熟悉。财务部门每季度都会稽查各单位运用预算的进度，用多了要警告甚至停拨，用少了要提醒各系用钱要依照进度表。香港的制度允许单位改变预算的用途。如果有单位中途想改变预算用途，则限定只能在某一个百分比的限度之内，经过层层批准后，就可以转变用途。笔者在北美洲服务期间，曾经目睹过所在系临近会计年度终结还没有把预算"消化"完毕而进入"危机"处理状态，全办公室的秘书们被动员起来去学校商店发疯似的购买，举凡厕所卫生纸、铅笔、打印纸全要，目的就是把预算花得一毛钱不剩，这样下一年度才能振振有词地要求增加预算。笔者也得知有其他地区的大学，甚至不择手段到连沙发和地毯都敢买，如果允许用公款去开酒席慰劳教职员，那当然更是皆大欢喜。这种斯文扫地的作风在不同地区的大学里有不同的表现。考其根本原因，就是没有一个合理的预算制度，更没有严格的监督机制。香港科大在这方面的表现应该还是不错的。校方学术部门领导会不厌其烦地提醒各系保持正常用钱的进度，避免到了会计年度末措手不及，乱买一通。另外一条出路是允许申请转移预算项目，这个规矩至少可以让各单位有机会把钱用在有意义的方面。当然，更理想的方式是鼓励用钱单位愿意把钱节省下来交还给校方统筹运用（比如说增加图书添购经费），而又以某种方式去奖赏他们的诚实和节俭，使他们的经费不致在次年遭到克扣。

　　第二个原因是香港科大不巧立名目去浪费公帑。具体言之，校长办公室以下的各级行政领导办公室都不允许设立大笔的特支费或是交际费等名堂。据了解，香港科大成立的最早期，一切遵照港英政府的指示，还真是有些"行政化"的味道，比如说从校长以下，主管和教授们的薪水都和政府公务员的等级画得上等号，所以教授们虽然不会把自己说成是"×级干部"，但是只要去查一查政府官员的薪水表，就大概知道自己是什么官员等级。更具体地说，校长公务出差依规定要坐飞机的头等舱，副校长坐商务舱，其他教授则坐经济舱。香港各大学历来如此。而香港科大在最初一年左右也忠实地遵循这个规则，其原本目的是要增加校长和副校长在旅行中和政商界要人们接触的机会，借以推展校务。但是这个规矩很快就被抛弃了，校领导带头和教授们一样乘坐经济舱。除了节省公款之外，也是和教授们保持平等互动关系的好主意。这种以身作则的精神在香港大概属于异类，但却值得嘉许。

　　再以出差食宿为例。港英政府其实对于校方人员公务出差，住旅馆和餐饮都有一套比较宽松的规矩，因为公务员（特别是港英政府的英国人）不会亏待他们自己，所以大学教授们也沾了光。这些规矩定得很细，因此财务部门会把世界各大城市的消费标准都详细列出，分为几大类，出差费必须在限度之内，没有钱可供大吃大喝。去纽约出差和去台北出差，差旅费（生活费）完全不一样。而在香港科大成立的头几年，校领导就以身作则，关于差旅费就立下了很节俭的规矩。所谓校领导指的就是校长、副校长和几位院长。从一开始，他们出公差只住三星级、四星级旅馆（比如说美国的Holiday Inn）、吃经济实惠的餐饮，绝不讲究排场，有时还显得寒碜。唯一一次例外是入住了一家五星级旅馆，因为这家旅馆新开张，提供了半价的优惠。

会不会有人受不了这种节俭作风？听说有。某部门领导在和校长出差时没有办法，只好屈从众意，但是他自己出门时却动用了本部门的特支费去乘坐商务舱。这种做法并没有引起羡慕，只能招惹批评。后来这位领导也就离开香港科大了。

香港科大还有两种做法也不时引起误会。通常香港科大派代表团去别的大学出访，当地东道主大学按照本地接待礼节，总是会派两辆车到机场或是火车站迎接，一辆是专为校领导准备的小轿车，一辆是为其他成员准备的大中型旅行车。但是香港科大校领导身手矫捷异于常人，每次都一个箭步早早抢了旅行车上最后一排最不舒服的那个座位，抵死不肯出来。几经纠缠，最后解决办法就是把行动比较缓慢的（老？）教授连骗带哄地推进"领导车"。每当领导们小型团体出差时，都要如此比画身手一次。等到抵达目的地，很可能出现另外一个尴尬场面：东道主早已站在大门口列队欢迎贵宾，一阵热情而理所当然的握手和宣称仰慕之情后，才发觉搞错了对象，原来"那人却在灯火阑珊处"。

外访时的宴会同样会带来尴尬。一般外地的东道主觉得一定要菜肴丰盛才能表达诚意，而来自香港科大的访客也不懂得谦让，有得吃就吃，宾主皆能尽欢。但是等外地客人到了香港科大回访时，看到宴会桌上只摆了几道吃得饱而绝不精致的菜肴，不知他们心中会不会感叹香港科大的吝啬和失礼。其实香港科大同事们组团公务出访，只要没有外人安排，他们自己用餐都非常节俭。笔者参加过的香港科大访问团，曾经多次在经济餐厅以每人一碗牛肉面解决民生问题。这中间绝无矫揉造作的成分，简单的动机就是节省公款，填饱肚皮，回旅馆睡觉。什么饭后余兴节目，从不曾见识过。

至于个别教授离港外出，去办公事就请公假，去办私事就请私假。如果教授在一趟旅程中兼办公事和私事的话，则需要仔细填明各需多少时日，费用也需逐项分别申报。用公款去游山玩水的情形，当然绝对不容发生，而且一旦被发现，不但乌纱帽可能不保，而且还可能招来廉政公署的眷顾，实在得不偿失。在创校最初期，当这些规矩尚在酝酿试行阶段时，听说也曾经有个别教授在不明不白的状况下，长期在校园里见不到人。校方当然不能容许这种情况存在,事情发展的结果是这位教授和他的上司的事业都受到了打击。

附带可以一提的是,许多航空公司对于老顾客都有各种形式的优待,一般是以飞行里数作为回馈的计算标准。在香港科大,行政部门的职员们对这些小事也要弄得一清二楚。这些累积的飞行里数,不能归入教授的私人账户,而必须由学校统一处理。其所持理由其实也很简单,既然教授是以公款飞行,因此而产生的优惠待遇当然也必须纳入公账。

3. 教授的额外收入——咨询费

同理推之,教授拿全薪,那么他的时间全部属于学校。依学校规定,教授每个月准许有几天时间从事私人有偿活动,但是绝对不可超过规定,而且必须事先向校方书面报备。在香港和北美洲,教授的薪金还有一个重要的差别。北美洲许多大学教授的薪金是全年按9个月计算,但是分成12个月发放。所以在许多学校,如果教授们愿意在暑期教课的话,还可以多拿六分之一的薪水。这成为一些教授垂涎的肥羊肉。至于理工科的教授,其工资则也会有每年按6个月计算的情况,其余月份工资由他们自己去找研究费补助。在香港,教授的薪金是全年按12个月计算,因此教授们的时间(包括假期在内)完全卖给政府,教授如果再去找外快,就是欺骗行为,后果严重,廉政公署很可能会上门拜访。

在创校不久,校方就注意到教授们在校外从事咨询工作(consulting work),随后便经常进行检查(1995年)。因此教授们不可能偷偷摸摸在外面去创业或是创收,因为一旦被抓到,后果极为严重。诸如此类的规范,都让教授们战战兢兢,把全副精力放在校园内的教学和研究责任上,其心不可旁骛。

依北美洲大学的习惯,校外咨询工作是一个灰色地带。校外"咨询"和"顾问"工作在大学教授中普遍存在,而且也有其重要性,但是形式却是五花八门,无法一一列举。最常见的是教授被其他学术机构(如大学、学术基金会)邀请作为顾问委员会或是评鉴委员会委员,或是被聘为学术刊物的编辑或审稿员。通常这些活动提供的报酬都只是象征性的,更重要的是表示认可该教授在某个学术领域中的权威地位。教授们接受这类聘请的目的不是为了薪酬,而是为了帮助别人,所以虽然其性质是咨询,但是一般学校视其为"服务"或"贡献",对这一类的活动都非常支持，因为既可以增加大学的声望，又无需担心金钱上的纠纷。香港科大基本上采用了这个立场。

真正让大学又爱又恨的，是有明显商业意义的咨询活动（consulting）。通常工学院教授们在这个领域最为活跃，理学院和商学院教授则次之，到了人文社会学科又更次之。咨询活动可以有多方面的含义。一是对教授学术地位的认可，大学可以分享荣耀。二是教授们和生产营利单位（工商业界）保持密切联系，容易得知科技界未来发展动向，转而为大学开设有前瞻性的课题，或者和产业界进行科研合作，推动大学本身的研究使命。三是咨询关系可以成为一道桥梁，帮助大学的本科生和研究生在毕业后容易找到工作。这三项含义在一般情形下，大学都会乐见其成。四是咨询活动可以帮助教授个人创收或是使第三方（工商行号）受惠，甚至在获得产品或技术专利权情况下赚大钱。

只要教授与第三方的关系包括出售知识或是服务并因此获得薪金、红利（股票）或是成为董事股东，都算是咨询活动。在极端情况下，校方甚至担心教授会舍本逐末，把学校工作置于不顾，全神贯注在咨询活动里，却还想要维持与大学的关系。因为教授的头衔还是有商业价值的，更何况可以占用学校的办公室、研究场地、实验器材、免费研究生等等。如果这方面没有节制，则这些教授的行为不但是吃里扒外，而且会严重打击其他同事的士气，甚至促使其他同事依样效法，最后把学校变成企业。这是大学必须防止的歪风。难怪一般大学对于教授们的校外咨询活动既爱且恨。在北美洲大学中，每所大学都有自己的一套做法，并不统一。有的大学非常放松，甚至鼓励教授外出设立公司，而有的大学抓得很紧。香港科大在开创伊始就对这个现象进行严密监控。

到了1996年初，校方进一步规定：如果教授从事校外咨询活动，必须事先向学校报备，不允许参与和学校有利益冲突的活动，而学校也要和与该教授校外咨询活动有关的企业签订同意书，该教授的咨询活动才算合法。换言之，如果隐瞒不报，则依香港法律处置，后果可能非常严重，廉政公署可能立即介入，涉事教授除了名誉破产，赔偿政府损失，很可能有牢狱之灾。这就绝非是教授们值得冒的险。在时间上，每个学期教授的校外咨询活动限制在15天之内，在星期六、星期天去做咨询工作也算在这15天之内。更进一步，"一天"的定义是8小时，如果超过8小时就算两天。规矩订得非常周严，可见其认真的程度。

香港科大对于职员的额外收入也同样重视。学校的法理根据是学校已经付了员工全职薪水，因此员工必须全职为学校服务，如果员工还在校外兼差，拿两份薪水，则学校有权过问并且做出限制。学校初步规定（1993年）职员不可在上班时段从事校外工作，但是效果不彰。因此学校再度规定（1995年）原则上禁止这种兼差，只在特殊情况下允许每周在校外工作一天。和教授们的咨询活动不一样的是，教授们的活动高姿态，不容易掩藏，所以明文规定所达到的效果比较好；职员们的兼差是低姿态，容易掩藏，学校抓不到证据规定就形同虚设。但是学校的立场仍旧表达得非常清楚，那就是教职员都应该专心做好学校的工作，任何鬼混、找外快的行为都会受到谴责。这个立场一旦说明白，也就建立了一种风气和规范，大家不会把学校当成是摇钱树。

除了针对教授和职员的额外收入做出规定，香港科大对其他任何形式的额外收入也都予以密切关注。比如说学校规定（1993年）任何因使用学校财产和设备而衍生出来的财政收入都必须缴归校库，而不能由个别单位私自扣留，任何单位都不可以有"额外收入"。从此杜绝了小金库的存在。最简单的例子就是图书馆收取逾期还书的罚款不得进入图书馆的私账，而必须上缴学校的财务部门。学校同时也告诉这些单位，对于加班费必须严格控制，不许任意加班，不可使之变成员工另辟蹊径的生财之道。

最后，学校对于学术单位所提供的特别优惠，最多也只是"网开半面"而已，规定（1993年）若有院系能够以诚实方法向校外筹募到捐款，校方会准许接受捐款并且成立特支费账户，但是总额不得超过10万港元。如果超过，就必须得到校方特别批准才能接受。无论如何，从校外筹募而来的捐款，不得附加任何条件。香港有些富人喜欢以捐款方式买一个荣耀，不管是荣誉学位也好，还是以捐助人姓名去命名一栋房子（或是一间房屋？）也好，都含有交易性质。校方从一开始就决心要避免这种私相授受。

以上所述香港科大有关财务上的这些清规戒律，都有一个共同点，那就是学校希望维持学术活动纯洁化，让教职员专心地做好教育工作，而不要去钻研生财之道。一所大学工作者，如果整天嗟叹收入菲薄，醉心创收，则最倒霉的必然是他们的学生。香港科大的薪水比照香港其他大学而言并无二致，但是在防止学校金钱化和商业化的努力上，或许做得比较认真而彻底些。这也充分表达了当初建校的初衷。

事实上，香港科大不但严格规定教授们的校外咨询活动，连拿研究奖学金的研究生也必须遵守类似规定，他们切不可一面拿学校的支助，一面又在校内外担任其他支薪职务（1994年）。

这些简单的道理，在世界上优秀大学中，本来就是行之多年的常规，无需特别标榜。但是在邻近地区（是否包括日本？）却似乎变得是曲高和寡和不切实际了。这就不禁令人感叹，要和国际接轨谈何容易？！

4. 公关交际费用的报销制度

交际费的运用在许多学校是一笔烂账，从四菜一汤到满汉全席，内容千奇百怪，都可以被形容为交际所必要的开销。相信许多教授到某些地区做客时一定亲历过一个滑稽的场面，就是偌大的圆桌还是摆不下丰盛的菜肴，只好把菜盘重叠起来。虽然绝对缺乏美感，然而它们是东道主待客最诚意的表现。即便如此，东道主还得连声道歉"菜不好，菜不够，不成敬意"。香港科大从1992年开始就把交际费当成重点管理，做了一些硬性规定，使得香港科大的款待显得寒碜得可怜。当年

最著名的事件发生在某学术单位举办的一次颇具规模的国际学术会议期间。举办国际学术会议对于刚刚起步的香港科大而言，肯定是一件光彩之事。主办人筹划在会议结束时举办一个宴会，答谢客人们远道而来捧场的盛情，因此向校方申请补助。哪知校方领导和财务主管都认为请款数字几近浪费而拒绝拨款。会议主办人几经恳求，校方勉强答应补助4000港元作为交际费。这个消息一经传出，就让此后主办各种活动的教授们知道一定要节省地运用交际费，否则恐怕就只好自己掏腰包了。4000港元到底是个什么概念？在此不妨举一个实例当做比较。当时早一批到校的教授们之间有一则广为流传的趣闻，那就是一位新从美国到香港的教授不识本地行情，由他做东，邀请了三五位刚结识的同事到海鲜餐馆晚餐，他冒失地点了一道石斑鱼，结果那一顿饭吃掉他7000港元。

1992年是香港科大看紧财务的开始，特别是交际费这个项目。首先是在春天时节，校方领导开始担心交际费有急速爬升的趋势，特别是校级的顾问委员会的费用。当时学术部门已经聘请了世界知名学者成立了六个顾问委员会，其中校长有一个自己的顾问委员会，研究部门也在筹备一个顾问委员会。校方发现向顾问们提供的每日生活费（per diem）标准定得太高，属于浪费，因此开始考虑降低生活费，而把结余的钱挪来支付官方主办的款待宴会，以求压缩交际费。与此同时，校方也注意到，顾问委员会设立过多，其实就是一种政治（学术）性的烧香拜佛，而香港科大不应该浪费金钱和精力去张罗这些虚有其表的委员会。

接下来到了秋天，校方又警觉到有些教授到外国去招聘教授时，报销的餐饮费过高，因此开始精打细算，最终决定依据出差地点的差别订出不同的餐饮费标准。换言之，出差到物价昂贵的城市依客观的消费指数计算，其他城市则一律以香港消费指数计算。香港科大这种对交际费、餐饮费严格管理的执着既出人意料，又令人感动。因为如前文所述，香港科大当时在香港的名声是"劳斯莱斯"大学，虽然言过其实，但是肯定不缺钱，只要闭上一只眼睛，应该是什么钱都花得起。何必如此抓紧口袋，甚至矫枉过正？这个现象实在不寻常，但是也的确树立了一个良好作风：不可拿公款肆意吃喝。在早期就形成了以后行为的准则，让香港科大从一开始就有一分正气。

到了1993年底，学校又想出新的招数节省公款。财务部门或许觉得，如果教授们在出差之前就把差旅费拿到手，那么人的本性大概就会先把它花光，返港后再提出（巧立？）名目去报销。但是如果规定先让教授垫用自己的钱去付费，回校后再逐项申请报销的话，则教授可能会小心节省，因为会担心某些项目可能无法通过审核。大概是出于这番考虑，当然也是为了精简行政手续，校方颁布新规定，此后凡是因公出差，一律由当事人先行垫付所有开销，回校后凭单据报账。在这个新制度之下，肯定有些教授的费用报不了账，他们也肯定会火冒三丈地去找财务部门争辩。但是任凭他能言善辩，也斗不过香港的法律，最后终将败下阵来。这种案例只要一传十，十传百，以后大家出差就不敢乱花钱。笔者在香港科大服务期间，隔不了多久就会看到一位教授跟财务部门的基层女职员为报销差旅费发生争执。场景通常是：这一厢，财务部女职员面貌娇弱温柔，讲话轻声细气；那一陇，大教授面红耳赤，讲起话来气急败坏，结结巴巴。争执点大概就是在纽约出差的那天花了60美元吃了一顿饭，超出报销标准。这是该归公账还是要自掏腰包？女职员只要是手中握紧了香港财务报销法规，就可以引经据典，丝毫不讲情面。多半的结局是大教授垂头丧气地奔回办公室去"舔伤"。香港的"法比人大"的精神，在这种对峙场面下最能表露无遗。

到了系的层次，交际费不但少得可怜（1994年底每个系全年支出不得超过7800港元。一般小系有15～25位教授，大系则有30～40位教授），而且还有诸多清规戒律。比如说，有宾客来系里访问，最多是在校内大食堂以便餐招待访客，即使对方是贵宾级人物（如省长、部长、大使之类），也是同样规格。海参鱼翅之类，绝对上不了桌。雪上加霜的是，香港科大因为建筑面积有限，不愿意在珍贵的空间里为教授们保留一块"净土"；同时又出于崇尚平等精神，讲究师生应该打成一片，有意识地压制特权思想。因此当时香港其他高等学府都备有教授俱乐部或是专用餐厅之类的设施（faculty club），能够体面地招待贵宾，唯独香港科大的每一个餐厅都是师生共享。其间当然也有人建议堂堂大学一定要为庄严隆重的聚会提供一个体面的餐饮场所，这些说法都言之成理，但最终都被平等主义者否决。这样的做法有时难免会让国内外某些访客觉得受到怠慢和失礼，但东道主人也只能在言词上不断地解释和道歉。

再有一个情况是，比如一个系请了一位外来学者作学术报告，照理讲，既然不支付演讲费，就应该好好招待他吃一餐饭，同时请三五位系内同仁作陪，这样才能显得隆重和有诚意。但是按照学校规矩，客人的餐费肯定由系里的交际费支付，而同仁们的餐费则应该由各人自付。这乍听起来委实太不近人情，因为陪同客人吃饭也可以说是工作的一部分，其性质是在为校方做公关活动，费用当然应该由公款支付。但是校方所持的理由是，既然每个人本来自己就要吃饭（特别是午餐），那么和客人共餐，就没有理由让学校付账。至于若有外地教授以私人身份访问香港科大，而某系教授们又想招待他吃饭并进行学术交流，那么就得采取"罗汉请观音"的方式，由教授们自己凑钱请客。说来令人难以相信的是，香港科大学术部门在大约1996年时又旧话重提，再度认真地讨论过一个更呆板的做法：既然各院系的学术访客已经由校方支付了他们每日的生活费（内含餐饮费），那么如果他们同时又接受校方宴请，就应该把宴请费从他们应得的生活费中扣除。在学术副校长和几位院长反复思考之后，觉得这么做实在太不通人情，才决定不予采纳。光是这个决策过程，就可以看出当时那群教授多么天真可爱和守法。至于访客们怎么看，他们客气地没有直说。但是笔者猜想，他们或许会觉得访问活动是内容丰富的，吃饭则仅聊以充饥而已。

笔者听过最极端的例子，发生在香港科大还在土建期间。当时身为香港最大金主的赛马会派了一位英国籍的驻场总代表，全天候在工地上监工。他因为得到过一位华裔教授的鼎助，因此提出要做东，务必请这位教授吃一顿"好"饭，以示感激。哪知道这位教授等了两三个月都不见动静，正在深感纳闷时，饭局终于兑现。此时这位赛马会代表才承认，由于他建议的这餐饭超出预算限制，因此必须事先申请，直到最近才得到上级批准。读者们可以想一想，赛马会当时已经捐助15亿港元巨款建造香港科大，而它的首席工程师为了一顿饭超出规定，却需要呈报上级批准。这个案例典型地说明了香港公立机构信守的一般行事规则。由于做得这么绝，利用公款大吃大喝的现象在香港科大基本上被杜绝了。退一步说，英国人留下的这些好制度、好规矩，也是值得称道的。可以断言的是，香港科大绝对不是一个索然无味的修道院，但是吃喝之风在校园里的确看不到，同事们也不以免费吃喝为荣。

至于逢年过节或是红白喜事的馈赠，则更是绝无此事。在香港科大，下属们从来不需要向上级领导送礼，同事之间互不送礼，有外客来访时也不向他们送纪念品（钢笔、领带夹、书签之类）。这样就节省了大笔行政费用，也避免了腐败风气。在这方面，香港科大做得非常彻底，足以自豪。而这种风气，都是从学校一开办就树立起来的。1992年底，校方就对这些问题进行了认真思考，并随即做出了许多细致规定，如：遇有教职员去世、重病，或是退休，如果在事先经过申请手续，则礼品或是慰问品费用可以在校长的特支费账目中报销；如果没有经过该项手续，则必须由同事们以自愿方式分摊，不得动用公款。此令一下，就为香港科大教职员们此后的行为准则定了调，那些把人压迫得喘不过气来的人情烦恼，就此消失。笔者参加过一位秘书同事的婚礼，系内只有少数亲近同事受到邀请。几位前去观礼的教授也只是送了一份微薄的礼券，新人则以糖果回馈。既简朴又温馨，没有铺张而有真情。

仅就笔者所知，有的系交际费还用不完。怎么可能？区区七八千港元，一顿饭就可以把它扫光。之所以有这种现象，就是许多教授对于用公款吃喝并不稀罕，反而会在会计年度终结前赶紧申请转移项目，改作他用。也有的系干脆把余款上缴校库，由校方统一支配。大吃大喝的丑闻则真是从来没有听到过。与此同时，校方学术领导也再三放话（1994年）要严格控制交际费，隔三差五就要进行突击查账。这样一来，为了贪吃一顿饭就要精神紧张几天，未免太对不起脾胃了。

如众所周知，1960～1970年代，港英政府官员和警察贪污是常态，情形极为严重。1974年通过廉政法规之后，情况大变。依照规定，如果礼品的价值或是金钱超过2000港元，而其性质可能产生公私利益交换嫌疑，则受礼者必须拒绝接受礼品或金钱。否则就可能被绳之以法。即便是拒绝接受馈赠可能违反社会习俗而冒犯送礼者，也没有通融余地。香港科大是公立机关，完全在廉政法规掌控之内。因此无论同事之间，或是来自校外的大型馈赠，完全免谈。

5. 如何处理宿舍分配、公务车使用等是令人头痛的问题

宿舍分配这档事，值得在此特别说明。在某些地区的大学里，这可是要打破头的一等大事，所有工作人员必须动员一切人际关系争取最佳地点、房型、朝向、楼层、停车位，等等。笔者听过一位在华人地区声望极高、在某大学担任系主任的朋友说，为了分配房子的事，一位同事曾经在他家磨蹭了九个小时，不达目的，誓不离开。

在香港科大，学术部门主管与分房之事完全无关，也无法产生影响力。所以同事们就不会去打扰系主任和院长。简而言之，凡是和学术有关的事务都属系主任和院长的工作范围；凡是和学术无关的事务，系主任和院长根本无权也无法去运作。同理推之，在某些华人地区似乎有一个习惯，教职员的家务事可以拿进办公室去向

上级讨一个"公道"、争一个"说法",而上级(系主任、院长)也把这些事当成是他们行政工作的一部分。据笔者所闻,有些地区大学的系主任还需要去调解同事们的婆媳冲突,或是解决子女上学困难。在香港科大,这些全与学术无关的事务,学术行政主管完全拒绝理会。笔者也曾经听说某系的系主任曾经突然被一位校外人士造访,指控该系某教授"乱搞男女关系",要求学校替她"做主",否则将会影响校誉。但是该系主任一口回绝,同时向来客建议,如果牵涉违法行为的话,则应该到法院去申告,系主任无权排解此类纠纷。此事也就不了了之。

在香港科大,分房之事是安安静静地照章办理,而且是由行政部门的职员全权处理。依照规定,每个教授都累积自己的点数(points),有一定的换算公式,其结果都载入校方记录。点数多的人有优先选择权,因此子女多的助理教授分到的房子往往比家庭人口少的正教授或系主任更好。优先次序既然依客观标准早已排列好了,则一切依照约定规矩办事即可。有些新来的助理教授(特别是内地来的),开头没有摸清楚这个制度,更何况依据他们以往的人生阅历也决不相信制度会是表里如一的:哪有领导不把好东西留给自己的?因此当他们看到几位老教授似乎都住在风景略好的教职员宿舍第×座楼,立即认定那是他们运用特权而得到手的战利品。在极度羡慕之余,私下戏称之为"高干楼"。哪知过了不多久,因为年轻夫妇感情好,家庭里添了一个小宝宝,分房点数随着增加,也取得入住该楼的资格,从此他们再也不敢用那个贬词。所以分房一事,在香港科大校园,可说是风平浪静。真是幸运。

不可避免要提的当然还有公务车私用问题。似乎有不少地区的大学,都有为高层主管配置公家车辆的制度,甚至连每个月汽油费也由公款支付。至于公家车是否会被主管的家庭成员(或是厨子、保姆)用作上菜场、逛商店、接送子女上学、外出交际,乃至全家出城旅游的交通工具,就根本无法管制,只能装聋作哑。香港科大的情形截然相反。

在创校初期,校方为校长配置了一辆车,专供他使用。香港是个极度讲究排场的都市。笔者曾经有幸拜见过本港某些大学校长的官邸,那副金光闪闪的气派的确令人肃然起敬,校长的坐车也是名牌,非常能够显出主人在香港高贵的身份。相比之下,香港科大校长的公馆就朴实多了,里面的摆设平凡而朴实,看不到豪华精品。就连他那辆车,也只是丰田牌(Toyota)小车,看起来毫无威严感。更何况一用就是七八年,不曾更新。比起本校许多年轻教授们的宝马、奔驰和法拉利就要逊色多了。

至于全校所有的教职员,无论等级高低(包括副校长在内)都只能在执行公务时使用校内的公务车。香港科大有大约五百位教授,共享四辆小轿车和一辆中型巴士。一切公务外出需要用车时,则全由一个车队负责统一调度,而管理车队者只是一位中级职员。说实在的,以香港科大行政经费的规模来说,校方如果想要多买十几辆汽车分配给高级主管,可谓毫不吃力。但是这不是香港科大的作风。然则香港科大如何处理这个僧多粥少的局面?关键就是"公务公用"四个字。

何谓"公务"?香港科大的定义下得既简单又严格,那就是以香港科大官方代表身份出席的活动,不论是庆典还是学术会议,一律视为公务。何谓"公用"?意思就是只限本人使用,不可夹带旁人。符合以上条件的院系,可以向学校的总务部门提出预约申请,按先后预约时间排队,先预约者有优先使用权。排不到班而又有必要时就可以坐出租车赴会,事后凭单据由公款付账。"公用"有时还得"共享",而不是专用。如果几位同事的公务大致在一条路线上的不同地点,则只派一辆车依次送去,这样做虽然有点缺乏排场,但是非常经济实惠。因此经常会有几位院长系主任挤在一辆车里的现象。其他任何非官方的学术活动,一律由个人自行安排交通工具。这样简单的规矩,加以严格执行,就可能为学校节省大笔的费用。在那些年里,还不曾听说过一次有哪位教授试图给车队调配员施加压力让自己优先用车。

听说在创校之初,某系有一位英国籍教授误以为香港科大一切必然依照香港的老规矩办事,他自己从校园出发到香港岛去听一场学术演讲,顺便在路上吃了一顿午饭,回校后振振有词,称是为参加学术活动,要求全部报公账。偏偏那时院领导也是英国人,认为言之有理,就在口头上予以批准。哪知该系由北美洲来的系主任却拒绝由该系的经费付账,而该主任才是经费掌控者。院长被弄得非常没有面子,但是也只能尊重系主任的裁决。从此开了一个先例,那就是教授们本来就应该参加学术活动去求进步,比照北美洲惯例,这种费用应该自付。反过来说,香港科大绝非吝啬,如果有教授的论文被重要学术会议接受并予以发表,则校方会乐意支付全部差旅费把该教授(不论其年资深浅)送到纽约或是伦敦去宣读论文。

香港科大当时还订了另外一个规矩,其性质不中不英也不美。按照笔者熟悉的惯例,教授们一般在聘书生效之日就开始领薪水。但是香港科大决定(1994年),

薪水要以教授本人抵达学校完成报到手续之日起算。这乍听之下实在有些苛刻小气。考其缘由，是因为香港科大面向全世界招聘，教授们大多数是外来客，而某些教授拿到聘书后，觉得既然天下大定，就慢悠悠地不来学校投入工作，甚至等到开学前几天还不见踪影，急得系主任如热锅上的蚂蚁。最后校方只好使出杀手锏，不来报到就没有薪水。这一招基本上制止了教授拿到聘书不来报到的现象。

6. 铁板一块的香港职员们

香港的某些行政规矩之刻板和不合理，也着实令人吃惊。这些不合理今天回顾大可以哑然失笑，但是当时造成的误解和彼此为了磨合而付出的精力也确实颇为可观。最早期从北美洲来的一些同事对于自己分内的学术工作做得尽心尽意，但是对于职员们的行径却恨声不绝，指责他们毫无服务精神。这种现象或许不难理解。最早从港英政府借调来的那批公务员，既无在教育界工作的经验，也没有那份心情委屈自己去应付学者们的书卷气，说不定还自艾自怨：真是倒霉才会被派到这个鬼地方。因此他们还是以居高临下的气派，来监督和管理这帮纪律松散的教授们。这类有趣的例子我们后来者听过不少，当然也有被渲染夸大的可能。只是后来在校园中很少看到这幅景象，或许是那些看出苗头不对的官员们，及早打道回（官）府了。

即便是后来加入香港科大的人，也可以信手举出不少例子来说明香港公务员的认真和刻板（不近情理？）程度。首先是人事部门。每个到校报到的教授，马上会接到人事部门通知，要求限期提交博士学位证明书。这对于年轻教授而言，不过是举手之劳，因为他们刚刚拿到学位，那张羊皮纸证书还被视为珍品加以妥善保管。而教了二三十年书的老教授，早就不记得把那劳什子丢到哪里去了。但是人事部门绝无通融余地，即使校长愿意书面保证学位的真实性也不被接受，非要呈交合格原件或经过公证的影印本不可。笔者当年就只好联络美国授学位的大学资料部，请求补发一份影印证明，还需要盖上学校的大钢印以示慎重。岂知美国人对于中国人的名字时常大而化之，居然把笔者的姓氏给拼错了，为此又不得不大费周章地改正，直到通过检验为止，中间一步都不能马虎。也或许正是因为这个缘故，香港科大招聘的教授中，假学位事件似乎不曾发生过一起。

学校其他部门所表现的港式行事规矩，有时也叫人哭笑不得。比如说，学生事务部是负责管理运动场地的部门。在学校开办初期，该部门突然宣布室内球场不允许穿牛仔裤进入。偏偏本校有一位高层领导休闲时间最爱穿牛仔裤，但是又不好意思率先违反规矩，也不想显露权威，所以只好屈从。后来还是其他人士向该部门陈情，才取消了这个奇怪的规矩。再比如说，当时学校建了一个奥林匹克规格的游泳池，一切设备齐全，却不许泳者跳水。后来一位中国教授家属不厌其烦地据理力争，终于得到恩准。但是当其他外国人有样学样地去跳水时，却被救生员断然喝止，弄得他们满头雾水。这个陋规大概也是几经周折才废止。

教职员宿舍由房产部门管理。凡是要搬进去居住的教授，必须事先登记家庭人口成员和亲属关系。无婚姻关系的成年男女不可同住。华人教授男女关系循规蹈矩似乎不会受到冲击，但许多外籍教授立即陷入困境。最后解决的办法是先搬进去一个合法的，再溜进去一个身份不明的。既然房产部门不会在半夜去突击查房，这码子事也就心照不宣。但是合法的婚姻关系依然有其重要性，因为学校许多福利（图书馆、健身房、游泳池、医务室）都需要验明正身才能获得，教授们一定要提出结婚证明书（护照不算数）。为此，有些教授又不得不翻箱倒箧去找，或是向原先结婚地的政府去申请补发证明。这些都是北美洲学者初到香港科大时受到的文化冲击。

值得称赞的是，尽管职员们初期定了些不合情理的规矩，或是照搬了一些香港原有的老规矩，但是教授们和校领导们都是先遵守再改善，而不是以威势欺压职员。"法"总是大于"人"。"你是谁？""你敢管我？"这类盛气凌人的话教授们应该是说不出口的。坏法可以改好，但是耍威风，把自己凌驾于法规之上，则是另外一种人的通病，这种人在香港科大校园不是没有，但却吃不开。这或许也说明为什么香港科大当时偌大一个超现代化的田径运动场，各项设备齐全，但是规定不许任何人穿皮鞋进入，学校只需委派一位低层的职员监督管理，就任谁也不敢违规。被这位守门金刚请求离场者，不乏校内的领导级人物和校外的贵宾。尤其是发生在后者身上，虽不免造成东道主的尴尬，但是也无法通融，违规者即使"亮出身份"也不管用。这就是法治下职位的权威。

在笔者记忆中，有一次经验最为尴尬。记得某系曾经邀请三位台湾学者去作学术报告，过程一切顺利，宾主尽欢。客人的飞机票款项按规矩由该系在请款后寄去台湾。岂知几天之后，其中一位学者愤怒地将寄款原封不动地退还，还附了一封抗议信函，声称不能接受出差费被克扣的待遇。该系在询问原委之后，才大吃一惊地发现，原来依港英政府规定批准的机票费用少于实际费用。这样就等于要受邀者自掏腰包，对受邀者而言，无疑是一种侮辱。该系只好一方面回信给三位学者请求原谅，一方面气急败坏地向财务部门抗议，要求给台湾学者补足全额。这才把误解消弭。诸如此类的认知偏差经常发生，也颇让行政部门的职员受了不少委屈。最终北美洲教授们所熟悉的一些行事规矩也逐渐融入香港科大的规矩之中，磨合过程才得到改善。

　　以上所提的这些办事规矩和管理方法（governance），看起来是鸡毛蒜皮的小事，其实是一所大学树立校风和提高效率的根本因素。它们和本章前面所讨论的研究规矩，以及此后几章将要讨论的聘用教授和教学的规矩，都是决定一所大学成败的关键。有许多地区的大学办不好，总是一股脑抱怨经费不足，潜台词就是有钱就能办好大学。换言之，有"大"钱就可以买到"大"学术地位，就可以成为世界一流。这真是痴人说梦。1990年代初期，国内西南省份的一位领导访问香港科大，得知当时香港科大一年的经费是十几亿港元，相当于他全省的经费，不禁在羡慕之余感叹地说，如果该省能够有这么多钱去办一所大学，任谁也可以达到香港科大的水平。然而事实上，近些年来，华人社会不少大学从政府取得的补助可谓非常充裕，动辄数十亿，乃至上百亿，但是学术水平却未见急速提升，在世界排名仍然远落在西方国家之后。考其缘由，不是钱太少，而是钱没有用在刀刃上，甚至根本没有用

在教育事业上。不少社会或地区，谈起兴办教育，最简单的指标是教育经费占全民生产总额（GNP）的百分之几。这是一个简单的算法，当然有它的道理。比如说，全美国的教育经费总是占GNP的6%~7%，"有钱好办事"的道理似乎一下子就被证明正确了。但是1990年代的香港，教育支出不到GNP的3%，和美国不能相比，也能用精打细算的方法把教育工作做上去。

最令人难过的是，教育总经费并不缺乏，但是它的效率却长期发挥不出来，因为中间有层层剥削和贪腐。有些地区的大学，有一种常见的做法是，每当政府补助研究的专款发到时，不是直接送到那些拔尖的研究学者手中，而是首先采取平均分配手段，每个单位（院系）雁过拔毛。更何况这个过程中还有人情、关系、派系、利害等各种光怪陆离的因素施加扭曲力，而校内行政部门还可以掐住脖子进行勒索。最后用作资助研究的经费就大幅缩水了。还有一个奇怪的现象就是，只听到过国家撒大笔钱去扶持研究，却很少听过国家用资源去奖励教学任务的（关于这一点本书以后还会进一步讨论）。

反观香港科大，则是有意识地防堵这种病态的发生。香港科大的经常性经费不可谓不充裕，但并不比香港其他大学更充裕，基本上由政府按人头公平分配。香港科大的研究成果是自己极力争取得来的。即使是研究费，也是靠本事竞争得到手的，并非政府的垂青。有的研究项目固然是非钱充裕不可，而有的项目又无需大笔经费（如数学、哲学）。研究的动力一定得发自每一位教授的内心，教授要有强烈的欲望创造知识，而不是盲目地迷信"重赏之下必有勇夫"的逻辑。简言之，有钱能够为研究创造优惠的条件，没有钱也可以做出优异的研究成果。最令人叹息的是，有了大笔大笔的钱（归根结底是民脂民膏），却做不出好的研究成果。如何跳出这个樊笼？可不是一件容易的事。

所以在香港科大工作，总的来说，生活相对是单纯的。港英政府的确树立了许多值得赞许的好规章，使香港科大能够保持一片净土，公私分明。教授们和职员们之间的关系就更单纯了，基本上是公事公办，没有后门可走。笔者经历香港科大初创的岁月，对于港英政府和回归后的香港特区政府的许多规矩的细节仍然感到不合理，也曾据理力争，但是对于这些规矩在总体上能够帮助一所大学维持它的纯洁度深感认同。一所大学，如果教授们能够遵行一种行为规范和发展出一套公平有效的管理方法，使自己能把精力完全投入至本分内的教学和研究工作上，而不是把它用在外面的花花世界；同时保持金钱上的干净，而不是把学校当成是赚外快、贴补家用的工具，这所学校就有成为一所好学校的基本条件：教授们越聪明努力，教育的收益率就会越高。反之，则学校沦为学店的危险性将大大增加：教授们越聪明努力，想得出来的歪主意就越多，后果就越不堪设想。香港科大的行政合理化、财政干净化，一半是本身的努力，一半是香港政治社会大环境使然。这是一个幸运的结合。

事过多年，回想起来，还有一个新的领悟，那就是在当时香港的七所大专院校之中，有六所是单一文化区，教授们和职员们大部分来自香港，外地人是少数，所以可以融洽相处。唯有香港科大是多文化区，职员们绝大多数是香港人士，教授则来自世界各地，语言、文化与其他六所均不相同；这既是一个特殊的案例，也是值得庆幸的结合：香港科大处于草创时期，来自外地的教授们只要专心建设学术和研究工作即可，行政和事务性的建设无需他们操心，因为香港职员们已经驾轻就熟，把港英政府多年累积的好模式带进了香港科大校园。这对于一个成熟的大学来说，没有什么值得称道之处。但是香港科大是全面性创建，外来学者们只需要专注学校创建的一半工程，而把另一半工程完全信托给行政部门的同事，而且这些同事建立的行政体系规章比教授们能够设计出来的可能要好许多，这就让这些教授们能够事半功倍，加速开花结果。从这个角度来看，当年香港籍的职员们也一样是创校的功臣，值得特别提出。

第3章 香港科大的学术体制

I. "教授治校"在香港科大如何体现

要想把一所大学办好和管理好（governance），粗糙地说有两种方法，一种是由上级长官严加管制和监督而大学听命行事，另一种是由大学的工作人员自己把自己管好（或是两者之间不同程度地糅合）。香港科大基本上是自己管理自己。这种做法有利有弊。如果学校人员正派争气就可以把学校真正办好；如果学校人员不争气不成材，就可能把学校败坏得一塌糊涂。什么是正派争气？依然粗糙地说，就是把那些近乎老生常谈的责任心、荣誉感、奉献精神、追求卓越等等，不是挂在嘴边说，而是身体力行。什么是不成材？就是滥用公款、吃里扒外、不顾学生死活，只顾自己如何能好吃懒做地混日子，外加其他一百零一种不敬业和不道德的花招和鬼把戏。

"教授治校"是近年来在许多地区流行的一个响亮的口号，也普遍被视为现代化大学管理的不二法门。这个口号在社会上，人人引用，无人敢反对，也无人对它的意义有明确的解释。一般流行的说法是，如果大学能够由教授们去治理的话，则这所大学就有希望办得好，不然的话就办不好。还有一句没有明白说出口的话就是，学校如果由行政人员主导的话，则办好的希望就更小。也有人进一步发挥，认为"教授"指的是全体教授，从资深的正教授到初出茅庐的助理教授，都可以参与治校决策。跟随教授治校而来的另外一种观念是校园民主化：不仅是教授，即便是职员和学生也要求参与治校，而且多数事务应该采取票决。

如果追根究底，教授治校观念的发源地是北美洲。在北美洲许多优秀大学里，多年来已经演绎出一套颇为详尽的规则，帮助教授们去治校。如果说教授治校的目的只是避免政府或是财团和家族干预，保持校园的纯洁性，这大概能够得到最大多数人的认同。但是哪些教授够资格治校，他们究竟应该如何去治校？其内涵不但因地而异，并且因校而异。或许有一个要点需要及早提出，那就是教授治校和民主治校不可以画上等号。不同等级的教授有不同程度的治校能力、责任和权限，不是所有的教授人人平等、一人一票式的泛民主主义。如果只学皮毛，不学精髓，这种做法只能成为华人地区的大学进入世界级之列的绊脚石。

笔者对于"教授治校"的体验，来自在北美洲近30年的教学经验。在那个时代，教授们治校的兴致不在控制经费、预算和人事，而是把焦点放在教学和研究两方面。而最能直接影响到这两项任务的人就是系主任。因此系主任的任命是教授治校的一个重要环节。笔者在北美洲所服务的大学的做法是，当系主任出缺时，院长会安排和系内全体（或大部分）教授举行单独（一对一）的非正式谈话，这个做法并不是硬性规定，而是院长个人的选择。谈话内容不但包括系内教授对系主任人选的期望，也涵盖这位教授本人的研究课题、对学校各方面事务的观感和建议，等等。这是院长了解各系的生态和教授们心声一个好机会。这种双向性的沟通使得教授们说话一定要言之有物，而且要负责任，而不是去投一张不记名的选票。只要学校规模不大（我曾任教的学校是研究型大学，共有1800位教授），这种几年才做一次的事情几位院长是可以做得到的，而且效果显然非常好，所以我曾任教的学校才能在全美争取到名列前茅的地位。

在和该系教授们谈完话之后，院长再以他的综合观点从行政高度去权衡该系和该院的整体需要，选出最得力的系主任。当然他在和心目中属意的系主任候选人谈话时，也必定会探测该教授的使命感和推动系务的策略及能力，等于是让该教授发表了政见和做出了承诺。在这个过程中，下级的心声得以表达，上级的宏观考虑得以纳入，才有可能选出较称职的主管。最后院长做出全面性的考虑，不但要考虑新系主任是否有高尚品德和学术威望，也要估量他的行政和领导才能：如果一个系处在风平浪静时期，他是否能够帮助系内同事们充分发挥他们的教学和研究潜能？如果一个系处在风雨飘摇、业绩不彰或派系倾轧时期，他是否能够大刀阔斧拿同事们去开刀？这些决定都是院长一人说了算。

这个过程的实质性非常强，但是民主性却并不彰显。而系内教授们在这个过程中，也无法去呼风唤雨拉帮结派，更没有机会做小动作进行拉票或是利益交换，因为一切的决定全在院长一个人的脑袋瓜里面。

在好学校，做行政工作不是事业的高升，更不是抓到玩权弄术的机会，而是奉献、牺牲。然而做行政工作虽然会让资优教授的学术生涯暂时停摆，但是他也无需低声下气地去讨好同仁；同时系主任或院长有法定的权力在手，敢于行使，也有一展抱负的机会。这一切会使资深教授觉得转做行政工作"值得"。只有在这种情形下，资优的教授才肯降尊纡贵，暂停自己钟爱的研究和教学工作，"委屈"地去做系主任或是院长。然而在坏学校里，做行政工作的目的就是往上爬、评职称、捞油水、把持人事、交换利益、掩藏自己教学研究的无能。尽管在口头上还要装模作样地嗟叹"做官难"，其实心底里使尽浑身解数，钻营争取，志在必得。而一旦官位到手后，又委曲求全务必要抱紧这个官位。

说白了，教授治校只是提供一个框架，或是一个运作的机制。就这个机制本身而言，可以设计得疏松懒散、不成体统，也可以设计得严谨缜密、有规有矩。但是最后影响到它的效率是否彰显的，还是人的因素。一群好教授在一个杂乱无章的机制里尚能耗费许多精力创造出丁点效果，而一群烂教授即使在一个好机制之内，也可以把大学搞垮，因为他们的杀手锏就是置规章制度于不顾地去胡作非为。这种案例层出不穷。所以教授治校，归根结底还是要好教授治校，而不是烂教授治校。

换言之，"教授治校"的原则一定要和教授们的素质结合在一起，才能缔造出质量优良的结果，否则一无是处。顺便可以提供一些个人的观察，那就是一所大学在草创时期，"治校"的确是一件辛苦的事，因为不管是系里、学院里，或是最高层，每天都有24小时处理不完的公务。香港科大早期许多学术主管每天进办公室最早，离开办公室最迟，晚上还要带文件回家去做。不管他们的专业是文理工商，如果还想要做自己的研究工作，简直是不可能的。即使是想多看两本书也只能支离破碎地挤出时间。根据笔者记忆，当年在香港科大的那段时间里，不记得有哪位学术行政领导提出过精彩的学术作品。只有等到学校走上轨道，进入常态运作模式，院长和系主任大概才可以略微松一口气做一点自己心爱的研究。因此学校有个潜规则，凡是担任学术行政工作者，学校不会去追究他们在那段服务期间内的科研成绩，而是在他们离开行政岗位时起算。

但是校级领导则完全无法松懈。特别是那位总管家，每天清晨七点多钟进办公室，晚上八九点钟办公室还是灯火通明。用不着说，做他的亲近幕僚肯定会被累得半死，家庭生活也无法兼顾。香港科大的幸运就是有这种人替学校把关。至少到笔者退休之时，这种情况并未改变。

这种论调听起来或许稍嫌武断极端，但是在不少大学里的确如此。一个好大学不可缺少好的学术行政管理机制，所以选择学术领导人的方法恐怕会决定一切。唯一可以绝对下结论的观点是：一个烂的学术单位，经过民主的教授治校方式绝不可能选出一位做事认真的系主任，因为那等于是叫烂教授们去集体自杀。但是偏偏有些大学是用这种票选方式去选择系主任，有些地区的学校竟然还允许助教、助理教授和职员去投票选举校长，难怪这些学校只能长期沦为烂大学。当然这种烂大学也有一线希望能够改善，那就是如果那位众望所归的候选人原来是一只披了羊皮的狼，一旦当选之后，就过河拆桥，翻脸不认人，锐意施行他的改革计划。但是如果这么做，他的前途必然满布荆棘，说不定会被打击得鼻青脸肿。另外一个希望就是等待烂教授们达到退休年龄，然后依照这位票选领导人的善良心愿抓住机会甄选一批好教授。但是在这漫长的岁月里，五年？八年？受害者全是学生，他们注定活该倒霉。更糟糕的是，在华人这种"敬老尊贤"的古文明社会里，退而不休的老教授们还可以伸出一只魔爪干涉系务，保护他们那些留在系里而又不成材的徒子徒孙们。于是这种洋为中用的教授治校观念，又染上了华人文化的"特色"。

当然，最糟糕的情况就是这种民主治校的方式一直延伸到校长任命的程序。一般而言，大学校长都是由政府或是学校董事会任命，但是笔者经历过最有趣的例子是某校校长出缺时，组织遴选委员会的先决条件，是过半数的成员必须是校内教职员选出的代表，不论他们是助理教授还是基层职员，只要得到多数同事的支持，就可以对校长的聘用产生影响力。这种做法可能是民主治校的极致表现。所以遴选校长工作一开始，就形成各种利益集团，全校的焦点是希望选出一个对自己事业（系、院）最有利的新校长。而遴选委员即使想要秉公行事也困难万分，因为"选民"会指责他们不尊重民意。因此遴选委员们公开承认他们无法保守秘密。随之而

起的当然就是漫天盖地的谣言、黑函和赤裸裸的拉票运作。即使把遴选委员限制为全部是正教授,恐怕也无济于事,因为这种遴选架构根本就是走火入魔。

学校本来就和国家性质不同。在现代民主国家的理论里,所有的公民都是平等的,也都有投票权。人民之所以有投票权,可以选择自己的管理人(政府领导),那是因为国家这部机器的所有权属于全国人民,管理人(官员)只是人民选雇的服务人员,因此可以理直气壮地委任或罢免。但是大学的所有权并不完全属于教授们和职员们。学校成立的第一个原则就是择优而任,把纳税人(或是广大的捐助人)托付的教育工作做好。所以没有"天赋人权"或是"公民权"的意义在内,因此"治国"和"治校"两者之间含义大不相同,"民主"的内容和方法也不一样,不可因为思想懒惰而予以混淆。

一所大学基本上是受人民社会付托的生产机构,其产品有两项:一是向学生们和家长们提供良好的教育,二是向社会和人类知识界提供良好的研究成果。如果教授不能完成这些任务,他们就没有权利死赖在大学里吃闲饭。道理就是这么简单而残忍。教授们对学校没有所有权,只有运作权和被信赖托管的荣誉。因此,如果有教授对"教授治校"的观念有了误解，以为学校是他们所拥有的产权，因此一旦进入之后，就可以把他们的利益凌驾于学校的使命之上的话，那真是离谱万分了。同理推之，如果有研究和教学出众的教授，出于对他们的爱护和对学校珍贵资产的保护，也不应该为难他们去担任行政工作，而是尊重他们尽全力去发挥他们自己的学术优势。如此说来，能够在教授治校大原则下真正把学校治理好的人选其实并不太多：首先是他们的学术成就要能够受到同事们的尊敬，其次是他们要舍得放下自己钟情的科研和教学工作去为别人服务。当然，他们还需要人品端正和具有行政效率。所以教授治校不是那么简单的事。

II. 香港科大教授治校的体制如何建构

那么在香港科大校园内，教授治校这一观念又是如何体现的呢？为了回答这个问题，我们不妨先从香港科大的权力结构说起。

1. 校务委员会

香港科大的最高权力机构是校务委员会（academic senate，某些校内文件也称之为教务委员会），它不是一个咨询单位，而是一个决策单位。换言之，凡是与学校有关的规章制度和政策，必定要通过这个单位，才能取得合法性。这个委员会成员全部是校内人士，没有政府官员或是商业企业派驻的代表来临场指导，因此它最能体现教授治校的原则。在处理一切有关学校事务的政策、讨论和决策上，它可以自作主张，只要不违反大学法，不必受校董会的指导和干预。

香港科大校务委员会的成长经过了一个历史过程。在香港科大最初创办时期，全校教授人数非常少，基本上是主管级。当时工作量最重的单位是由学术部门的几位领军人物主掌，名称是院长会议。但是实际上当时四个院长并没有完全到任，因此在学术副校长的主持下，有1~2位正式的院长、1~2位暂时代理院务的资深教授、1~2位特别助理或是顾问，总共不超过10个人，就把整个学校大大小小的事务不分领域全部包揽处理。院长会议基本上是1990~1991年度学校事务的最高决策机构，经常每个月开2~3次会议。那批人日理万机，非常辛苦，而且办事能力非常有效，香港科大粗具规模，他们有极大的功劳。但是他们处理的工作也只能是荦荦大端，万事起一个头，对于重要事务都定出了初步规矩，使学校能够在有法可据的情况下开始运作。香港科大当年体制的大框架当然是由董事会搭起来的，但是内务运作的大框架，可说是他们几位搭建起来的。设若当时他们处事方式是头痛医头脚痛医脚地临机应变的话，则个人的强势主见、高层领导的权威，或是考虑欠周的急就章，都很可能开了先例，此后就会变成尾大不掉的陋规。所以香港科大的制度化是这群开创者从建校的第一天就致力达成的目标。

等到招聘到位的教授人数逐日增加，便成立校务委员会。其实最早的委员会也不过只有十一二位教授，此时只要是资深教授，一律纳为校务委员会成员。当时的治校内容大概可以分为两部分：一是制度部分，二是运作部分。

香港科大在最早的两年中，所有的制度在院长会议初步讨论出结果之后，就交由校务委员会正式审核和表决通过，然后公布执行。举凡教授的聘用办法、授课和打分数，学生申请宿舍，薪水发放，保安制度，等等，只要是和学校运作有关的规章法则，事无巨细，一定要先在校务委员会会议投票通过才能成为学校法规，手续非常干净，没有那种由领导一个人说了算的现象。这个现象值得多说一句话。依笔者的经验，在华人文化圈里有一种常见的现象，那就是许多人明明有想法却以不说出口为上策，或者即便是说了也喜欢吞吞吐吐，用词晦暗，还要夹带着一大堆言不由衷的自我谦虚话（不外是"浅见"或是"意见不成熟"之类的废话），但是其实心里强烈地自以为是。如果其他与会者果真不同意他的言论，则上焉者只不过面色悻悻然，下焉者就可能怀恨在心，却要等到散会才去闲言碎语。香港科大校务委员会的气氛完全不同。教授们对很多校务都有意见，而且有话直说，淋漓尽致地就事论事，既不会天南地北言不及义，也不会人身攻击，真正做到了英文所言的"a meeting of the minds"，也就是"集思广益"。这是香港科大教授开会的作风，因此才能够达到有会就有议，有议就有决。至于委员会主席，也克尽厥职，鼓励委员们提出好意见，允许他们尽量发言（最多不过是耽误了吃饭时间而已），更不会把自己一人之见鱼目混珠地装扮成大家的"共识"（consensus），让其他委员不好意思去反驳。笔者在香港科大服务期间，参加过的大小会议何止数百次，从来没有看到过"一言堂"的景象。这是教授治校最基本的要求，其道理简单到几乎用不着提出来叙述的地步。但是偏偏在许多把"教授治校"论调高唱入云的大学里，却连一个会都没法开好，等到会议结束在场外却叽叽喳喳，煽风点火。也确实可悲。

校务委员会也可以成立若干长期性或短期性的委员会（比如说本科生课程委员会和研究生学位委员会就是两个不同的常务委员会，各有专司），每个委员会的成员人数不定，一般是3~5个人，由校务委员会授权给他们去主持某个专题。这3~5个人既可以自己提出方案，也可以请求学校其他单位拟出方案。最后如果能够获得校务委员会投票通过，就成为通行全校的法规。这样院长会议和校务委员会之间就可能有重叠合作，把许多法规很快地就建立起来。

要说明的是，香港科大校务委员会的第一次会议是在1991年3月份举行（比院长会议起始得晚），当时香港科大招聘到的教授非常有限，因此已经到校报到的教授基本被纳入校务委员会。即便如此，也不到30个人。

既然第一批学生还没有入学，在校的教授们就铆足全力在各自参与的委员会里制订学校的规章。在此可以举一些例子说明当时工作的紧凑程度。1991年春季成立的正规长期的委员会（standing committee）的职务范围包括：本科生教学、研究生教学、教授的研究工作和学术行政工作，都各有委员会专司其职。另有一个特别的委员会（ad hoc committee），其功能是为此后的校务委员会的开会和运作应该遵守何种规则，拟订了详尽的规则。1991年冬季，校务委员会又成立图书馆委员会，由教授们监督图书馆的扩充和管理的工作；成立学生事务委员会，监督行政部门的学生事务部把管理学生的事务做好。与此同时，主持本科生学习的委员会对有关打分数和毕业必须要有的条件一一作出提案，并获得校务委员会通过。1992年春季，学校就处理教授升等和取得终身制的条件和程序问题定出了规矩。1992年夏季，学校又规定了学生们选课和退选的手续。还有一件重要事项得到了明确规定，那就是用什么样的程序去聘请客座教授、荣誉教授、访问教授和兼课教授。因此在学校尚属草创时期，就把这些名目繁多、性质模糊的教授职位厘定得清清楚楚，而且规定聘任时一定要遵守严格的审核程序，不可蒙混过关，也不容各系各自为政，聘任期也不得超过三年，这样就把许多新大学所面临的滥发聘书的流弊一下子就处理得清爽明朗。1992年6月，成立了委员会全面处理、审核教授们的任用合同和续聘问题。又成立了委员会专门监督本校行政（如校园规划、宿舍管理）部门的权责和效率问题。

各个委员会的提案在校务委员会会议上经过充分讨论，投票表决通过，才能取得合法性。在这段时期内，校务委员会的工作量非常大，除了相关部门要提出与自身工作有关的法规草案，也有个别成员被指定（邀请）草拟各种法规，提交大会审核。所以从制度面来说，早期的校务委员会可谓做了扎实的工作。而有些法规，在制订时就知道由于时间紧迫不够完善，因此埋下了"试行"的伏笔，以后根据经验可以予以修订。但是一旦制度定下来，校务委员会就不再干预，而是由各部门自己掌控。因此教授们的"治校"，首先着重的是"治"规章制度，其次才是"治"具体的运作。

大约是到了1993年春季，校内各方面的规章制度在校内骨干教授们的努力下基本建立起来。此时校务委员会做了一个反思，成立了一个性质特殊的委员会，其职责是检验所有委员会的工作，然后提出方案去减少这些委员会的工作量，甚至终止某些委员会。这个做法的好处是总结了过去两年的经验，使校务委员会的体制能够精简化，也帮助教授们回归到他们各自学术的本位。这个转变对于香港科大长期的发展当然是一个重要的转折点。

以上叙述，目的并不在于提供香港科大成长的细节，对于各个委员会的名称和职责也未一一列举，因为每个大学有不同的需要，在此举出一大堆数据并无太大的意义。主要目的只是要点出一所新大学和有历史的旧大学的不同之处。许多有历史的大学，根本不需要去操心这些事务，因为在长期发展过程中，这些典章制度应该早已建立起来，只要萧规曹随即可。但是香港科大在1990～1992年两年中，能够依赖的教授不到30位，经过他们的努力，把一所新学校需要建立的典章制度基本建立起来，不管是教授的聘请、审核、留用或辞退，学生们的求学，甚至行政部门职员们的职责——凡是一所大学可能遭遇的问题和状况，都在事先做出了细心的规定。

简言之，香港科大创校者用了很短的时间快马加鞭地把学校的骨架搭建成型，后期陆续招聘的教授们最重要的工作则是把肌腱黏附在这个骨架上，使它有更扎实的内容。香港科大从一开始就避免用"摸着石子过河"的方式对付问题，因为这些问题对于香港科大而言可能是崭新的问题，但是对于世界上其他好大学而言，早已累积了丰富经验和处理的法则，只要加以借镜和修改，立即可以派上用场，而不至于遇事慌张失措，仓促做了决定之后又追悔莫及。连香港科大这个新大学都要花费如此多的精力去建立制度，则历史悠久的大学更应该制度完备无缺才对。如果后者还要每次手忙脚乱地去"摸石子"，那就真是叫人不解了。

至香港科大人员齐备（大约是1993～1994年），校务委员会也正规化了。依据组织法，它的成员一般为50~55人，分为两大部分。第一部分是"当然成员"，不经过民主投票过程产生，包括校长（1位）、副校长（2~3位）、院长（4位）、系主任（19位）、各个重要学术和行政部门主管（6~7位），总名额为33~35人。第二部分是经过民主程序投票产生的。每个学院的教授们可以各自选出2~4位同事作为全院的教授代表，再由全校教授不分院系选出3位代表，另外学生方面包括本科生部学生会会长（1位）、本科生部和研究生部各选代表1位，总数大概为20~22人。

仅从以上的名额分配就可以看出，校务委员会不是一个民主产物，学术行政主管有保障性的多数票，由普选产生的成员永远是少数。而即使在后者，年轻资浅的教授也很难被选上。因此在香港科大的常态运作模式里，教授治校实际上是资深教授治校，绝不是年轻资浅的教授治校。更何况，校务委员会每两个月才开一次大会。而且某些敏感议题的会议是不允许学生代表参加的，其中包括校方人事、评鉴、纪律、升迁或任何经主席（校长）裁定不宜参加的事项，学生代表都必须退席。

2. 大学行政委员会

校务委员会每两个月才开一次会，而学校却要天天运转，所以必须要有一个常务会议作为全校最高行政决策机构，那就是"大学行政委员会"（University Administrative Committee，UAC），其成员为13~15人，全部是行政主脑和院长级以上的干部，没有系主任参加。第一次会议是在1992年3月间举行，当时只有11个人参加，除了校长、3位副校长（分别领导学术、研究和行政部门）、4位院长和少数几个次一级的重要行政部门的领导，还有一位由校务委员会选出的代表。当时立下的规矩是偶尔可以邀请其他人士列席。大学行政委员会可以指派自己的委员会负责暂时性或是经常性的任务。这些人可说是学校里最具权力的首脑，各有自己负责的部门。系主任则不在此列。该委员会每个月定期举行一次会议，也可以在必要时召开临时会议，相当有弹性。会议的议题通常是由校长提出，在会前5天发给会员，让他们有时间准备发表意见，甚至可以表决。但是校长没提出的议题，这个委员会就无权过问。

这个会议的信息量最大，因为会议一开始就由主席（校长）报告最近香港地区和香港科大校园内发生的重大事件，附带提出他的看法和评价。这个报告通常非常详尽，务求帮助香港科大的重要干部能够充分了解学校内部各方面的状况和学校在香港的处境，包括和其他大学之间的关系，目的就是帮助各部门负责人能够在信息充足的条件下做好他们的业务。主席报告之后，接下来就是各院院长报告。除了中规中矩的业务报告，也可以报告小道消息和闲言杂语。校园里有些敏感话题也会在这个会议上曝光，而且与会者都可以畅所欲言。

等到这一切意见和信息发表完毕，对当天的议题才能进行正式讨论。经常只剩下很少时间去讨论议题，更不要说做决定了。换言之，学校里的大计方针通常都是由最高层几位行政领导去决定。只有某些法案，在大学行政委员会达成共识后，需要提交校务委员会表决通过。大学行政委员会的特色是没有等级观念，大家以平等地位自由发言，并不作为本单位的代言人，是以全校的共同利益为前提，强调团队精神。只要校长同意，各式各样有关香港科大的问题均可集体讨论。因此举凡学校预算、研究策略、学术建设、人事布局、器材设备的购置、空间的运用等等有关学校运作的重要话题，都会在大学行政委员会会议上反复出现。其中最重要的大概是资源（经费预算）的分配和教学设备的添置，都有专责小组负责处理。

这个委员会在很早期就显示了它的自由和平等的气度。话题和议题可以南辕北辙。比如说在一次会议中（1992年5月），一位院长主张本委员会只应该讨论政策，而应该把执行的细节授权给下级单位（系）去操心。但是其他几位领导反对这个说法，他们认为UAC应该有权过问本校任何重要事务。结果是后者的见解得到多数支持。而主席也在该次会议上做出了一个裁决，那就是大学行政委员会的会议记录应该尊重持反对者的意见，应该详细记录所有的不同意见。这些先例都为校务决策的透明化做出了很好的范例，也显露出领导者的雅量。大家养成就事论事的习惯，绝不忌讳公然和上级唱反调（只要保持礼貌），也不用担心将来会遭到报复。话题的自由程度实在非常高，甚至有一位教授为了行政部门制作的信纸装不进信封而喋喋不休了将近半小时，弄得大家面面相觑，不知如何打圆场才好。

正是由于与会者都能畅所欲言，因此这个会议一般时间很长，三四个小时是经常发生的事。过了午餐时间，主席似乎依然无动于衷，会议议程方兴未艾。出席者经常在开完会赶下楼时，学校餐厅已经打烊，只好胡乱抓些东西填肚子。此时某学院院长一贯的充饥办法就是去弄一杯奶茶，可怜得很。学校从不曾想过要用公款去准备一桌简单菜饭，更不要指望校长出钱请客。

作为一个脑力激荡的场所，大学行政委员会的确发挥了一定的功能。但是学校里最后的决策还需要再往上走，由大学权力的核心做出。它是一个"小内阁"？"小智囊团"？似乎没有官方名称。它的成员是校长和副校长级别的少数几位领导，显然什么问题都可以谈，他们就是领导核心。大多数的教授没有看过这个"金銮殿"是如何运作的。

3. 院长会议

校务委员会往下就是院长会议（deans' meeting）。院长会议由学术副校长召集，除了四位院长之外，还有学术副校长办公室的几位助理参加。在1994年之前，院长会议的重点是把学校的大方向厘定出来，把大格局和规矩基本上画出了一个道。但是一旦进入实行阶段，不免发现有许多运作上的细节早先没有考虑周全，因此1994年之后的院长会议，就花了更多时间使学校的法规更细致化和严谨化。这个过程未必称得上雄才大略，但是对于提高学校运作的公平性、合理化、透明度和精确度的确起了决定性的作用。参与者针对学校当前的问题和未来的发展都提出了大量意见，也讨论他们各自在北美洲大学工作的经验和北美洲大学的规章，取得共

识，就请助理们整理成为方案，由学术领导提交校务委员会通过，最终成为学校法规的一部分。完成这样前后两个不同时期的任务，大致上可以说香港科大的学术体制在1996~1997年已经定型。制度化的过程大致走完了，剩下来的就是照规矩办事。立法固然重要，依法行事同样重要，否则法规就是徒具虚文，装门面而已。本书后面几章将会就执法的关键做更详细的说明。

4. 院级以下的单位

到了学院一级，四个学院各有其委员会（school board），由本院全体助理教授级别以上的教授们组成，但是只有讨论权，而缺乏决策权。同样地，各系也可以不定期地召开系务会议，但是也只有讨论权，而无决策权。因为不论是院长或是系主任，基本是向上级负责，他们不会把决策权拱手让给系里面的同事。

上节对于香港科大权力机构的叙述，重点并不是对这些特定的机构逐一详细介绍。每所大学都会有它们自己的结构，名称和功能无需雷同，读者也未必会对香港科大的结构感兴趣。但是有一个重点就是，香港科大虽然是一所崭新的大学，但它从未把"摸着石子过河"当成是创校的基调，而其被迫去"摸着石子过河"的日子也非常短暂。创校者从一开始就强调计划和制度化。这个过程从香港科大只有不过十几位教授时就已经开始。他们从北美洲带来的工作习惯是尽量避免"兵来将挡"和"见招拆招"的随机应变作风。在最初一小段时间里，他们当然也曾经被迫必须在缺乏规章的情况下去应付许多突发事件。但是一旦有了足够的人力，创校者马上投入大量精力建立制度，先粗略做起，逐渐达到精确细密程度。不出三四年，香港科大制度的成熟度应该可以和任何一所历史悠久的大学相提并论，甚至超过之。

从以上叙述可以看出，香港科大至少有三个高阶层的单位致力于制度建设工程。不同的教授在不同的架构里可以针对学校面对的各形各色问题在会议桌上集思广益、凝结共识，然后由校务委员会表决通过颁布成为全校遵守的法令规章。因此在创校两三年之内，香港科大各级行政领导和广大教授和职员，在遇到问题时就无需单枪匹马搜肠刮肚地去思考如何处理，而只要参考现成的规章就知道如何正确地处理眼前的状况。这样就能够使全校的行为规范趋向一致化，而不是政出多门，因人而异，更不是凭借主管个人的意志胡作非为。

"摸着石子过河"其实是一个无奈的态度，是在规章一片空白的情况下不得已而为之的权宜之计。大学教授们该忙的研究和教学等事务极多,他们没有时间和精力成年累月地去"摸石子"。因此大学必须建立制度,否则每当发生情况时,就要手忙脚乱地浪费更多的时间去"应付",这样的大学鲜能办得出色。而香港科大则是认真地下了功夫把所有需要处理的事务基本整理出成套成套的标准运作程序(standard operating procedures, SOP),使得全校无论哪个级别的工作人员都懂得做事的规矩。所以在健全法制的工作上,香港科大在头两三年的确做出了可观的成绩,为后来办学节省了许多精力,避免了许多可能发生的错误。一般人或许会以为,"摸石子"策略可以使项目赶快上马,而事先致力于建立制度的策略就可能旷日持久,尽在纸上谈兵。但是香港科大建校的实例正好推翻了这个说法——它采取了后一种策略,却把开学时间提早了三年。

III. 香港科大学术体制实际如何运作

徒有"法制"不足为凭。因为尽管在文字上可以把规矩写得冠冕堂皇,但是社会上阳奉阴违的例子遍地皆是,即使是最善意和诚恳合理的规矩到了基层都可能被扭曲得面目全非。这是许多人类组织普遍遭遇的困难。然则香港科大运用了哪些手段从"法制"达到了"法治"?香港科大掌权的人士又是如何行使他们手中的权力?

1. 分层负责制

根据笔者体验,主宰香港科大学术工作日常运行的实权,大概掌握在25个人手中,他们是校长、学术副校长(1位)、院长(4位)、系主任(19位)。香港科大所采用的制度被称为单线负责制或分层负责制(line management system)。这个体制是在学校创办前就已经由董事会制订好的,并非香港科大自创。

这个体制和"教授治校"的观念既有相合之处,也有不同之处。大致来说,每个层次的主管向直属上司负责。既然学术副校长、院长、系主任都具有教授身份,那么把这个制度称之为教授治校,也是完全正确的。他们既是学术领军人物又是行政主管。系内的预算由系主任编列,职员的任免由系主任定夺,教授们的课程由系主任最后认可,和一般政府机关或是商业公司颇为相似。

简单地说，学术副校长的顶头上司是校长，任命的全权握在校长一人手中。各院院长由校长和副校长协商后任命，而系主任则由副校长和院长协商后任命。当然在后面这一段过程中，校长仍然随时可以表示意见，但是不可以强加压力，任命权仍操在各个上级主管手中。

既然各阶层的学术主管是由上一层主管任命，那么他们也只能由上级免职。一般情况下，院长在考虑系主任人选时，可能会咨询该系的意见。如何咨询、向谁去咨询，完全由院长定夺。当然，院长为了保持系里的和谐和效率，不可能和系里的教授们对着干；但是他如果想对某一个系进行整顿的话，也很可能任命一位严厉的系主任去开刀。所以这个程序相当具有弹性，院长的裁量权非常大，责任也由他一人承担。唯一可以肯定的是，系内的教授们绝对不可以要求以投票方式选出自己拥戴的系主任，因为他们根本没有这个法定的权利提出该项要求。

至于系内部的学术事务，则遵循另外一套规章。正教授管得较全面，副教授管得少一些，助理教授就管得更少了。这和一般人所热衷的民主治校大有出入，也和其他许多学校的做法大不相同。笔者个人从来不赞成由全系进行民主投票选出系主任。说白了，助理教授们自己在学术上还没有站稳脚，既没有评判他人学术成果的鉴赏能力，也没有知人善任的眼力，对本系发展的远景和本学科今后的走向更是缺乏宏观思考。再说，他们是"泥菩萨过江自身难保"。在这种情况下，还要让他们对这些复杂事务做出正确判断，委实是强人所难，也会产生不良后果。而最不良的后果，就是导致教授拉帮结派和行政瘫痪。

一般大学里的帮派，大致可以分为学科帮派和人事帮派两种。学科派的形成是因为很多学科都可能有理论和实践两大领域，在用人用钱上两方面都想壮大自己的领域，而不是以全系或是全校的利益为前提。此时，最具引诱力的方法就是把系主任职位抓在"自己人"手里。另一种人事上的拉帮结派当然就更为恶劣。他们事事为己，打击同事，牺牲学术，就是要霸占权位，想过些好日子。

即使上述两种情况都不存在，但是如果系主任是经过普选而产生的话，那么他最大的关切就是避免做决策：千万不可因为坚持原则而得罪人、失掉群众和选票。因此，好好先生（女士）、冬烘、乡原几乎成为系主任自保的上上策。

记得香港科大创办最初期也曾经遭遇过类似的困扰。听说当时有一个系，学术上分成三大块，每一块由一位资深教授领军。他们度量狭小，彼此形同水火。资浅教授们为了生存，无路可走，只好放弃自己的判断力，忍气吞声随着大牌教授摇旗呐喊。结果是资深教授们对于系的总体发展完全无法取得共识，也无法提出前瞻性计划。他们不争天长地久，只争今朝。系主任不敢召开系务会议，因为场面火爆，经常不欢而散。各学术领域的年轻成员为了向本领域的"大佬"表示忠贞，甚至私下彼此互不来往，壁垒分明。最后的受害者当然是学生和该系的学术名望。最荒唐的是有一次校方给该系四个新教授名额，这在当时是极为珍贵的资产，得来极为不易。可是因为该系是三分天下局面，系主任为了避免自相残杀，最后只好自动放弃第四个名额，拜托另外一个系接受，才避免了火爆场面。这个系的状况使得校方一度考虑要收回管理权，由校方直接操办（receivership），但是考虑到这样做会太伤害系内无辜者的士气而作罢。几年之后这个系得以重生，因为制造问题根源的教授们，自己也待不下去，而学校又访求到一批为人正直的学者型教授取而代之，终于把恶局扭转过来。诚属大幸。

另外一个例子是某个系里有少数教授，不喜欢某位资深教授担任系主任职务，因此私下邀请同事举行了一次"民意测验"。当该院院长得知后，立即正告那些教授们，他们没有权利如此做，并当场宣布销毁民意测验的调查表，所以没有人（包括院长本人在内）知道测验结果究竟如何。这个案例明白表示，香港科大绝不允许教授们假借"教授治校"的大帽子去违背治校基本原则，即使是某些教授想要借助群众运动推波助澜，校方也不会让步。其实那位院长这么做所冒的风险也不小。他如果深谙中华文化"精髓"的话，则大可以躲开原则问题，改用"私下沟通"的方式去处理，以求大事化小。但是他却选择明明白白地维护学校的制度。幸好许多教授在事后"私下"向他表示，其实他们原本就反对这种民意测验的手法，只是碍于同事的情面，不方便表明反对立场，只好随波逐流，因此反而很感谢有上级把这个得罪人的担子扛下来，避免了系内部产生裂痕。

当年香港科大对于这种分层负责制，有一个颇具形象的比喻，那就是谁做决策，谁就把脑袋放在砧板上（putting one's head on the chopping board）。换言之，院长、系主任分别向他们的直属上级负全责，他们有权力推行自己的决策；但是如果出了差错，就得把脑袋（职位）放在砧板上被（上级）剁下来。凡事权责分明，不容许有遁词，也不得以民意为借口违反规章，这样就使得系主任可以依照自己的良知和判断行事，无需让该系事务因少数人的反对而瘫痪。这种做法绝对不是投票表决的教授治校方式。说白了,香港科大的教授治校,其实是学术领导人和资深教授们治校。而助理教授和副教授等级的人士,他们自己还在事业上力争上游,还在努力地丰富他们的阅历和充实他们的学术内涵,因此对于学术的大方针并没有太多的发言权。这种治校的形态,和北美洲大学治校的形态基本一致,但是和某些华人地区所谈的治校方式则颇有出入。

在分层负责的框架下,各级主管的连任问题也是同样处理。校长有权任免副校长,副校长有权任免院长,院长有权任免系主任。凡是某个层次的主管三年一任的任期届满之前,他的上司就会启动任免作业程序,这包括询问当事人是否有连任的意愿。如果当事人没有意愿,则马上就会启动招聘新人的程序。这位新人可能是由本院的系主任或是教授提升上来,也可能是从校外招聘。如果当事人有连任的意愿,则他的上司就会启动另外一套程序,那就是分别咨询与当事人共事关系最密切的教授。比如说,如果牵涉院长是否连任问题,学术副校长一定会听取该院的几位系主任和一些资深教授的意见(不是投票),然后作出自己的决定。因此在香港科大,任何一级的学术主管的任命都不是黑箱作业,也不能单凭主管个人的主见行事,而必须通过一套众人皆知的程序,既慎重又坦诚。

有一点需要说明的是,学术副校长和四个院长的身份,原本都是教授,他们的编制属于不同的系,但是一旦接受了行政职务,就在编制上脱离原隶属的系,既不可以去参加系务会议,也不可以去干预系务,更不可以越过系主任直接掌控系里的人事。简言之,他们不可以做"太上皇",而必须尊重系主任的行政权。在香港科大初创的年岁里,学术副校长和院长们都谨守这个分际,保护"分层负责"的体制,对于系里的事务即使有强烈意见,也必须依照正常渠道传达,而不可越俎代庖。否则就是破坏了规矩,更何况凡是有骨气(个性)的系主任,也不能够容忍此类事情的发生。香港科大早年的体制就是靠大家共同守法的精神一点一滴地建立起来的,弥足珍贵。

2. 上下级关系

还有另外一个问题需要略作说明,那就是校内上下级的关系。这个关系在许多机构里都非常微妙,也可能陷阱重重,耗费教授们和他们的家人许多精力,小心翼翼地观察,战战兢兢地培养。最简单的现实是,下级一定要懂得察言观色,揣摩上意，千万不可到老虎嘴上去拔毛。许多人都耗费脑筋去学会如何才能讨得上级的信任、欢心和宠爱，因为这样日子就会好过，官运也能亨通。其实这些简单的世故任谁都懂，更何况大学教授？只是世界上有人绞尽脑汁去实践，有人却完全不屑虚耗精力去操心。这两大类的人物未必在智慧上有差别，却肯定是在个性和对职务的认知上持不同意见。

在香港科大，人与人之间当然有歧见，而且有时还非常尖锐，但是处理的方式或许和很多大学略有不同之处。香港科大创办之初，高层领导对于学校的结构和职权分工等根本大计，就曾经产生过严重歧见，还需要送到董事会去裁决。在此后一两年内，有高层负责人出于理念不合而离职，有教授被校方明示或是暗示地请他走路，有系主任和院长自觉施展不开而离去，也有人毛遂自荐想要做某某长而被上级断然谢绝。总之，在别的大学发生过的人事问题，在香港科大照样也会发生。只是香港科大有它的规范，坚持一切依法办事。

香港科大的教授们，特别是学术行政部门领导人有着强烈的平等意识，这个特点或许也促进了香港科大的发展。香港科大的校级领导平易近人，诚意发自内心，而不是作出一副礼贤下士肉麻兮兮的模样。校级领导在校园里有时球鞋短裤，完全不讲究排场。在球场上和学生及年轻教授们打球时是个拼命三郎，碰来撞去，全心投入，绝不会站在那里等待部属欲盖弥彰地喂球而由他上篮得分。许多外来客人初遇此番场景经常会问："怎么也看不出他是你们的×长，怎么一点架子也没有？"

在香港科大很少看到"官威"凛然的人物，从最高领导到资浅教授，互动的气氛非常平等而自然，彼此都不必装腔作势。这并不是领导人缔造了"上行下效"的校风，反而是教授们"凑巧""物以类聚"的结果。大凡在香港科大工作而感到舒畅的教授，脾性本来就大致相近，他们不会忍受上级摆（臭）架子，也不习惯对学生摆架子。在香港科大，"长"字号人物大多数采取开门办公方式，随时接待来访的各色人等，绝无自己躲在内层办公室里而由外面的秘书们挡驾的架势。人的个性当然会有差异，有人天性比较严肃拘谨，有人则经常神采飞扬，这是无法统一化的，但是香港科大教授的平易近人，则是颇为一致。

再者，正因为校内的餐厅只有少数几个，所以"长"字号人物和一般教授、职员、学生们每天都必须挤在一个餐厅用餐。经常会看到学生们桌上摆满大菜，而教授则是一盘炒饭的景象，气氛随和得很。这种情景类似北美洲校园，和香港其他学校和政府机关里的等级严明颇不相同,这或许会被视为"有失身份"。

在香港科大,下级对上级无需唯唯诺诺,上级对下级也不敢颐指气使,每当意见相左时,每个人都敢于表达真实意见。香港科大的教授们当然并不粗鲁,也讲究团队精神,也懂得顾全大局,但是有话直说、不吞吞吐吐则是普遍的作风,在私下如此,在会议上亦如此。特别是当争执的焦点不是意气而是是非时,他们说话的直率有时还真是吓人。根据笔者的观察,在香港科大的会议上,说话的内容无需含糊,更少听到口是心非的肉麻话,那种故意摆出来的"欲言又止"屈意承欢的姿态难得见到。正因为大家有就事论事的共同习惯和雅量,所以坦诚直述是同事间(无论上级下级)对话的基调。

再说,做行政工作既然是一种奉献,而不是一种争夺,下级更无需对上级委曲求全——大不了从行政职位上解脱出来,回去做教授就好了。有了这种无欲则刚的心态和本钱,下级就更无需向上级赔小心了,只要认为自己是对的,就可以有礼貌地坚持己见,这样反而可以促进双方的沟通。一个有趣的"副作用"是,在外来访客眼中,香港科大的领导似乎一点架子也摆不出来。而事实也的确如此,他们并不是在演戏给外人观赏。从这种沟通方式的角度来看,香港科大中层以上的教授们,在教授治校的工作上,还真是各有自己的分量,只要有意见,就有场合表达,违心之论和言辞闪烁只会让人看不起。这和许多大学里的长幼有序的气氛颇有差别。"一言堂"在香港科大校园里找不到地址可以开设。

再形象一些地说,香港科大的校级领导不像一般机构的大老板那样,有权把职称、地位和金钱都当成是口袋里的糖果,可以随兴施舍。这种做法必定引来下属的谄媚逢迎,机关风气也一定会恶化。香港科大校领导心中恐怕反而把优秀的教授当成大老板,不时要去问暖嘘寒,请问他们有什么可以效劳之处。典型的场景是:当领导和资浅教授在校园里不期而遇时,多半是领导主动趋前问候,而不是昂首漠视等待小部下弓腰请安。这样的领导群对于香港科大办得好,是有一定贡献的。

3. 年轻教授和学生的参与权

然则资浅教授和学生在香港科大校园是否享有一些发言权?他们的民主权利又如何体现?

这个问题还真不好回答,因为并没有一套理论作为指导,也没有具体的明文规定,而各系之间还颇有差别。依笔者的体验,香港科大是一个开放性的学校,它的民主性首先表现在信息的公开化,校方尊重师生们"知的权利",让他们有基本的事实基础做出自己的判断。学校里的重要措施没有黑箱作业,没有见不得人的腌臜面,校方领导人对于自己的作为尽量求其明亮化。比如说,香港科大从1989年开始就发行了一份期刊,名称是Genesis(中文称作《同创》),内容是登载学校重大措施,也开辟了一个公共园地,让教职员发表意见。如果他们提出问题,就由有关部门作答。而这些有关部门的答案也都是实话实说,没有打官腔,更没有鬼话连篇。学校校务委员会的会议记录公开布告,使教职员们消息灵通,而且可以进行讨论。所以一般而论,香港科大不是一个怨气冲天、谣言遍地的校园,校园里没有那一股戾气。同事之间聊天时交换某些小道消息也可能说得津津有味,但是缺乏那种因为被迫害和受歧视而激发出来的反叛精神:既然"大道"消息那么丰富而正确,"小道"消息就缺乏市场。在这方面,香港科大或许和当时的香港有一个共同点,那就是,它可能没有充分的民主,但是有高度的自由和正义。

有些资浅教授不是没有试图抓住机会去扩张他们的治校权利,但是未能如愿。具体言之,北美洲的习惯(也是世界惯例)是,一位学者一旦升为正教授,就享有终身制,即使转换工作单位,新单位也必然提供终身制保障。香港科大是一所名不见经传的小(新)大学,聘请到北美洲著名大学的正教授,当然要给予同样的待遇。否则的话,这些人放弃了终身职业保障,从北美洲历史悠久的好大学来到香港就任毫无保障的新职,只能说是得了严重精神病。然而由于香港科大尚在草创阶段时,有些规章尚未文字化,因此只能依赖口头承诺和尊重学术界行规。这是合情合理的处理方式。岂知某一两个学院有部分资浅助理教授对于他们自己要接受严格评审,而资深教授却可以免去评审,认为是天大的不公平和不合理。甚至有更极端的主张:各系资深教授不但要和资浅教授平等地接受评审,而且资浅教授还有审核权和投票权去决定资深教授的去留。用不着说,那一两个学院的资深教授们为此大感愤怒,几乎形成对抗。

这些年轻教授对"公平"如此敏感,其实情有可原。他们刚从名校大门戴着博士帽走出来,难免自恃才高八斗;而香港科大又是他们进入教育市场后的第一个工作单位,心理上可能把资深教授视为不可雕的朽木(dead wood)。他们由于对大学教育的职业规则完全无知(因为他们没有在北美洲教过书),所以才能自以为是、理直气壮地提出如此荒唐幼稚的主张。其实他们的重点未必是想伸张权利去管理资深教授，但是肯定想借此讨价还价，逼使校方放松对资浅教授的审核，让他们自己的评审能够平安过关。校方当然无法接受这种可笑的主张，因此从未试图和资浅教授们讨价还价，而是相应不理。年轻教授们在这方面想要参加"教授治校"的努力全盘失败。也或许幸好这些资浅教授们没有穷追猛打，否则的话香港科大很可能被迫只好保护和履行对资深教授的承诺，而请资浅教授们到别处去自求多福。

香港科大成长的历程充分证明：丧失某些院系里一批优秀的资浅教授并不足恐惧，只要以同样勤奋的求才手段回到世界市场上去找，一定可以及时补足缺额；但是如果没有那一批资深教授，则香港科大的生机就会夭折。这种说法似乎对资浅教授们有些绝情和缺乏敬意，但是完全符合现实。回首来看，经过了20年光景，当年那些主张激进和抗争的助理教授们，如果因为工作成绩优异而得以留校的话，今天大概也已经升等成为正教授，设若此时突然听说系内资浅教授要对他们进行学术审查的话，其反应很可能比当年资深教授更为激烈。

虽然校方当年没有向资浅教授们的要求低头，但是这一事件暴露出校方对于终身制缺乏明文规定，这显然是导致误解的根源。校方花费了许多精力去填补漏洞，其结果还是全盘采取北美洲规则，资深教授有终身制保障，也有权决定资浅教授的去留；而资浅教授则只能在试用期间拼命表现出自己的优点，听候资深教授的判决。说白了，资浅教授的学识、素养都还处于观察期，他们能够管好自己就不错了，"教授治校"留给他们参与的空间非常狭小。

至于学生们参与"治校"，则他们除了通过学生会向校方表达意见，还有自己的一面"民主墙"，学生只要签署真实

姓名，就可以自由张贴发表意见，甚至指责校方领导人。这面墙每天都被贴得满满的。学生事务处负责管理"民主墙"，该单位不会干涉大字报的内容（当然不能进行人身攻击），只管理大字报的尺寸规格和张贴时限，以保障大家机会均等。

对于关系民生的事务，校方也会进行民意调查。最具体的例子就是食堂。香港科大有五六个食堂（餐厅），由教授与学生共享，没有等级区分。这些食堂全部委外承包，在校方允许食堂进入校园经营之前，通常要求顾客评鉴它们的菜品、价码、服务态度、卫生条件等，力求经济实惠，让师生们满意。食堂办得好就可以继续营业，办不好就在合约到期时走路，学校无需承担组织伙食委员会的烦恼，而且招标过程干净透明，主办人员没有徇私和拿回扣的可能性。

除此之外，笔者还真是很难想到校园民主的实例。笼统地说，香港科大治校的形式和北美洲大学非常相似。虽然任谁也不愿意站出来和"教授治校"唱反调，但是在实质上，那些治校的教授都是资深教授，资浅教授们能够参与"治理"的范围的确非常狭窄。这和某些热衷于提倡"教授治校"的人士们心中的愿景，恐怕还有相当一段距离。至于"民主"治校，距离就更远了。在此忍不住要说一句感叹的话，香港科大有关"教授治校"所演变出来的行为规范，都只不过是早期创校者从北美洲各地移植过来，综合成为一体，然后忠实执行，其中的模仿成分很高，原

创成分很少。但是近年来在某些地区的大学里，"聪明"的教授们却把"教授治校"这个概念推展到令人意想不到的程度和许多领域，在败坏大学教育方面，结出了令人瞠目的恶果。

IV. 早期学术工作的一些回顾

1. 早期系主任的权限

在第一批学生开学之前，大学筹办委员们就在美国举办了各种形式的座谈会，讨论课程设置、研究重点、招聘教授、建立校际合作网络等各方面问题。香港科大绝不是一两位"天纵英才"（不管是政界或是学界的）闭门造车造出来的产物，而是非常勤奋而认真地动员了北美洲学界大批热心人士大力襄助，点点滴滴累积而成。这种慎重的办学态度，绝非好大喜功或仓促上阵者可比。俗语说，"勤能补拙"，这群人肯定不"拙"，但是依然虚心地以加倍的"勤"去把工作做得更好。

在香港科大分级主管负责制之下，早期系主任的权限非常大。有些系课程设置、发展方向和重点，多数是经过系主任提出计划书经过校方批准而决定。至于人员招聘，最初则几乎是由系主任一个人操办。因此系主任用人是否得当，可以产生决定性的影响。如果当初有人有私心，想建立学术山头的话，那的确是一个难得的好机会。所幸第一批系主任多数为人正派，行事坦荡，只为建设最好的教授阵营而孜孜不懈。这批人在美国学术界已工作多年，人际网当然相当繁密，这个背景既有利，也有弊。

利的方面是他可以找到好学者加入香港科大。弊的方面是他如果要想把亲朋好友塞进本系，也绝非难事。还有一种情况，就是有不少系主任亲身承受过来自这些熟人的极大压力。后者想要加入香港科大的动机非常复杂，有人是诚心诚意看得起香港科大而想要共襄盛举，也有人有其他打算。事实上，当时周边地区某些大学已经衍生了严重的近亲繁殖现象，甚至某名校有一个系被祖师爷、徒子、徒孙共同霸占。但是这种现象在早期香港科大基本得以避免，因为他们是要选贤才，而不是用职位去酬劳朋友。为此，某些系主任处境特别困难，因为他们不得不开罪那些自告奋勇要来香港科大服务而条件又不太适合的事业圈的朋友，并因此遭受痛苦和责骂，被批评为不够朋友，翻脸不认人。

尽管大部分系主任如此自制和无私，但是间或也有资深教授趁机照顾自己指导过的博士生，或是把好朋友蒙混拉进来。幸好这些资格不符的人士，最后也多半在短期内被清理出局，甚至连资深教授本人也难以自保。据笔者所闻，某个系有一位资深教授自以为大权在握，完全没有把系主任放在眼里，就擅自到美国聘请了一位朋友来任教。而系主任看到生米煮成熟饭，也采取了具有我民族"典型"文化的姿态，不要"伤和气"而予以接受。哪知这位教授在没有经过系主任和系的招聘委员会正式授权下，甚至在口头上做出了承诺，听任这位新聘美籍教授自己决定何时来香港科大教书、何时回美国教书，以便可以脚踏两条船。这种许诺等于是把香港科大当成是旅馆，高兴来就来，需要走就走，完全违反了香港科大聘请"专职"教授的原则。等到这位天真的美国教授不明就里地到任并要求系里兑现这些承诺时，系主任才初次听说有此事，因此当然加以拒绝。这一来惹得该美国教授大为恼怒，扬言要在香港或美国法院提出违约诉讼。但是校方提醒他只能诉讼他的朋友越权行事，而无法诉讼香港科大，因为他所说的承诺均未加载进聘用合同之内，他只是不幸被朋友误导而已。两位当事教授（正教授级）最后都垂头丧气地相继辞职。如果校方对于这类越权越轨事件采取息事宁人的态度，既不想得罪同事，又担心家丑外扬，就可能树立一个负面榜样，阻碍学校以后的发展。而其他同事看在眼里，也就知道校方原来是个欺善怕恶的伪君子。

创校初期系主任的权限固然很大，又很自由，但是多半人在行使职权时仍是战战兢兢，循规蹈矩。当系里教授职位出缺时，除了在世界性的著名学报刊登招聘广告之外，不少系主任还得亲自跑到北美洲去主动访求人才。最初两三年里，有的系主任每年固定地去美国东部的哈佛、耶鲁、普林斯顿、麻省理工、哥伦比亚等大学，中部的芝加哥大学、西北大学，西部的加州大学伯克利分校和洛杉矶分校、南加州大学、斯坦福大学等学校谋求人才。而对于英国高等教育熟悉的系主任，则会去英国访才。引进的不但有这些名校的博士毕业生，也有资深教授。就是这么一种格调的系主任们，使得香港科大的学术肌体得以丰腴，很快成为一个发展均匀的机构。这也是身体力行当时创校者的共识：一定要吸引一流学者加入香港科大。当然，所谓一流并非指固定的几所知名大学而已，也包括在某个学术领域具有世界顶尖地位的大学，这样的大学，同样受到求才者的重视。

2. 制度建立的艰辛

以上大致描述了"教授治校"的途径，在不同层次上分别存在。或许有两点值得特别注意。一是校内各部门权责划分明确。不属于教授们管的事，教授们无权过问。法治和法制的意识既强烈又清楚，这或许是北美洲的习惯，甚少发生扯皮现象。二是一切法规，无论订得多么详尽，还需要有文化环境予以支持。国家的宪法和大学的规章制度，其实和足球规则没有差别。全世界的足球规则都是一致的，但是球队的球技有高下，这本是完全可以理解的。然而球队的风格也可以天差地别，有的球队踢高尚球，有的球队踢下流球。香港科大的幸运是招揽了一批有高度荣誉感和责任心的创校者，他们勤奋虚心地参考世界先进大学的模式，订出了自己的规章制度，然后相当刻板地"照规矩办事"。世界先进大学的制度很容易照抄，只要拿到一本该校的文献或手册之类的出版物，全都印在里面。但是必须要有优质的人才，才能够把制度内涵的优越性发挥出来。要不然，只能落得"金玉其外，败絮其中"而已。再举一个日常生活中更贴切的例子。许多大城市地铁站的站台上都以醒目字体标出"先下后上"四个字，凡是幼儿园小朋友都认得，但是偏偏有的候车乘客（包括穿着入时的妇女和道貌岸然的先生）完全不予尊重。他们的问题不是"文盲"，而是"社会道德盲"和"公民教育盲"。

如此说来，一所大学要想办好或是改造好，必须先取得成员的共识，共同缔造一种新的校园文化。否则引进的规章条款，只不过徒具虚文，旋即将被颠覆或不屑一顾。香港科大的幸运，是在两方面都下了功夫，才能指望成果。归根结底，"人"是香港科大最珍贵的资源。"得人"之后，才能"遂行"。在大学，如同在人世间其他任何团体一样，"人"是一切成败的根本。

从大处说，虽然香港科大的制度骨架在首批学生开学前已由创校者搭好，但是重要的运作细节、规矩、精神，则仍需等待领军教授们到位之后才开始规划。那段时间，学术部门的五六个主要负责人（学术副校长及其助理、各院院长）每周至少举行一次例会，多则两三次不等。对于招聘、签约、续约、解雇、授课、研究成果检验、薪金核定等等说不完的技术层次问题，均需逐一尽快制订出规章。有趣的是，几位负责人各有不同专业背景，或是服务过不同的大学（甚至还有从来没有在大学里教过书而又极为杰出的人才），因此都把自己原先的工作经验提出作为参考，最后综合做出结论，成为本校的规章。这种精诚团结和认真的精神实在珍贵。

因此，今天回过头去看香港科大的规章，处处可见北美洲大学的踪影，基本未受到华语地区大学的启发。如有之，恐怕也是防范弊端于未然的痕迹，而不是师法他们先进的经验。这个话听起来着实叫人无限难过和有些反感，也没有对华人地区从事教育工作的先贤们表达出一分适当的礼貌，但这却是一个残酷的事实。毫不过分地说，在华文世界里，香港科大是个彻头彻脑的洋式产品。它办学的整体模式和运作方式来自西方，但是绝非东拼西凑和生吞活剥而来，而是经过不少教授的缜密思考、精挑细选凝固而成。而且后来的教授们在实践上也证明了它们的有效性。

不过即使是这么小心地制订法规，也还是有出漏洞的地方。记得当时香港科大认为某些学科情况特殊，这些学科的博士们通常会先去社会上累积几年与学科密切相关的实际工作经历，然后才进入大学教书。香港科大所珍视的就是他们的社会工作阅历和经验，如果不把这些年资算进去，该学科就找不到好教授。为此，学术部门立了一个法规，在某些特殊情况下，容许该类科系把应聘者相关的工作经历拿来增加助理教授的铨叙等级，目的就是吸引这类特殊人才接受聘书。没想到有一小群其他专业而且又已经签约的年轻教授抓到这个规定，认为"不拿白不拿"，要求改变合同叙级而升级，而且要求把"博士后"以及在商业公司上班的经历一律加码承认。最极端的例子是有一位教授在参加香港科大工作之前曾经在企业任职八年，按照他的逻辑就应该连跳八级，理由是那八年的工作经验使他更为成熟，有益于他的教学和研究。换言之，一进香港科大就应该被委任为副教授了。校方当然不可能认同，更何况这和原先聘用时双方签字同意的条件完全不符合，等于要求翻案。当时校方完全可以采取强硬姿态，那就是，如果这些教授认为校方的条款过于苛刻，大可以拒签合约或是辞职走路。但是校方认为这样对待年轻学者未免过分。因此虽然他们之中的活动分子可能玩了一些煽风点火的手法去争取伙伴支持，院系方面还是在决定拒绝改变立场的同时耐心解释。不久之后，一半以上的参与者表示理解其中道理，撤回要求。但是有几位就是不依不饶，坚持上诉到校方。校方在审理案情后表示尊重院方决定：不可开此恶例，坚决拒绝给其升等加薪。这次纠纷前后拖了一年多，双方都深受困扰。申诉者甚至放出风声，说校方必定会"秋后算账"，指望借此可以凝聚参与者的力量。岂知校方只是要坚守公平立场，并没有因为小部分教授的压力而亏待其他奉公守法的同仁。"算账"的谣言也就不攻自破。

这个事件也说明，一个小小的立法，尽管动机正当和坦然，但是如果在文字上有疏忽就可能导致很令人头痛的后果。任何学校在初创阶段大概都会免不了类似的缺失。当然，也可以经由双方参与者的表现看到人性的百态。重要的是，学术主管必须忠于大学的整体长远利益，不可为了息事宁人而违背原则，即使因此受到委屈甚至因之去职也不是什么大事，因为做学术的人本来就不会贪恋行政工作。香港科大在初创之时，碰到这类事实不足怪，但是校方如果为了做"好人"而放弃原则，就可能后患无穷。

3. 学术领导人的基本责任

笔者对于那些学术行政主管，一直有一个最基本而严格的期望，那就是他们一定不可以有私心，不但不可以容忍系内同事们成帮结派，更不可以利用公家资源去建立自己的帮派，或是变成学霸。其实，无论是系主任或是院长，乃至更高层领导，只要铁定心肠想去建立个人势力范围，应该是处于最有利的地位。因为他们消息最灵通、资源最丰富、施小惠的机会最多，因此收买党羽的能耐最大。他们甚至可以架空系内、院内的资深教授，直接向资浅教授们下手。而后者既可能受宠若惊，踊跃交心；也可能迫于淫威，俯首屈从。

更有甚者，这些领导层人物还可以用校方的资源去广结善缘，作为替个人事业铺路的台阶。以华人学者的聪明才智，玩这类把戏绝非难事，而手段又可以层出不穷。在某些学校里已经显示出来的例子，包括耗费大笔资源去成立与本校教学和研究重点或是本地区的科技经济发展毫不相干的大项目（研究中心），重金聘请世界知名学者以蜻蜓点水方式来校园打个转。至于利用荣誉顾问、荣誉博士学位，或是驻校作家、艺术家、音乐家等等名义去结交大人物，则更是防不胜防。

但是根据笔者早期在香港科大工作的体验，这些工作在当时都被视为学校的公共任务，从未被某些人从私人利害关系的角度去盘算。香港科大的幸运是在早期的学术主管之中，似乎没有以私心处理公务的人物。而环顾其他大学，这类可耻的学棍还真是大有人在。即便是在香港科大，如果校方领导存心要用学校资源去结交世界级的学者，特别是×××奖金的评审委员，或是对某些国家的科学院遴选院士有影响力的人士，则绝非难事。只要设立个什么名目的研讨会和专题演讲系列，或是恭聘其为学校的名誉顾问、授予荣誉博士，每隔一年半载邀请他们带家眷来香港开

一天会,附带旅游和购物三四天,这绝非奇谈怪论。所幸在香港科大成立的早期,这种事情从来不曾听闻过。一方面当然是校方领导的清廉作风令人敬佩,另一方面也是全校的资深教授们绝对不会容许这种丑行发生而闷声不响。因为他们大概会去问当事人,你们如果要玩这种把戏的话,何必把我们从北美洲抓过来跑龙套?但是如果学校里资深教授们缺乏这份直言不讳的勇气的话,那么就会有人胆子大得敢玩这种把戏。而这样闷声不响的教授也就活该,还会成为把学校拖垮的帮凶。

一个学术主管如果想要带领本系同事们去攀登学术造诣高峰的话,未必能够如愿。但是他至少必须向同事们做出一个基本而严肃的保证,而这个保证既是职业上的保证,也是人格上的保证。那就是保护他们能够享受一个宽松、公平、自由,而且有尊严的工作环境,让他们可以把自己的学术潜能发挥得淋漓尽致。系的研究经费,有研究能耐的人多得,没有研究能耐的人不得,这中间没有玩弄人情面子的空间。续约升等这类天大的事件,绝不需要让同事们满怀屈辱地去拉关系和走后门。系主任必须顾到对全系同事的公平,而不是一味羁縻擅长大叫大喊的那几个人。要主动而平等地去照顾"沉默的大多数",这句话说起来容易做起来难,但这是学术主管应该有的基本立场。学术主管这么做还得有一个心理准备,那就是沉默的大多数或许根本不领情，因为他们可能消息并不灵通，因此并不知道主管为了保护和尊重他们的权益而付出的代价。即便如此，这一切仍然是做主管者必须保持的立场。

简言之，一个系主任或是院长有一件事是他们"欠"本系或本院同事们的，那就是一定要尽一切努力把"政治"色彩和作风从学术领域排除。如果在没有"政治"干预的条件下，教授们教不好书或是做不好研究，那是他们自己的缺失，因此而被解雇开革，那是他们自己活该。但是如果他们因为疲于应付系内或院内复杂多变的"政治"而无法交出成果，那就是系主任和院长的缺失。如果后者只是坐视纵容，已经是在尸位素餐了。如果他们还率先玩弄"政治"把戏，那更是他们的罪过，是货真价实的学术界败类。笔者在教书生涯中，的确目睹过有些大学被这类人玩死。而香港科大创校时期最大的幸运，是这类人在那时的校园里似乎没有市场。

4. 增加计划性，减少随意性

香港科大还有两个行事规矩可以顺便在此一提。一个是注重计划，另外一个是注重交流。就计划而言，从学校创办不久（1992年秋季），领导阶层就不断要求各院系一定要关注短期、中期、长期计划。校方敦促教授们去思考的问题包括：本系在不同时段需要多少人力配备？开设何种课程？展开何种研究项目？需要多少经费？在国际学坛希望建立何等地位？

这种做法首先可以防止做一天和尚撞一天钟的惰性。既然有了想法，随之而起的就会有企图心，然后就会有努力的目标和动力。尽管现实可能往往远落于理想之后，但是只要有理想，就远比混混沌沌过日子要可取得多。虽然计划是对于全校所有院系的要求，但是显然有的单位做得仔细彻底，有的单位粗枝大叶。而校方对于有些计划反应热烈，而对其他的则比较忽视。但是总的说来，要求各单位费神去拟订计划，而又加以定期检查，的确可以防止他们有过一天算一天的苟安心态。当然校方也一定要做好上层的反馈工作，决不能让好计划石沉大海，这样就不致打击下层的积极性。

另一个规矩也是从1992年开始的，那就是各个院系每隔一段时间应该抽出时间举办一次retreat。这个英文单词一般被翻译为"退休会"，实在有些词不达意。它原本是基督教教会的一个规矩，不过当它被使用在一般组织里时，它的用意就是撇开一般公务，找一个清静地点，花上半天一天时间，悠闲自在地从长计议一些平常腾不出精力来深谈的事务。一般而言，校方是找几位院长和重要行政首脑聚会，而院方则找几位系主任和少数资深教授聚会。会议既可以设定议程，也可以天南地北地讨论校务问题。聚会的功用是对一些平常无暇深思熟虑的重要问题从容不迫地畅所欲言，对于校务和院务经常会有意想不到的启发性。当然对于拟订大计方针或是写计划书，更可能有直接贡献。香港科大在体制和正式会议之外，其领导人有这种机会自由交换意见，实在是一个颇为可取的做法。据笔者参加的记忆，举凡对于长期研究方向的探索、加强教学质量和香港科大应该如何对香港的经济发展做出贡献，等等，都曾经是讨论的焦点。当然，这种场合也可能变质成为放松休闲的吃喝大会，美其名曰开会，其实是打牙祭。但是香港科大同事们却没有那个"福分"，因为校方领导人向来以节俭出名，除了租借场地的费用不可少之外，与会者付出的是一整天的口舌和认真思考，回收的除了两片火腿三明治外加西红柿浓汤的中饭之外，就是无尽供应的茶水和咖啡。能够啃到一只鸡腿已经是丰盛大餐了。这就是香港科大领导们的作风。

V. 教学和研究的一个重要环节——图书馆

香港科大有一个单位，无论是对教授们所从事的工作还是学生们的学业都有绝对的重要性，那就是图书馆。"图书馆"这个词在英文里是library，只有一个单词，但是在中文里却是三个字。在很多学校（不限于大学），这三个中文字有个更传神的顺序，那就是"馆（管）图书"。因为在那些单位里，图书管理员典型的嘴脸是：读者赔着笑脸低声下气凑过去，他（她）却一脸漠然，爱理不理。在他们的主观意识中，他们的职务不是为读者服务，而是为了"管好"图书，最理想而极端的情况就是不要让图书被读者们借出去，这样就可以把书保存好而不被人们"糟蹋"。"糟蹋"的意思就是把书用旧了，弄脏了，搞丢了，给他们制造麻烦。毫不夸张地说，许多图书管理员的态度是横躺在学生们求知崎岖路途上的第一座大山。这个山可不是孙悟空的花果山，让那些好奇贪吃的猴子们能够尽情饱餐奇珍异果，并指望修炼成仙。有些大学的图书馆是不折不扣的火焰山，是盘丝洞，进去了不但会摸不到东南西北，而且会被牛魔王和蜘蛛精任情宰割。怪不得学生不爱去图书馆，除非男女同学进去是为了吹空调，谈恋爱，或是睡大觉。如果到了某些大学图

书馆，看见里面一片死气沉沉，书库紧锁，职员们不是在打游戏就是看报的话，就大概可以猜出来那是一所没有出息的学校。

有一种流行的自我解脱的说法是，由于学生太多、太杂、经费不足，所以图书馆没办法采用开架式。说也奇怪，就以人多而论吧，北美洲大型大学，有四五万学生的多得是，但是他们的图书馆是开架式。再以经费不足而论吧，确实听起来有些道理，美国的人均所得是其他国家的5～8倍，当然买得起新书。但是不要忘记的是，即便是图书馆没有经费买新书，那些已经放在书架上的书总可以去充分运用吧？总无需长年累月躺在架上积灰吧？

说到底，图书馆在大学里的功能如何，不是学生人数和学校经费的问题，而是学校领导对于办教育的理念和心态的问题。图书馆如果是为了装门面的，就应该关起门来好好保护书籍，一百年后还可以自诩为藏书量最大的书库。图书馆如果是为了推展教育而设，就应该敞开大门，把图书供教授们和学生们尽情使用。除非是善本书需要特殊处理，至于其他的书，磨损破了还可以去修补或买新书替换。道理就是这么简单，其他一切"复杂的""有深度的"和"国情不同"的理由，都是鱼目混珠。说白了，鬼扯。

1. 图书馆的发展和使用

香港科大在创校之时，对于图书馆的建立，的确投入了极大的心血。从体制上说，一所大学需要一个图书馆，本来就无需赘述，图书馆应该是大学里智慧的培养所。如果大学的教学和研究水平高，则学生必须依赖图书馆才能完成他们的学业。反之，如果大学的教学和研究水平都差，则学生至少还可以在图书馆里去充实自己，而不致被三流教授糟蹋四年。许多人可能一辈子没有机缘遇到好老师，但却能把自己磨练成才，图书馆大概就是他们自我充实的宝地。体育馆是练身体的场所，图书馆是练脑力的场所。

香港科大在创校之初，就把图书馆看成是学校一个极重要的部门，而不只是一个一般性的行政附属单位而已。图书馆馆长的地位，虽然没有明文规定，但是大约介乎系主任和院长之间，学校的重要会议或委员会，图书馆馆长都是当然出席人。也正因为重视，所以才从北美洲的好大学里招募到一批图书管理的长才。经过精心设计，把香港科大图书馆建成当时香港各大学中最现代化的图书馆，甚至比北美洲许多大学的图书馆更好。和香港科大其他部门的发展一样，硬件的配置并不困难，只要经费充沛，专业判断合格，就可以做得好。香港科大图书馆的硬件，如计算机、网络、电子期刊和学报，乃至复印和扫描等各式各样的器材，在1990年代初期都是世界上最先进的。这不足为奇，其他学校只要舍得花钱，大概同样可以在世界市场上买下一套超现代化的图书馆设备。更何况在当今科技发展到令人眼花缭乱的时代里，今天最先进的器材，两三年后就落伍了。

相比之下，软件的完善则完全要靠人为努力，而香港科大图书馆软件的成功应该比硬件配置的先进更为珍贵。

依照原先设计，香港科大图书馆可以容纳120万册藏书，并且预留有扩充余地，可以在户外加建好几层新藏书楼。香港科大图书馆取得如此发展最重要的因素，是人的努力，而不是现代化设备的堆砌。买什么书？如何帮助学生用书？如何帮助教授们教课和做研究？这些都需要缜密思考，不能够闭着眼去乱花钱。香港科大图书馆1991年已经有12万册藏书，按计划是每年增加5万册，但是实际数字却经常超过，没过几年，藏书就上蹿到65万册，另外还有2.5万份学报的印刷版和电子版。图书馆如此急速扩充的原因并不难理解。当年在学校里，只要有节余款项，就会优先拨给图书馆使用。而当时外界对图书馆的捐赠支持经费，也已经达到1100万港元。图书馆的经费不是拮据，而是有时用不完，但是还是得小心翼翼地运用，并不浪费。这个现象委实不太寻常，在许多大学里，图书馆是个冷衙门，职员们人微言轻。如果学校有结余款项哪里轮得到图书馆？早就被校内那些三头六臂的权贵们占为己有了。但是香港科大的确有些古怪，许多结余款项最后都跑到书架上去了。

在许多大学中，图书馆的建制不尽相同。有的只有一个总图书馆为全校所共享，有的分开为研究生部图书馆和本科生部图书馆，藏书性质不同。本科生部图书馆的藏书以授课所需为主，包括课本和相关参考书籍。研究生部图书馆藏书则专业性极强。有些专业性非常强的学院，也会设立自己专门的图书馆，比如法学院、医学院、商学院，都可能需要设立自己专用的图书馆（但是并不排拒外院学生使用）。在好的大学里面，尽管图书馆的形式不尽相同，但是它们之所以成立，必须是为教学和研究提供最好的服务，保证凡是想看书的师生们，都可以方便而及时地看到自己所需要的书籍。但是在质量低劣的大学里面，同样也能看出一个共同点，那就是藏书内容贫瘠。尽管书架上堆了一大批书，声势颇为壮观，但是从藏书目录表上，立即可以看出藏书的学术质量实在低劣。重要的书找不到，乱七八糟的书却买了许多，而且还有重复。怪不得学生不喜欢阅读。

更可怕的是，有些院系和个别教授瓜分校产，据公物为私有。图书馆本来就应该集中全校资源，使全校师生得以共享。偏偏有些院系假借名目成立自己的小图书馆，运用政治压力，向校方争取经费为本院系小图书馆买书，然后关起山寨大门，用种种手段阻止外系师生来使用。更恶劣的情况是，系内有些教授倚仗权势，把图书长期借出，放在自己办公室或家中书架上，既不阅读，也剥夺了他人阅读的机会，只是用这些公家的财产来装潢他们的门面，营造一副饱学之士的假象。说白了，这种人在大学校园中最为可耻。因为他们的劣迹，害得其他系也必须浪费经费去重复购置同样的书，分放在多个小图书馆。大胆地说，这样的教授多半是劣质的老师和研究者，他们极力争取公款买书，最终目的只是为自己装腔作势而已。因此，一所大学不但必须要有现代化的图书馆、有充足的经费去购买大批书籍，而且必须订出合理有效的管理规则，使全校师生都可以看到他们需要的书籍。"有钱好办事"这句话，充其量只是一半正确而已。

香港科大早期如何对待图书馆的建设？一言以蔽之，可谓煞费苦心。

首先，香港科大选聘图书管理人员和选聘教授同样慎重。很幸运的是，香港科大图书馆创办人和数位高层领导在北美洲早已经累积了丰富的经验，甚至有曾是北美洲某一所名校图书馆更新计划的筹划人，他们使得香港科大图书馆的蓝图比别的大学先走了好几步，举凡规划、运作方式、设备器材等，都是图书馆中最先进的。

其次，图书馆初期的购买书籍工作广泛邀请各院教授们参与，由他们提出各个学科所需的好书，这就使图书经费使用得当。还记得有的系把美国常春藤名校联盟（Ivy League）在某几个学科范围内精选出的全部藏书名单（约几万册）交给图书馆领导作为购书指南，所以在很短期间内，香港科大在这些学术领域内的藏书就可以和北美洲最好的大学等量齐观。还有其他教授积极协助图书馆选书，有的系发动全系教授参与，在初期每周向图书馆推荐数百本书。可见香港科大教授们把图书馆看成和他们休戚相关的单位，因此自愿奉献劳力。图书馆工作人员只是管理专家，他们对于各个学科领域的优秀作品并没有能力去全盘掌握，因此只有和本校教授配合，才能把经费用在学术尖端作品上。反过来说，如果一所大学的图书馆藏书贫乏，除了经费确实拮据，教授们必须负相当大的责任。

第三，全校行政领导对图书馆的重要性普遍高度认同和重视，每逢学校经费有结余，多半都是优先拨发给图书馆，而不是移花接木地挪作教职员的福利金，因此香港科大图书馆的经费可谓相当充裕。比如说，1992年初，校方发现当时招聘的教授人数尚未满额，结余了相当大一笔人事经费，便立即向港英政府请求把974万港元的余款转拨给图书馆添置书籍和设备。到了1995~1996年度，校方发现又结余了400多万港元，再度请求全部改拨为购买图书的经费。无怪乎香港科大的图书馆无论是藏书或是设备在当年的亚洲地区大概很少可以出其右者。

但香港科大在不该用钱的项目上却斤斤计较。在1996年，校方首度要求图书馆对于所订购的学报做全面性清查，凡是使用率过低的学报，一律取消订购，以节省开支。为了贯彻清查工作，校方（1997年、1998年）动员了各系提出建议，哪些学报应予保留，哪些应该停购。由于期刊学报的订阅费占图书馆全部购书费约三分之一，因此必须慎重从事。为了达到这个目的，图书馆本身也做了独立的使用率调查，结果发现有一部分系建议退订的期刊其实使用率非常高，因此和各系磋商之后，还是保留了一部分。从这种做法就可以看出，图书馆和各院系是保持密切联系的，图书馆一定要配合院系学生的需要，也应该受到院系的关切和协助，才能为香港科大建立一个良好的教学和研究环境，造福学生和教授们。道理就是这么简单，但是在不同的大学里，做起来却有天壤之别。

为了加速提升藏书量，而又能达到精选的目的，香港科大图书馆和中国内地与北美洲的几间名校的图书馆还签订了协定：当后者买书时，也替香港科大图书馆照单全部多买一套。这样就可以借重其他名校的评鉴能力，为香港科大选购到当前出版的好书，而同时也因为多所学校共同买书，可以要求书商提供更优惠的折扣。这样下来不到几年，香港科大图书馆的藏书量就大大地超过了预期，而且所藏都是上乘之选。这可以说是图书馆的领导和许多热心参与的教授共同创造出来的成果。连外地的一些学者对此都不免惊叹：何以香港科大图书馆历史如此短暂，而藏书的数量和质量如此优异？因此要专程从外地赶来使用。

图书馆尽管有大量的好收藏，但是如果管理不当的话，充其量也只不过是装门面而已。香港科大的做法又是如何？

　　图书馆需要好的管理，这一点也在香港科大受到高度重视。基本的运作模式当然是由馆方领导人订出，但是教授们的配合也同等重要。一个最简单的例子就是学生和教授借书都有一个合理的期限。学生的期限较短，教授的期限略长，但是人人必须遵守。凡有逾期，则由馆方礼貌性地催讨一次，数天之内仍未归还就进行罚款，拒绝缴交罚款就暂停借书资格。这个规矩是硬邦邦的，毫无周旋余地，连校级领导人如果因为工作太忙而忘了准时还书，也不能指望派秘书去还书而逃过这一劫，还是照样依法罚款。笔者也曾经因为借书过期而缴交了几次罚款，笔者当时还"荣任"图书馆管理委员会的主席，而该委员会的权限正是监督图书馆工作（图书馆的顶头上司），但是经办人员也完全不把这个身份放在眼里，从未暗示可以减免罚款。笔者也确曾得知有个别人士（和家属）不知天高地厚想耍大牌，拿出一副"刑不上大夫"的架势，为了几港元的罚款而大吵大闹，还声称要馆长亲自干预，但是都未能得逞。因为图书馆有了这种铁面无私和杜绝特权的执行力，所以大家都能洁身自爱，遵守馆规，图书馆的运作达到最高效率。如果教授或是学生需要一本书而又正好被别人借出，则可以留下姓名排队，一旦借期届满，馆方就会要求对方还书，不得延长借期，然后通知排队者来馆取书。无论是教授或是学生，一律平等待遇，合理得很。

　　至于个别系自己开设小图书馆这个陋规，在全校似乎从未听说过。原因其实并不复杂，校方在编列预算时，根本不容许各系编列图书经费这一项，各系最多只能从办公费里挤出一些钱，去买几本字典和最起码的工具书，放在系办公室供全体师生查阅。这样就杜绝了一切山头主义的恶习，让全校的资源得以集中运用，达到最大的效果。

　　就是图书管理这么一件"小事"，在某些地区的大学里却怪相丛生，不但浪费宝贵财源去购置重复的书籍，而且最后还被那些不自爱而又自鸣风雅的个别教授束之高阁，剥夺学生们看书的权利。怎能不令人扼腕感叹？

　　香港科大的幸运是从创校开始，图书馆的领导们就展示了其计划的远见和管理能力，而教授们又表现出高度的自爱和公德心，欣然与馆方合作，才得以向学生们提供一个优良的学习环境。有一件事在香港科大是可以肯定的，凡是走进教授办公室，他们的书尽管满山遍谷地把办公室堆成如同仓库，连插脚都困难，但是绝对都是他们用自己的钱买的，本校图书馆的书很少出现在他们的书架上。这看似是一件小事，其实是一件大事，很多学校跳不出教授们霸占学校图书这个泥潭。

香港科大图书馆发展过程中还有一段小插曲，那就是购书量增加得太快，仅开办三四年，原来配置的书架就已经被填满，继续购买的新书不知放在何处是好。于是校领导想出了一个变通方法，就是装置了可以用电子控制而在轨道上移动的活动书架，借以节省藏书空间。如此一来，原来只可以放五个固定书架的空间就可以放七八个活动书架。这个做法本来就巧妙合理，应该受到赞赏。岂知事与愿违，在采用后竟然引起强烈反应。原来某个学院有些教授，平时处事十分通情达理，但是看到自己院系的书被放在这些活动书架上，便立即推断这是校方领导存心歧视的铁证，在私底下嘀咕不停，颇为影响士气。幸亏该院也有其他教授认为，学校既然舍得花那么多的钱为该院买书，就应该谢天谢地了，至于摆在何种书架上，实在无需以小心眼去臆度，最多只不过按一下电钮就可以把书找到，何乐而不为？最后后者的论调解救了图书馆的困境。而十余年下来，图书馆里该院学科的藏书量在香港可谓数一数二，甚至被外来的访客们称羡不已。回顾过去，当时没有因小失大，真是应该感到非常幸运才对。

2. 图书馆一些统计数字的含义

只要去看过香港科大图书馆的人，就可以观察到，它真是学生们最爱去的场所，经常座无虚席，挑灯夜战，学生们直到闭馆都舍不得离开。不管有些大学如何去吹捧自己学生如何优秀，做足表面功夫，可是最后还是有一块试金石，那就是图书馆在学校里是否受到重视，是否被学生尽情使用？学生们课后时间如何打发：是在图书馆内全神贯注地研读，还是在宿舍里嬉嚷取乐？

首先，检验一所大学好坏最直接的标志，是学校图书馆的使用率。在这方面，香港科大有一些数字倒是颇具启发性。到了1993年底，图书馆内摆设的桌椅，可以供2000多人同时使用，而当时学校全部学生（研究生和本科生）不过4100人而已。该年图书馆一共发出8621张借书证，其中学生4100张，教授约750张，职员1750张，校外人士约1600张。值得注意的是，这所谓的"校外人士"，并不是香港科大为了巴结有权有势的高等香港人所呈献的免费礼品，而是指那些喜欢看书的香港平民老百姓。香港科大借书证的18%是发给这类校外人士，几乎和发给本校职员的数量相等，可见香港科大图书馆门户开放，涵盖面有多么广，和那种拥书自重排斥他人的"象牙塔"绝非同类。

其次，若以借阅人次计算的话，则又可以看出图书馆在校园生活里的重要性。仅仅是在1993年，共有32.2万人次使用借书证把图书借出，他们可能每次只是借一册书，也可能是许多册。这个数字当然还不包括只在图书馆内阅读图书的人数，那个数字就可能更惊人了。换言之，除了节假日之外，图书馆借出图书每天超过1000人次，难怪借书柜台经常要排队。在这个总数中，学生借书量最大，全年超过25万人次。细想起来，由于当时学生总数才不过4100人，因此每个学生在一年当中平均去图书馆借了60次书（折合每6天去借一次书）。这就显示出他们对图书馆的欣赏或是依赖程度了。

分析这些数字，学生借书量巨大的原因可能有两种解释。一个是学生们的功课被教授们逼得太紧，非要看大量书籍不可，不是仅凭熟读一两本指定教科书和抄笔记就可以应付作业和考试。另一个是他们自主求知的欲望高，一有空就去看书。当然还有另外一个解释，那就是他们功课太轻松，空闲时间太多，可以看书消遣。但是后面这个解释在香港科大无法成立，其原因是香港科大图书馆并不收藏风花雪月式的闲书（武侠和言情小说类）。而职员们借书超过2.5万人次，这就有些出人意表，可能香港科大的职员们受到校园气氛的感染，在上班之余也变得喜欢看书了。

总之，图书馆的借书率是一所大学求知欲望高涨还是低落的可靠的指标。从这方面来看，香港科大这个小型大学还真是颇具书香气息的。

第4章
教育的对象究竟是谁

JIAOYU DE DUIXIANG JIUJING SHISHUI

"得天下之英才而教之",多年来是大学教授们普遍的梦想。而不少优秀大学也以能够聚集天下英才而骄傲。说这种话的人,不假思索,无需检讨,认为它代表普遍真理,放之四海而皆准。(偏偏在欧美国家未必如此)

这到底是中了什么邪?在逻辑上又怎么说得通?

两千多年前,中华民族那位姓孔的老人家,不是说过"有教无类"的话吗?而他老人家后来不是变成我民族的"至圣先师"吗?孔老师的教育理想和实践模式,可没有说到什么"英才"不"英才"的。当然,他只是一人办学,想怎么做就怎么做,谁也管不着。但是他的基本态度是面对贤愚不肖,一律开门欢迎。怪不得这般崇高开阔的气度,受到后世千秋万代的景仰。我们可以猜想,传说中的3000个学生经过孔老师调教之后,仍然会有贤愚不肖的差别,传说中的72位有成就的贤人智者只不过是学生总数的2%而已,其他多属平庸之辈,甚至有些还被孔老师斥为"朽木不可雕也"。但是他大部分学生的人生质量的"含金量"却增加了,孔老师从事"教育"的目的也就达成了。所以教育的目的不是打着灯笼去把全社会考"甲上上"的学生网罗到自己的校园内,去自我陶醉。更能令人佩服的成果是能够把"丙"等学生变成"乙"等,把"乙"等学生变成"甲"等,把"甲"等学生变成"优"等,以此类推，才能算是达到"教育"所企望的"潜移默化"、"脱胎换骨"、"变化气质"的功能。

以上这些陈腔老调，近年来在大学教育界似乎少弹，更缺乏身体力行。而追求英才的手法，却似乎越来越出奇制胜，甚至走火入魔。君不见有些大学花大力气去争各省考试状元，到状元群中去"拉客"，假冒、中伤、贿赂（奖学金）高价收买，等等，丑态百出，斯文扫地。而这类学校不少是金玉其外，败絮其中。学生家长和社会民众去"朝拜"它们时所见，堂堂皇皇，高深莫测，有些学校不付门票费（买路钱？）还不准进去。进去之后，真是"不看不知道，一看吓一跳"。特别是看在行家眼里，简直不敢相信那是大学，而社会居然还为它们付出了那么大的精神和物资的投资，真是可悲。怪不得有某大学一位教授会义愤填膺，直呼要把学校（当然包括大学在内）一律关门大吉。其言可以挑剔，其情能够感受。哀哉！

其实只要多看看报纸，就能知道大学里面有多糟糕。在学术研究上弄虚作假的特大、特别恶劣的案例就包括大学校长、院长、国家院士、拥有特殊荣誉头衔的学者。至于其他正教授、副教授、讲师的公然作假，就像某大报的文教记者所言：大造假案我们都登不完，这种小案件多到已经没有新闻价值了。悲哉！

在某些人群中，流行用一句话去形容某些大学的质量，那就是"一流的学生，二流的设备，三流的教授"。如果这句话果真有些许正确性的话，那真是天下父母和整个社会的一大灾难。一流的学生在大学四年，如果没有好教授给他们提供"好教育"的话，则只能算是人生过早来临的假期，吃喝玩乐一阵子，鬼混四年，说不定毕业后还是一条好汉。如此这般，年复一年。英才们经过大学这个滚筒打转再吐出来，教授们没有帮他们长进，或许他们的"英才"是打不碎的，只略微生了些锈，到社会上被信奉资本主义的老板们磨练一番，可能马上恢复原有面目。但是这些幸运儿毕竟是人类的少数，而大多数人都是如同你我这般的平庸人，也正是广大的平庸人才最需要教育来帮助他们变成有用之才。如果大学忽视这些普通学生的教育，就等于是在他们十八九岁之时就彻底摧毁了他们的求知欲和上进的机会，其实就是糟蹋了他们的一辈子。何况一般大学的经费正是来自纳税人的口袋。这种受人之托而不忠人之事的作风，才是这些大学最大的罪过。

I. 香港科大对教育的态度

香港科大既然被政府定位为研究型大学,当然对研究成果极为重视,但是许多创校教授对于教学成果也深切关注。事实上,在香港科大招收第一批学生之前,筹办人就开过多次会议讨论招生事宜。当时与会者已经预见未来招生的困难,认为香港成绩好的中学毕业生多半不会报考香港科大。因此,他们着重思考的方向是如何用教育的手段去提升学生们人生的质量。

1. 早期学生的来源和特征

首先需要说明的是香港科大学生的来源。读者必须了解的是,香港是一个稳定发展的社会,人脉关系极端重要,而且多年来在英国人统治下,发展出几条人尽皆知的就业轨迹。比如说,想要进入政府部门工作,首选必定是香港大学,因为它的毕业生遍布政府要津,大家都希望得到学长们的提携。要想毕业后进入政府部门而又选择进入香港科大,等于是自找苦吃。其次,工商界的脉络也早已分明,都要靠前期的老大哥老大姐照顾。而香港科大什么都没有。在建校的头几年里,香港科大领导们心中十分忧虑,担心或许第一轮录取的学生会拒绝报到。事实证明果然如此。实际入学学生许多是被迫进行第二轮(或第三轮)录取才来注册的,他们的分数不但远低于两所在香港社会里德高望重的前辈学校的录取分数,甚至还落后于其他某些学院。

毫不奇怪,相当一部分进入香港科大的一年级新生是以第二或是第三志愿被录取的,而他们的第一志愿肯定是香港大学,第二志愿大概是香港中文大学。在最困苦的年代里,香港科大有个别的科系甚至被迫一再降低考生入学门槛,依然不能招收到足额的学生(1992年)。也有的系在开办后的头几年都没有收到过以第一志愿报考的学生。成绩好的高中毕业生要报考香港科大的话,多半集中在商学院。有一个简单的数字可以说明当时情况。在1991年招生时,被香港科大正取的本科生中,只有31.3%选择到香港科大报到。换言之,有三分之二的正取生不愿意进入香港科大。到了1993~1994学年度,报到注册率增加到67.9%,仍有三分之一的学生选择就读他校。但是香港科大对高中毕业生的吸引力也的确在增加,尤其是商学院,收到的学生普遍成绩优良。

1991年6月份,香港科大学生事务部向被邀请到校访问参观的一群高中生发放了一份现场调查表。虽然这次调查受调查者人数不多,科学性并不牢固,但是也透露了一些信息。问卷的问题之一是"什么因素可能影响你未来选择进香港科大念书?"答案如下:37%认为香港科大的设备好;24%认为香港科大的环境漂亮;15%认为香港科大的教授优秀;14%认为香港科大的课程内容扎实。对于一个对自己的资质自视颇高的新大学而言,这个调查结果委实令人丧气。因为三分之二的答卷人只是被香港科大的风景和建筑物外貌所吸引,而重视香港科大教授素质和教学素质的人不到三分之一。

这就难怪即使学生们到香港科大报到,还是会产生新问题。首先当然是有些学生心不甘情不愿,认为命运对他们不公平,因此学习意愿并不旺盛。其次是教授们在课堂和实验室里遭遇到挫折感,导致他们认为有些学生自暴自弃,胡乱混日子。最后是学生事务部对管理学生感到头痛,因为学生在宿舍里经常违背校方规定。

校方看到这类情形当然产生焦虑感,也试图设法补救。最明显的办法就是动员有关科系的教授们到某些特定中学去为香港科大做宣传,又邀请许多中学校长到香港科大来做客,希望通过后者能够鼓励他们学校的资优毕业生踊跃报考香港科大。与此同时,香港科大还在每年特别选定一天敞开大学之门,欢迎应届中学毕业生来校实地参观和提出问题。可以想象,香港其他两所历史悠久的姐妹校大概从来无需如此放下身段地去招徕学生,而只需安坐办公室,静候本港"英才"挤进校园大门来报到即可。然而香港科大即便是花了这么多公关努力,建校十年之后,入学新生的成绩可能还是落后于两所姐妹学校。

不论学生入学时的素质如何,校方仍然坚持向他们提供最好的教学内容。香港科大当时连续几年对学生的背景进行了调查,结果令人大为吃惊:大部分学生的家庭经济收入和社会阶层处于香港社会的中低层。当年的调查数据最能描绘出学生的背景。以下的数据来自1991年香港科大对第一届招收学生的调查。

以家庭人口来说,三口之内的小家庭不足10%,四五口之家占54%,六七口之家占34%。贫穷家庭子女多,这个第一印象立即就被其他数据证明了其正确性。以父母的职业而论,学生们的父亲从事服务业和在工厂工作的占44%,退休或是无职业的占13%；母亲从事服务业和在工厂工作的占29%，退休或是居家无职业的占57%。

最引人重视的或许是学生双亲的受教育程度。有50%的学生的父亲和70%的学生的母亲只有小学文化程度或是没有受过任何正规教育（文盲）。父亲念过高中以上的学生只有13%。而母亲念过高中以上的学生只有5%。

再以家庭收入来说，当年香港家庭月收入的中间值（median income）是大约1万港元，香港科大40%的学生家庭达不到这个标准，另有45%的学生家庭月收入不足2万港元。换言之，85%的学生来自中低收入家庭。

这就难怪他们的居住和学习环境都相对恶劣。50%的学生家庭住在政府补助的公屋之中，45%的学生全家人挤在不足40平方米的房屋之内，75%的学生必须和家人共睡一间卧室，45%的学生在家中没有书桌做功课。只有20%的学生既有自己的卧室，又有一张书桌可供做功课。

所有这些数据显示，香港科大的学生来自香港的弱势群体，精英阶层的子女不进香港科大。

香港科大在1991年开始招生时，规定除了笔试，还要口试。当年参加口试的有2000人，共招收826名学生，其中590名本科生、236名研究生。在进入香港科大之前，大多数学生的人生阅历非常有特色。从见世面和开阔眼界而言，他们的机会非常有限。有15%的学生从来没有踏出香港一步，有65%的学生只去过澳门和广东，只有1.7%的学生到过亚洲以外的地区。但是从生活艰辛而言，则有45%的学生打过临时工，有39%的学生做过一年的全职工，赚钱养活自己和家人。

这就难怪他们缺乏书香传统，也没有阅读课外书籍的习惯。事实上，绝大多数学生（85%）是他们家族中第一代念大学的人。概略地说，他们的学业水平大概不会高过内地落后省份的孩子们，而且社交技能也差，对于一般都市人所讲究的应对进退的礼仪没有体验过，缺乏社交经验，举止难免粗俗，甚至不堪。

大概今天的读者们难以想象的是，在最初几年，香港科大那群外来的工作者最提心吊胆的事，就是每天在校园内进出各种门道。具体来说，外来人的习惯是，如果自己是第一个开门进出而又感觉到后面还有别人跟着的话，一定会礼貌地顺手把门开得大一点，好让后面的人容易进入，他甚至可能特意停下来为后面的人拉开门，特别是看到妇孺或是行动不便的人跟在后面，更会如此。这已经变成下意识动作，无需思考。他同时在心理上也会作出一个假设，就是后继者一定会接手为更后继者做出同样的动作，以方便所有人的进出。在他们过去的生活中，这是习以为常的风度和教养（civility, courtesy），几乎变成是本性的一部分（second nature）。

在早年香港科大校园可绝对不要如此天真。典型的场景是：如果是一位教授走在最前面而傻乎乎地扶着门的话，则后面跟进的学生们就会昂头挺胸大模大样地鱼贯而行，不会有一个人接手来扶着门，也不会有人道一声谢。这只能让那位教授感觉自己像是一个专业的守门人一般滑稽。如果把情形反过来，是教授跟在一位学生后面进门，则又是另外一番景象：学生只会把门拉开一条窄缝，恰恰容许自己瘦小的身躯侧身挤进去，完全不把后面跟着的人放在眼里。

同事们不久又发现香港科大的另外一个特色——"电梯（elevator）文化"。香港科大校园狭小，必须盖高楼才能有空间容纳那么多的教职员和学生，这样就使得校园内到处都是自动扶梯和垂直电梯，垂直的行动多过平面的活动。典型的行为模式是，外地来的教授们进入电梯的第一本能动作就是按住"开门"（open）的按钮，帮助后面的乘客得以从容进入，口中有时还会安慰后来者无需慌张，并且请问他们要去哪一层以便为他们按钮。但是如果首先进入电梯的人是一位学生的话，那他就会不管后面还有多少人，第一个敏捷无比的动作就是去按那个"关门"（close）的按钮，逼得后进入者必须慌慌张张地用手赶快去阻挡那自动门，以防自己身体被夹住。一个又一个使用电梯的学生乘客都会重复以上两个同样的动作。外来的同事们很快就发现，以香港科大校龄之短和设备之新，电梯内磨损得最快的就是控制板上那个"关门"按钮，因为一般电梯可以容纳十几个人，每经过一层楼，那个钮大概就会被按十几次，而开门钮却孤零零而光鲜明亮地躺在控制板上，乏人问津。

为了这么一件小事（当然还有学生们在行为上的其他"小事"），每隔一些时日总会有些同事被气得发昏。香港科大虽然号称"学府"，照理说大家期望的是"谈笑有鸿儒，往来无白丁"的优雅景象，但是这些"小事"和香港最脏乱的街市上发生的一无二致。当时，在香港科大最使人心平气和的运输工具是自动扶梯（escalator），因为它全自动，谁也无法操控。过了好几年，学生们才在潜移默化中改变了行为。这个听起来是笑话，说出来又显得琐碎小家子气的现象，其实反映了教育工作的一件大事，那就是除了提供知识之外，还要变化气质。

可以想象得到，年复一年，学生的这种行为当然会引起校方忧虑，但是并没有使校方陷于沮丧。尽管华人社会中凡是教书的，都喜欢把"得天下英才而教之"当做是美谈，但是根据有些生物学教授的说法，人类只有6%（？）的人可以称得上是英才或是天才，其他人都和我们一样，属于凡夫俗子。如果教书的都争取去教那6%的英才的话，那么其他94%天赋平平的学生又怎么办呢？因此，香港科大的创办者反而是更加打定主意：不管学生进来时素质如何，学校一定要帮助他们在求学阶段提高学识和人品气质。

正因为香港科大招收的学生中少有天纵英才的龙子龙女，所以学术部门在很早就设立了导师制度，新生在入学之初，系里就给他们分配了指导教授。这些教授们有义务关心和帮助他们处理学习上可能遭遇到的困难。

2. 香港科大如何提升教学素质

A. 专任与兼任的选择

香港科大提升教学质量的第一个措施其实在校园里丝毫看不出痕迹来，因为它属于教学机制上的安排。具体言之，香港科大不管是在教员数量单薄的初创时期，还是后来教授和学生人数都达到满额之时，所有的教授全属专职，从来不曾依赖校外教授用兼课方式去解决本校人员不足的困难。换言之，在香港科大，教授人人教书，校方不开设本校教授无法讲授的课程。这种做法和北美洲好大学的常规完全相符，了无新意。笔者在北美洲二十几年教书生涯中，只有一个学期被邻近大学邀请去和一位教授共同开了一门课。笔者曾服务的大学有1800多位同事，也很少听说过任何人跑到他校兼课之事。

香港的法律非常简单，教授薪水全部由政府负担，因此教授的时间也由政府控制，如果教授到外面去找"外快"而没有向大学报备批准，就是利用政府已经支薪的时间去图利，属于违法行为。再从职业道德立场着眼，既然教授有时间外出打临时工，那么他就应该运用那些时间去充实自己，以便在他自己的责任范围内把学生们教得更好。学校发的薪俸公平，教授就没有借口出去赚外快；如果学校薪俸不足以糊口，治本方法是增加薪俸，而不是逼着教授出去卖嘴。如果这个大原则模糊了，教授们就会甜苦不均，自爱的只拿薪俸过清苦日子，不自爱的到处兼课，拼命赚钱。据闻在某些地区，有一部分兼课老师本来就缺乏学术资历，但是借着兼课和代课的方法，跳来跳去，就可以避开正常学术审查，仅靠年资就能评上教授。

当然兼课在极为特殊的情况下也有其合理性，比如说，有一门极冷门的学问，全地区只有少数几位专家够资格讲授，那么兼课的目的是为学生服务，而不是为了创收，完全合情合理。至于一般院系则必须懂得量力而为的道理，要发展具有特色的学术领域，一定要自己的才能足以应付。如果学校的经费不足以加薪，那么负责任的做法就是把课程精简到本校教授可以承担的数量。这种压力的好处是可以迫使院系思考如何去发展自己的特色，在大学群中找到最适合自己的拿手好戏。如果一味把院系办大，本身人才又单薄，指望去调借他校教授来上课，则该院系肯定办不好。如果还想用这套伎俩去办硕士班或是博士班，更是作践教育。笔者最近看到的最触目心惊的一个案例是，某地区某大学的一个系，只有14位专任教授，却有47位兼任教授，而该系除了本科生之外居然还收了100名博士和硕士生。真是不知道该系有何神通可以完成此项任务。

从学生的权益着眼，专任教授和兼任教授的教学质量有着很大差别，如果处理不当，则学生作为消费者将成为最大的受害者。专任教授整个事业和精力集中在一所大学内，这样能够激发他在职业上的自尊心和荣誉感，对服务的学校有归宿感和认同心，能够和学生打成一片，无论是课内课外都可以帮助学生，因此可以建立一个长期、稳定而整体性的师生关系，维持完整的教育过程。反之，兼课教授可能变成跑码头的说书客，如果在一个小地区内运作，他可以提着讲义夹在一天之内赶两三场，在甲校讲完课就直奔乙校，再去丙校，跟甲乙丙校的选课学生根本缺乏互动，甚至不欢迎学生向他求教，到期末考试交了分数后，他的任务就大功告成，毫无牵挂。在这种体制下，其实还有另外一群无形的受害人，那就是他自己本校的学生们，因为老师如此地为财奔命，当然也把对学生们的教育视为无足轻重了。

奇怪的是，这种在世界学坛难得一见的怪相，在某些华人地区却极为普遍。兼课教授们还自认为是抢手货，表面若有其事地感叹在为"教育下一代"而疲于奔命，其实是想让口袋装满兼课钟点费。此种现象不外几个导因，一是有些大学为了节省财政开支，避免支付正规教授的福利金和退休金等，乐意大量雇用兼课教授。这就是完全扭曲了教育，是耍弄学生和他们的家长。二是师生比例实在太大，要选同一门课的学生太多，所以只好多开几班收纳学生。三是该系规划原本就杂乱无章，想要"大而全"，自己却又没有能力应付，所以只好雇用外校"佣兵"充数。这就是缺乏计划和招聘混乱的恶果。可叹的是，长期以来这种扭曲在某些华人地区

相习成风，甚至体制化，以致教育界不但缺乏自觉，还振振有词地用各种"务实"的说辞为这种做法开脱。

香港科大从创办开始，就不曾考虑过使用兼课教授。香港科大大部分系没有追求"大而全"的妄想，反而是力求"小而精"。开设大而全的系，无需使用大脑，想到什么课就开什么课，自己没有教授开课，就去外校搬救兵。而一开始就选择"小而精"路途的系，就必须思考自己的特色，订立明确目标，深刻认识和发挥本地区或是本校的优势。更何况，香港科大各系的成长并非一步到位，而是经过一番辛苦，从三四位教授开始，到八九位，到十四五位，到二十一二位。开设课目的广度，也随着人员的增加而有系统地逐渐丰富，由本系的核心基础课而扩展到新领域的课目，力求循序渐进。香港科大一步一步有计划地物色新人去开设特定的新课，牢牢抓住了目标和手段之间的关系，也居然把每个系都办成了，完全避开了上述的怪相。事实上，香港科大在最早期，有几个系只是空壳子，教授阵营不但没有兵，甚至没有将（比如商学院），而校方的对应之策不是去姐妹校借兵借将来兼课，而是根本不招生，直到自己的兵和将到位为止。在此过渡时期也有另外一种权宜之计，就是结合全系人力，先开基础课，由每位教授轮流上课两三周，所以一门课有时是由三五位教授合力开设的，充分发挥团队精神。一年之后，随着教授阵营扩大，每位教授就只负责自己的课程。征召兼课老师这个窍门似乎香港科大当年的同事们都没有予以理会。

香港科大的经验有没有参考价值？笔者认为是有的。对于新创办的大学而言，最忌讳的莫过于急迫地想要一炮打响、一步到位，而是应该脚踏实地地慢慢发展。等到教授阵营扎实时再招收学生也不迟，尽量避免染上到外校去借兵借将的"毒瘾"。学校建设过程中有些系走得快，有些走得慢，再正常不过，和"面子"无关，却和"里子"有长远深刻的关系。那些"急就章"的货品，只能让学生成为受害者。再从一所发育成熟的大学而言，香港科大19个系，除了招收本科生之外，一律培植硕士生和博士生，不但数目很大，而且敢说成绩不差。香港科大以教授和学生的总人数而言，条件并不比一般大学有优势，之所以能够在教学和研究两方面做出成绩，最主要的原因就是量力而为，创造自己的优势，认清自己能力所不及之处而加以避免。换言之，要发展自己的特色，强调小而精，不强求大而全；在必要时宁缺毋滥，也不到他校去搬救兵。这一点应该是许多规模相同的大学都做得到的。

B. 如何安排教学计划

或许有人会反驳：如果因人员限额开不出某些课来，岂不是更伤害学生吗？在这方面香港科大也经过一番挣扎，但还是坚持在不聘用兼课教授的前提下完成对学生教学的责任。香港科大如何处理这种局面？基本的答案是"量力而为"。

首先，系的设置一定要周密设计。要考虑的因素包括：本校和本系的地理位置和学术处境、社会的需求、地区经济能够负担的规模，这一切外在而现实的因素都必须予以慎重考虑。最浅显的例子就是，如果是人口稀疏的边区或是山区当然不需要设置大都会地区发展的科系，农牧地区当然无需建立钢铁工业工程系。在计划过程中慎重选择，可以精简人事配置。

其次是系内部的课程设计，一定要考虑到本校和本系的优势和劣势。有些科系的基本课当然是非开不可，但是有些系需要开什么课，绝不可呆呆板板地照抄其他大学的课目表，而是要精心设计出有自己特色的课程，然后去谋求能够讲授这些课程的教授。香港科大有不少系，在开办之前就提出计划书，说明他们开办某些课目和摒除其他某些课目的理由。

经过学术部门上下几个层次反复考虑磋商，确定大方向，才开始谋求对口的人才。因此，香港科大大部分系创系的步骤不是先去抓住一两位"大师"，然后围绕着他们去拼凑教授班子和课程，而是先计划本系的特色和局限性，定位之后才去聘请对口和适任的教授，并且尽量避免重复授课。但是也的确有的系在初创时期，一不小心地走上了因人设系这条路，结果进入地雷阵，"大师"们耍起大师脾气，弄得全系鸡犬不宁。

系和课程的大致方向有了谱，甄选教授就一定要非常小心，不可大而化之。当然，不管是香港科大主动去延聘的对象还是来应征的人员，他们的专长不可能完全符合校方所要求的模子，一定有所出入，但是也一定要大致符合专人专用原则，如果来者还具备校方预期之外的才能的话，那当然更是令人惊喜的"意外之财（才）"。因为香港科大强调研究，所以教授授课的负担是一年三门课，比起北美洲许多好大学4~5门课的负担要轻一些，这样也就堵塞了教授们把授课工作太重当做无法完成研究的借口。而且纯从一个系的组合而言，即使规模小到只有10位教授，如果每一位教授能够提供的课目都不重复，也可以开设30门不同的课目，再加上该系的课程方向需有重点和特色，10位教授就足以满足该系本科生的需要，更何况香港科大一般系的编制是二三倍于这个数字。因此开课完全由本校教授负责绝对不成问题。除非该系选聘教授时盲目粗心，违反了人员配置最浅显的原则，选了几位只能教同样课程的教授。

C. 开阔学生的知识视野

香港科大除了坚持专任教授负责授课之外，还致力于提高学生受教育的质量。在这方面，学校首先的措施是增加学生选课内容的广度。香港科大规定学生在本学院必修和选修的课程总数不可超过全部课程的三分之二，必须选修至少12个学分的人文社会课程（1992年春季）。校方更进一步规定在这12个学分（相当于四门课）之中，必须兼顾人文和社会科学两个领域，不可集中在一个领域之内。至于剩下的课程则必须在其他学院选修。这么做的目的不但是要拓广学生们的知识面，而且要使他们必须和外系学生共同上课，这样对于他们的学习态度和技巧都会产生新刺激。

尽管有些系的师生本位主义思想浓厚，以为这样是"不务正业"，会降低学生专业训练的扎实度，但是这种论点完全不被校方接受。原因其实很简单，因为没有任何一个系开设的课程可以把学生该学的专业知识全部教完。大学教育的目的本来就不是填鸭子，不能妄想把学生们的头脑塞满了专业知识他们就可以到职场上去大显身手了。正好相反，大学是给学生们一个充实的基础训练，并且教会他们以后如何自我学习和长进，这样的学生才有能力不断地自我更新，应付瞬息万变的科技发展，而不是捧着老师们的讲义受惠一辈子。为了向学生提供最宽松自由的学习机会，鼓励学生去寻找自己心爱的学习领域，校方做出决定（1992年冬季），允许学生在入学后转系。这虽然在行政手续上为校方增加了不少麻烦，但是对学生而言，就逃出了"一考定终身"的牢笼。十七八岁的高中毕业生在进入大学前选择专业，受到的影响力一般来自几个方面：中学老师、父母、社会热点、就业机会。但是香港科大一定要让学生们有机会决定：你自己到底喜欢什么？

不久之后，校方又做出决定（1993年春季），让学生们享受最大的自由选择权去选课。当时香港科大的教学目的，言简意赅地说，就是一方面提供专业知识，一方面开阔知识视野，两者必须兼顾。依当时规定，本科生需要修满100个学分才能拿到学士学位。如果有学生好学且精神旺盛，也允许他们酌量多修学分。这种做法似乎和邻近地区的许多大学颇有不同之处。有些大学规定必须修满160多个学分才能毕业。学生被填塞了一大堆没有营养价值的废料，蹉跎了宝贵人生，以致有人对书本产生极大反感，在大学毕业之后发誓不再读书，成为大学教育的牺牲品。而香港科大却有学生主动增选课程，为的是充实自我。大学教育的确是"各有千秋"。

为了鼓励学生大胆涉猎其他知识领域，香港科大还订出另外一个弹性规定（1994年春季）：如果学生在本系之外加修外系课程达到一定数量，他就可以要求在毕业证书上予以记载，这样就可以在求职时增加竞争优势。总之，在华人社会存在一个普遍现象，说得夸张一些，就是"死读书，读死书，读书死"。这句话在笔者还是学生时代就已经流行，不意五六十年后依然有过之而无不减，的确是个人人生的悲剧和国家社会莫大的灾难。悲剧的另外一个主角其实是教授，他们之中有些人掏心掏肝地想把浑身解数都塞进学生的喉咙里，以为这样才能让学生充实，岂不知却可能把他们噎死。而在这个过程中，一群好心肠的人士无形中把大学教育降格变成了职业学校。

D. 提高教学质量

香港科大改善教育的第二步工作是增加教学的量。当时港英大学的传统是学期短，只有11～12周，中间还夹杂各种名目繁多的中国和英国的假日和节日，就变得更短了。香港科大成立不久就决定反其道而行之，在本地风俗人情能够容忍的前提下，把学期延长了2～3周。回顾香港科大成立之前，香港的大学界早已形成了按资排辈的体制，教授们都非常珍惜那种知识分子的优雅生活状态，教授们授课钟点少，教学负担轻；有个别教授甚至可以擅自向学生宣布今后几个星期不必来上课，在家看书即可。自由度极大。在这种大环境下，香港科大要想进行改革，本来应该懂得请老大哥出面领导并和同业们事先协调。但是现在香港科大这个后生小辈居然胆大妄为，自作主张地做出这么重大的改变，难免让这个体制受到冲击，而此后其他性质的冲击还会源源不绝，搅乱了香港教授圈子里原本那股气定神闲的情趣。

延长学期之后，第三步工作就是增加各科课程的内容。香港的大学一直采用英联邦体制，以导师制（tutorial system）为主轴，完全是另外一套教育方法，在此不多做描述。总之，北美洲来的这一批教授们不熟悉那一套，也有个别人士内心根本不以为然，因此搬来了北美洲流行的另外一套教学方式。这其中包括了密密麻麻的课程进度表，好几本主要教科书，外加一大堆参考书。连考试的规矩都改了，不同的教授选择了周考、月考、期中考、期末考、抽考、开卷考，还有根本取消考试而以一篇、两篇、三篇研究报告取代。名目繁多，不一而足。更何况一切都以英文处理（这是港英政府的规定，唯有香港科大必须完全用英文教学），一时弄得学生们叫苦连天，悔恨来了这个劳什子学校。曾经有一段时间，学生们拿香港科大的英文名称UST开玩笑：UST本是University of Science & Technology的缩写，但是聪敏的学生们把UST转换成为University of Stress & Tension[①]。岂知学生们的慧黠在本港中学校园不胫而走，据说甚至使某些高中生对香港科大望而却步。

还记得初期从北美洲来的香港科大教授们有一种错误观念，以为香港既然是被英国殖民统治，则学生的英文程度肯定高于邻近地区的学生，岂知一经接触才知道真相绝非如此。公平地说，香港肯定有英文水平极高的高中生，但是或许这种学生早已选择去了英国或是本港有声望的姐妹校念书。而来到香港科大的学生们的英文程度，在某些教授的评价中，却比不上台湾和内地的学生。当时（1991年秋季）学校对于新入学的1242位新生做了一个简单的测验，发现有189位新生的英语考试成绩为E等（不及格），相当于总人数的15%。而即使成绩超越这个线的学生，其语言能力也可能成为他们学习的障碍。学校为了补救这个缺陷，鼓励学生们充分利用本校规模庞大的语言中心（language center）。该中心雇用了十几位教员，其性质是一个服务站，而不是研究单位，主要责任就是帮助学生们补习英文，使他们能够听得懂教授的讲课和完成教授指定的作业。有了这么一个语言中心，至少让学生们吃了一颗定心丸，让他们知道在任何时候英文发生困难，都可以到一个固定的地点去求助。语言中心对于香港科大提升教学效率起到了很大的作用，功不可没。

这个语言中心的定位在学校创办初期也曾经过一番折磨。因为香港科大号称研究型大学，校内很多与教学有关的单位都希望沾上研究的光环，而且当时校内也有几位人士（包括一位高层领导）希望把语言中心升格为与系平行的单位，同时允许语言教员们从事研究工作，这样他们在评鉴职称时也就可以有机会取得助理教授、副教授和正教授资格。这个建议遭到另外一部分教授的坚决反对。他们认为语言中心的任务就是规规矩矩去做辅助学生学习语言的服务工作，和图书馆、计算机中心、实验室管理中心一样，都是支持教学与研究的服务部门。语言教员们在教学上有心得而发表论文，当然令人钦佩，但是不可本末倒置，忽略学生而去醉心研究，

---

① University of Stress & Tension，意为充满了学业压力，令人精神紧张。——编者注

会使语言中心根本没有存在的价值。依同样的道理,如果本校某位图书管理员写出精彩的学术论文,并不会因此而评上教授资格,因为学校根本没有图书馆学系,也不会为他的成就而开设一个图书馆学系。

最后校方接受后者的主张,因此语言中心原先有一两位领导人本想争取评上副教授资格的愿望也随之落空。虽然这个结果颇令他们失望,但是对于绝大多数英文不好的香港科大学生来讲,则是一大福音,受益不尽。这个制度上的决策也显示香港科大处事的原则性和理性化。因为在香港科大的教育计划里,从来没有开设语言学科的打算,如果因人的压力而设系(其实有十几位教员,势力还的确不小),就会破坏大学发展的整体性。类似的例子,据笔者所闻还发生过多起,某些有力人士热心推动某些人的候选资格,不管和那些系的整体长远规划能否配合,都希望这些人能够挤进香港科大来。回头想来,这种现象发生频率最高的时段似乎都是在创校最初期,而牵涉的双方又往往是和本港有渊源的英联邦籍人士。但是北美洲来的系主任们却不买账,一一挡回。

正如读者们所知，当前有些大学也标榜英文授课，但是并非全面实施，只是提供少数的样板科目，当做招徕外籍学生的噱头，并且实行的方法非常疏松懒散，而不是真正把英文作为教学工具。要用外国语文授课立意很好，但是学校一定要提供配套设施，去帮助那些功课好而学习欲望又旺盛但是英文能力却不足的学生，去克服他们的困难。否则就是只顾表面工作，任由学生自生自灭。对于老师们的英文授课能力，香港科大也进行严格审核。首先在所有申请教授工作的人士的面试过程中，一切交谈全部使用英语进行，因此语言程度是重要考虑之一。事实上，香港科大在北美洲招聘时，就曾经多次遇到过学问根底很扎实的博士，却可惜英文表达能力不足，也只好割爱。因为在香港科大，如果老师的英文都是呀呀呜，又何以去面对学生？

即便有语言中心的帮助，教授们还是不得不大大地增加他们自己的工作量，特别是教学认真的教授，经常花费很多精力去帮助学生改善他们的英文表达能力。学生的作业上面经常会满布老师用红笔修改的记号，有时老师还得亲口向学生解释那些记号的意义。所以香港科大有不少教授最害怕出叙述题或申论题，这需要学生去发挥，而不能死背标准答案。而偏偏这些教授们又死不悔改，一贯要出这类考题去折磨自己。难怪每逢改考卷时，有些教授就会唉声叹气，抓头顿脚，也的确傻得可爱可敬。理工科课程或许可以依赖科学语言符号来解答问题，但是商学院和人文社会科学学院的课程必须使用大量英文，学生们的英文程度不高，就会成为学习的一大障碍。而有些系主任还会再三告诫教授们，考试不可出是非题（true/false questions）和选择题（multiple choice questions），而要出问答题（essay questions），因为只有这样才能逼得学生去磨练他们的英文。

这一切对于学生们而言，不免觉得香港科大的学术规矩和分量，和他们的高中同学进入的香港其他大学相比，实在差别太大。功课难度高，就难免对学生的自尊和自信产生双重打击，令他们自叹命运不济，误上了香港科大这条折磨人的船。就连要求学生购买教科书一事，也产生明显认知差异。有些学生不能理解为什么需要花钱去买书，在不得已买了之后，学期一结束就赶快卖出。除了省钱，许多学生的家庭从来没有藏书的习惯，也或许居住空间局促而根本没有书架，因此认为书只是为了应付考试而用。考试既然完毕，书也就可以丢了。这种现象今天听起来似乎匪夷所思，但是当年的确如此，有些教授们还因为经常更换教科书而被学生们抱怨，因为这样就会让学生们卖不出去旧版教科书。幸好不久之后,教授们和学生们都逐渐摸索出了一些路数,互相调适。比如说,图书馆会把各科教授指定的教科书和必读论文陈列在一个特定的阅览室之内,学生只能借出两小时就必须归还,以供其他学生使用,这样就可以减少家境清寒的学生的负担。这一类的做法都奠定了香港科大的教学作风与其他大学显著不同。

在此不妨再度重复前文的一点,那就是香港科大在创校初期,大部分系的教授都没有机会见识香港本地的"英才",可是却见识了大批"中才"或是"中下才"。最明显的例子是,在1992年底,校方学术单位做了一个全面性的学生成绩调查,结果大吃一惊地发现,在一年级学生中,有42%的学生成绩介于中下等(相当于C、D)。导致这个结果的原因当然可能来自两方面:一是北美洲教授们的分数打得太严,英语不流畅也让学生们产生"有理说不清"的沮丧;二是学生们的学业程度的确太差。无论如何,这份信息让校方赶紧建立了一个早期警报机制(early warning system),要求各系一定要随时关注学生们学习的进展,遇有反常迹象出现时,尽快找出原因,提供协助,并向上级通报。这些措施都显示出香港科大对教学认真的态度:不是自鸣得意地定出高标准,然后任由学生们自生自灭;而是积极找出原因,继之加以改善。香港科大对于"教导"和"培育",两者都不敢含糊。

就是经过这类辛苦,师生共同努力,香港科大的学生在毕业时,无论在学识或是为人上,都应该提升了许多。尤其是当他们进入社会迈入职场,得到老板和同事们的重视,更可以看出香港科大教育的痕迹。而一旦香港科大的学术名声建立起来,就开始吸引到第二志愿,乃至第一志愿的学生入学。这个发展来得非常自然,学校的基本原则依然是尽全力教好每一个学生,一视同仁。香港科大从没有迷恋"英才",更没有想过以金钱去吸引(收买?)"英才"们进入香港科大。当然,如果他们凭着自己的本事和兴趣进来,香港科大也绝对不会拒之门外。简言之,"英才教育"这个字眼,在当年香港科大教授群中甚少被人提及。此外还有一个特殊案例也颇能表明香港科大对学生教育的重视。曾经有一位同学在修满全部学分之后(1997年),因为触犯法律而被政府监禁,校方经过慎重考虑,决定依然颁发毕业证书给这位同学。首先这本来就是他学业努力应得的报偿,其次这也是香港科大鼓励与人为善,从来不曾想过把学位颁发给一位受刑人是否会在社会视听上产生负面效应。

E. 教授授课责任的分配原则

在教学事务上，香港科大还有一个早期的经历值得一提，那就是：什么等级的教授应该去给什么年级的学生授课？

香港科大最初创办时，有一个有趣的现象，许多初出校门的年轻博士、助理教授似乎特别看不起大学一年级的学生，经常在系办公室走廊上大叫大嚷，夸张地做出难以置信的表情，嘲笑大学生"差得惊人"、"怎么会那么笨"。而又有些年轻教授急于收研究生，或许他们是被心目中"博导"二字的崇高地位所迷惑，想要一步登天，在亲友间赢得尊重。虽然香港科大在体制上采用北美洲制度，允许助理教授指导博士生，但是系主任会在不伤害他们自尊心的情况下，极力设法去打消他们这个念头。一来是他们自己初出茅庐，资历尚浅，实力不足以独当一面地指导博士生如何去做学问；二来是他们自己的学术生涯还属泥菩萨过江自身难保，学校不可以让学生跟着他们冒险。所以虽然香港科大每个系从开学第一天就录取硕士生和博士生，但有些系的系主任却会主动延迟这些项目，所持的理由是教授阵营尚未充沛之时，不得好高骛远，更不可误人子弟，先把本科生课程教好再说。这种自我设限的做法当时颇令一些年轻教授扫兴。但是有的系明明已经得到学校的名额，可系主任就是打定主意不滥收研究生，而且要收也是先收硕士生，至于博士生则留待以后再谈。然而有一小部分年轻教授在教学的趋向上有一丝古怪的心理作祟，他们不喜欢教低年级学生，而喜欢教研究生。大概是他们怕别人误会他们学问不够好，只能教低年级。但是有些系主任则坚持，资浅等级的教授一定要拿出自己的研究成绩之后，才可以为研究生授课。

然则谁去教低年级的本科生？当然是谁也不想教。年轻教授很少主动申请教低年级学生，而资深教授又认为自己去教低年级学生实在是大材小用，自贬身价。根据笔者所知，这类情形在其他地区的大学里极为普遍。如果演变到要双方较劲的地步时，资浅教授当然不是资深教授的对手，只要资深教授坚持立场，则资浅教授自然得乖乖地去教低年级学生。虽然资浅教授们也会心不甘情不愿，但也只有等到媳妇熬成婆才能改变这个状况。

香港科大的做法正好相反。香港科大在初期就订出规矩，资深教授必须以身作则去教低年级的入门课。这个规定是来自北美洲创校教授们的共识，大大违背多年来香港大学界遵行的学术传统。香港科大一群资深教授们最初只是在各系自行实行，做法并不统一。毫不奇怪，其他教授的反应并不一致，有的认为合理，有的予以抗拒。最后学术领导人决定以校方名义加以制度化，成为香港科大的学术规矩，悠悠之口从此堵塞。可见它实行的过程并不顺利。但是只要有些资深教授首先把学生受教育的权利作为优先考虑，达成共识，继之以学校命令施行，阻力自然消失。施行几年之后，教授们对资深资浅的敏感就在无形中消失了。资深教授仍然有义务教低年级的课，而资浅教授去做同样的事也不会有心理障碍。

3. 如何对待学生对教学的评鉴

资深教授教低年级班次还可能产生另外一个意想不到的后果，和学生的期终评鉴有关。根据并非科学性的观察（但是例子经常发生），许多资深教授可能并不能得到学生高度满意的评鉴分数。笔者所直接接触到的几个实例，就是有几位资深教授在教高年级课时能得到学生们期终评鉴的高满意度评分，有时超过90%以上；但是同样这几位教授在教低年级课时却只能得到50%左右满意度的评分。有一位资深教授，曾经做过学术行政领导人，并且衷心强调教学的重要性，教过几十年书，自认口才很好，授课准备也做得很充分。岂知在学期终了时，学生们给了他"最差的评分"，让他久久难以释怀。

为什么同样老师的教学质量，在高年级和低年级学生心目中会产生如此重大差别？当学校碰到这种情况时又如何对应？

由于香港科大历史太短，在笔者退休之前，还没有长期追踪性的调查数据，所以无法做出科学性的分析。但是按照常理推测，大概不外以下几种解释。第一，从教授方面而言，他们不太可能在教高年级课程时认真，而在教低年级课程时马虎，因此他们的课堂表现应该没有差别。比较可能的原因是教授们没有适度调整教学方法以符合低年级学生的水平，教学内容相对于低年级学生而言可能过于深奥，学生因跟不上进度而感到灰心，因此给了老师较低的评鉴分数。第二，从学生方面而言，低年级学生刚刚从中学升入大学，学习的环境和师生关系完全改变。老师们不再会像中学老师那般一字一句地叮咛和填鸭子，学生的主动学习变得重要。如果学生们一时还改变不了过去的心态和习惯，对于大学课程的评鉴方式和精神又缺乏认识，就可能对老师们的资质没有足够的鉴赏能力，打的分数就可能比较低。等他们成为高年级学生时，见过的世面比较多，鉴赏力提高，评鉴老师时就能更客观些。

所以同样一位教授，在教高级班时就得到更多的欣赏。

这样随之又产生了另外一个问题，那就是系里如何处理这种学生评分的差别。一般而言，只要系里了解上述情况，就会对教授有信心，知道他们是教学能手，那么他们在教低年级时得到的低评分，就不会成为他们的负面人事材料，教授们无需为此付出代价。学生在大学当然有低年级和高年级之分，但是他们要攻读的课程应该具有同等的重要性，没有高低之别。资深教授只教高年级课程容易造成人们一种误解，以为只有高年级的课程才"高深"，值得资深教授亲自教，而低年级课程比较"肤浅"，随便找个资浅教授去应付即可。这种心理也会让教低年级课程的教授对自己的责任掉以轻心，马虎以对。所以香港科大规定资深教授必须去教低年级课程，自有其积极的意义。即便是资深教授得不到低年级学生们的欢心，也无需大惊小怪；更不必为了讨好学生故意把课业的分量减轻，或是在他们面前又唱又跳地增加娱乐性。正好相反，他们甚至应该冒着被学生给予低评分的危险，把功课逼得更紧一些，帮助这些徒具大学生之名的"高中生"，赶快变成名副其实的大学生。

读者当然了解，以上所言并不表示资浅教授一律缺乏教学本领。事实上，在香港科大早期，有多位资浅教授既能把书教得很好，又对学生特别亲切关照，并且得到校方的嘉许。只是香港科大的建校使命是成为典型的研究型大学，教授们在教学之外，研究功夫必须要表现出色。要想两全委实不容易。关于这两者之间的关系在香港科大如何处理，本书将会在另外一章里做进一步的说明。但是如果是一所以教学为主的大学，则年轻教授很可能成为教学的骨干，那就太美满了。在香港科大，由校方做出资深教授必须教低年级的规定，至少起到了端正学风的作用。这一点还是颇堪自慰的。这让笔者不由得突然想起曾经听到过的某地区某重点大学某资深教授的自白，他在十多年的时间里从来没有教低年级课程的经验，而其他资深同事亦复如此。这可是和香港科大模式背道而驰。

无可否认，香港科大早期这一连串有关教学的措施，使得部分在英国教育系统下受过训练的同仁们颇感难以适应。间或有英联邦背景的学术领导人规定，所有的教授必须把授课的课程表送审后才准许发给学生。这个规定立即遭到反对，理由是它违反学术自由的原则，也违反北美洲大学的规矩，最多只是适用于中等专科学校的教员，岂能拿到堂堂大学里来实行？最后英国学者只能让步。这种北美洲特色的做法其实并不是放纵教授，而是把一门课的成败责任完全托付给他，责任反而是加重了。如果把课程教砸了，他到时无法抵赖说这是服从上级指示而为之的。更何况，每一位教授在接受定期评审时，他的全部教学数据均需呈交受审。所以随着自由而来的是责任重大。

跟课程有密切关系的是给学生评成绩打分数，这牵涉师生双方的利益和心理互动。学生从眼前偏窄角度着想，当然希望老师交下的课业轻松，阅读量少，考试容易，分数高，这是最美味的课程。反之，学生则会抱怨，起哄，罢选，或是利用期终给老师教学表现评分的机会予以报复。还记得最糟糕的一次事件是，有一位素有优良教学记录的年轻教授，由于那一学期碰巧有一群懒学生，所以该教授一律给了这些学生低分。于是学生们在期终给老师评分时，也以牙还牙地串通起来给了老师出奇的低分。这位可怜的老师被一棒子敲昏了，又不敢出声。幸亏系主任听到风声,赶紧把该教授的课程表拿来仔细审查,又把学生的评分表送去有关部门进行科学性检查。最后的结论是学生们搞了鬼,破坏了评分的诚信,由系主任宣布作废,还了这位教授一个清白。消息传出去也对学生们有所警示。所以校方一方面督促教授认真教书,要尽心尽意地对得起学生;另一方面也要主动地保护老师,不要被学生当成报复的对象。如何能够做到这一点?答案是系主任一定要勤奋、公正、主动尽责。

香港科大早年还有一个有趣的现象,那就是年轻的教授们不"怕"老教授,这和许多历史根基深厚的大学或有不同之处。在后者那种大学里,按资排辈的生态经过长年累月,已经根深蒂固,年轻教授只能敬陪末座,进退有据。更何况许多学校有近亲繁殖的病态,如果有老师或是祖师爷等级人物在场,后生晚辈的教授们更需要礼数周全,丝毫不敢表达不同意见。香港科大是所新学校,没有这种办公室文化,资深教授多半来自北美洲,常年受到平等气氛的感染,根本不懂得如何去对他人颐指气使。而许多年轻教授来自名校,充满傲气,自视不低。说他们是"初生的犊儿不怕虎"只是说对了前半部,后半部通常并不成立,因为资深教授本人的素养就不讲究"虎气"。

讽刺的是,自然界一物克一物的现象在香港科大校园里也可以看到:年轻教授怕的是学生们。每当年轻教授和资深教授意见相左时,后者多半是心平气和地讲道理,不会盛气凌人,更不致怀恨在心秋后算账。但是当年轻教授面对人多势众的学生时,他们有一部分人却不敢坚持教室纪律,不敢实事求是地打低分,特别是不敢打不及格,害怕学生会当场起哄或是事后报复。据说当时本港某些姐妹校明白地通知教授们,如果不经系主任批准,不得给学生不及格的分数,因为可能造成各种不愉快的后果。但是香港科大校方则非常关心年轻教授们所承担的这些压力,主动鼓励他们敢于依照本人的良知和专业判断行事,在面对学生时,不要心存恐惧。只要他们做得对,校方一定予以支持,不会只求息事宁人。这对于年轻教授们坚持学术原则和标准,或许有些帮助。

在第一批学生还没有毕业时,香港科大就发现了一个严重的问题,那就是学生的纪律性明显不好。这是一个尴尬的现象。一般大学或许同样有这个问题,但是大概以为这是一件不光彩的事,不方便坦白承认和去坦然面对解决,能够装聋作哑混过去就可以求得一时清静。更何况要是和学生们去较真的话也未必有效,因为年轻学生精力充沛，头脑灵活，特别是在被惹毛了之后，他们的聪明才智更可能尽情发挥，恶作剧是年轻人最引以为骄傲的事，尤其还可以在异性朋友面前大肆吹嘘。所以，把校方管理人员玩弄于股掌之上，弄得他们灰头土脸大出洋相，这是许多大学生成长经验中的一部分。特别是男生，即便是几十年后回忆起"当年勇"时，也还会眉飞色舞，津津乐道。

4. 学生作弊的问题

学生纪律差在校园里表现在两方面。第一方面是在宿舍里喧嚷、恶作剧、闹酒、赌博、妨碍他人作息。这种现象在香港科大宿舍当然有，是由行政事务部门所隶属的学生事务处负责管理。或许是由于管理人和被管理人同为香港人，彼此在言语和感情上都比较易于沟通，所以没有发生大事件。

另一方面就是考试作弊。在平常人认知里，考试这码子事，历来是学校定规矩，教授监督，学生服从。依照这个思维模式，它是一个单向的关系，由"上面"的人去管理"下面"的人。不遵守考试规则，一定是学生的错，处罚的对象也是学生。但是仔细想来，它其实应该是一种双向关系。学生要遵守考试规则，教授也要遵守考试规则，这样才公平。

另外禁不住还有一个联想，虽然说出来可能会犯众怒，但是仍然需要说出来，也可以向读者们求证其准确性，那就是，作弊一事在美国有名望的大学里非常少见（美国的月亮比中国圆？）。笔者在美国做过本科生，做过研究生，后来又做过教授。根据记忆，在学生时代，任何形式的作弊似乎从来不曾是一个话题。在做教授时代，十年也难得抓到一个作弊的学生。

不幸的是，在某些文化环境里，作弊而能够成功并不是一件丑事，反而令人自豪，是学生和教授斗智而取得胜利的奖牌。而且旁观者可能会私下抱怨天下真是没有公平，但是绝不会傻到公开揭发。反观笔者在北美洲的经验是，学生们不兴作弊（宁可硬着头皮拿低分），而万一有学生作弊情况发生时，揭发者反而是同班同学，因为他们认为作弊对他们不公平，伤害了他们的努力和诚实，也打压了他们在班上的排名。文化的对比就更足以令人吃惊了。在某些社会里，当人们看到不公平的事情，或是成为受害者时，首要考虑的就是要"明哲保身"，千万不能去"得罪人"。举报的后果不但可能要被作弊者正面打击，还会被其他同样的受害者疏离。

难怪各人自扫门前雪、不得罪他人成了处世智慧的最高标准。父母以此教诲子女，成年人以此作为行为准则。在学校如此，在社会上亦复如此。而根据笔者在美国教书以及从同事们那里听来的少数经验是，美国举报者（学生）缺乏那种华人社会"息事宁人"的雅量，坚持要为维护自身的利益和道德立场而发声。而我们做老师的，当然也一定要尽全力去保护他们的隐私权。

说到作弊造成的后果，读者们或许记得前几年在美国南方某著名大学内传出的一则新闻。有"一群"来自某国（猜猜看是谁？）的留学生以集体作弊嫌疑被抓，当事人居然仗着人多势众，振振有辞地辩说，这种行为在他们国家不叫作弊，而且还劳动该国驻美使馆的文化参赞去证实所言不虚，真是腾笑中外。结局是学校毅然把那一批学生的成绩全部作废。

无可讳言，香港科大学生发生作弊现象，从学校开办起就显示了其严重性（1992年）。首先是学生之间互相抄袭教授指定的作业，在学生上缴时被教授发现雷同之处太多，从而引起学术单位主管密切关注，并且指示院长向学生们指明此种行为属于作弊，予以警告。

香港科大学生作弊行为的来源难以考究，是个人行为，还是在中学时期已经养成跟老师们玩猫捉老鼠的游戏？不管如何，香港科大那批从美国来的教授可不习惯这一套，因此大张旗鼓，把它当成是重要问题来处理。而这种做法，肯定也和本地文化环境大有不同之处。因为，既然问题有高度普遍性，而学术界又三缄其口，那就表示这个问题有些尴尬，不谈为妙。

但是香港科大学术部门却并不讳疾忌医，反而是一而再、再而三地挑明问题的存在，一定要予以改正。其实这么做的理由并不是为了洗刷校誉，因为校外人士原先根本不知道香港科大有这个问题，所以校方只要闭嘴就可以混过去，反而是经过校方大力强调才变成众所周知的问题。香港科大之所以这么大动作地去处理，其根本原因就是作弊所造成的损害不只是校誉，它更是危害了教育的宗旨，因为它直接伤害了人格培育的宗旨。一方面，如果让学生们眼睁睁地看到投机取巧者风光，连学校都不能维持一片净土，则将来何以应付险恶的社会？另一方面，诚实的学生将成为不公平竞争的直接受害者，因为他们在班上的成绩相对降低，长远来说，可能影响他们找工作、申请研究院等等。这些成绩在一个重才干而不重人际关系的市场上特别重要。而香港科大当时也有足够的自尊心，希望为学生提出的成绩单是真材实料，而不是败絮一堆。学校有义务为学生们保护学术竞争的公平性。

其实说到底，作弊者自己也是受害者。他们固然一时占了些小便宜，但是如果因此而尝到了投机取巧的甜头，越陷越深，则他们的大学教育质量会受到最大的损害。为了这些理由，学校在遇到学生作弊时，不是为了"校誉"，而是为了学生教育，应该毫无顾虑地遏制。读者们大概还记得，2012年夏末，美国高教界也出了一桩大丑闻，一所世界知名的大学怀疑125位学生有集体作弊嫌疑。值得注意的是，出问题的课程是由一位最资浅的助理教授所授，但是他却胆敢不顾个人的事业前途和学校可能遭受的名誉打击，毅然向学校举报，而学校最高当局也立即公开宣布展开调查。到2013年初，学校宣布有将近70名学生受到退学和休学的惩罚。

这么一则在报纸上看起来简单得不得了的新闻，后面不知隐藏了多少让我们在学术道德上汗颜的含义。我们不难想象，如果这个事件换在另外一个文化环境里发生的话，那么这位地位寒微的助理教授首先就会受到同事们或是长辈们"善意的劝告"，大概不外就是"不值得去招惹学生们的众怒"、"好汉不吃眼前亏"、"要顾到集体的形象"、"维护学校的名誉比学生的作弊是更重要的考虑"等等。而学校领导人也可能会找各种渠道去说服小教授闭起嘴巴，晓以大义，或是运用各种行政手段大事化小，然后化无。这个大环境的压力可以把一个小小的助理教授压死而不露半丝血迹。这个事件发人深省之处，不是事后的调查结果如何，而是一位资浅的小教授居然有这么大的道德和职业勇气，捅破了这么大的一个马蜂窝，而校方并没有气急败坏地让他闭嘴，反而全力支持进行严肃调查。他们是认真地在办教育。香港科大当年的做法也属于此类。

香港科大防止作弊的对策是什么？

香港科大从1991年冬季就开始讨论学生学术行为规范条例，管制学生们的作弊、抄袭等行为。到1992年春季，有关学生行为的法规（code of conduct）就已经制定完成。1993年春天，学校本科生委员会和研究生委员会又共同规定了学生在学术上保持诚信的标准和违规时应该受到的处罚。校方又在1993年底成立了一个最高阶层的学生纪律委员会，由三位教授组成。凡是严重事件或是有争议性的问题均由该委员会做最终审理。一旦立法手续齐备，基本运作的机制也相继建立。香港科大在处理作弊问题上的作风，一如在其他方面一样，务求在事先思考周全，制度完整，剩下来的就是如何贯彻执行的问题了。

香港科大在当时对于处理学生学术行为的做法是在两个层次上同步进行，一是在实质上改善课程的质量，一是在技术上防止作弊行为的发生。

在改善课程质量方面，校方做出了一个简单的假设，那就是如果产品不好，消费者当然会不满意。同理推之，如果教授们教不好课，枯燥无味，丝毫不能引起学生学习兴趣，则学生碰到考试只好作弊应付，因此不能一味责怪学生不成材，而应该把重点放在教授身上，坦诚严肃地去要求后者改善教学内容。反求诸己，可说是解决问题的第一步。关于这一点，香港科大做了大量的努力，本书将在第五章里做更详细的叙述。在此地仅需要提出一个简单的对比，那就是在许多学校（包括北美洲大学）都遵行一个惯例，不但允许博士后（post-doc）学者上堂讲课，而且还让博士候选人（doctoral candidate）主持课业。这样做的理由有时还说得头头是道，比如说他们应该接受授课的实际锻炼，教授们需要腾出时间去做研究等等。因此在不少大学里，一二年级的学生根本看不见货真价实的教授。这么做的确替大学节省了大笔经费，倒霉的当然是学生。但是香港科大在早期一有博士后制度时（1996年春季）就做出规定，上讲堂教书是教授的职责，博士后学者可以偶尔被邀请到课堂上去客串报告他们做研究的心得，并且需要事先得到校方学术领导部门的批准才能执行。校方也做出明文规定（1996年秋季），各系不准许挪用因教授出缺而剩余的薪金聘请初级助教（demonstrators）讲课。这样就完全避免了教授们自己偷懒而拿资浅学人去充数。

除了加强授课质量之外，校方同时也想出了一系列方法在技术上减少作弊的可能性，防患于未然。第一个措施就是不允许教授擅自改变考试时间。这个听起来是一桩琐碎小事，但是对于学生而言则是一桩大事。事情的来源说白了，就是个别教授自我意识膨胀，以为他可以随便通知学生什么时候考试，完全不体谅学生的苦衷。最常见的现象是教授通知学生要提早考试，或是在规定的考试期内更改时间。这一切都是为了教授个人的方便。他老人家或许是为了占小便宜，在学期结束前几天就开溜，也可能是他那天有私人的约会。总而言之，多半是先私而后公，让学生倒霉。在早年的香港科大，这种教授颇有人在。特别是每学年度的第二个学期，有些教授急不可待想提前自我放暑假，这样说不定外出旅行的飞机票比较好买到，价钱也比较便宜。总之，是自私自利。

校方对于这种现象非常不满，一发现问题有失控趋势，就立即做出硬性规定，教授不许擅自改变校方规定的考试时间，而且责成系主任严格监督。此后数年中每隔一段时间，校方就会三令五申，提醒教授们切不可擅自改变考试日期和地点。校方领导甚至一度写信给个别犯规的教授，警告他必须检点，今后再遇到类似情形发生而有学生投诉时，则唯系主任是问。这样就把这股小小的歪风遏制住了。后来许多系也自订了办法，规定教授在考试期间不可离开香港，唯一的例外是当这位教授有一篇重要论文需要到国际会议上去宣读，而时间又正好和考试时间冲突，则该教授得事先和系主任请假，并由系主任指派其他教授（而不是职员）代为监考，而该授课教授也必须和代为监考的教授之间有个交接，使监考教授能够处理现场可能发生的

任何问题。步骤可谓明确仔细。值得注意的是，如果教授仅仅是想要去参加国际会议而不是宣读论文，则不可提出申请。与此形成对照的是，校方对于学生们考试的压力也尽量加以纾解，并且做出规定，校方不得在24小时之内安排学生连续参加三场考试，如果遇有该种情况发生时，校方需要做出特殊处理，错开该学生的考试时间。以上这些措施都是顾虑到学生的处境，使他们有受到重视和关照的感受。

　　第二个措施是考试不在原来该科上课的教室举行，而是改用更大的教室。如果该班原本有50个学生，则把考场安排在一个可以容纳100人的大教室中举行。这样学生之间桌椅安排的距离增加（隔一个位子坐一个人），偷看的机会相对减少。有

的教授也做出规定，学生进考场不得携带手机或是电子字典（那时还没有iPad），理由是防止学生在考前把作弊数据输入字典里。但是因为香港科大授课考试都是以英文举行，所以不少学生又以英文不好为理由，要求准许携带字典。因此，折中办法是只准携带纸质字典。至于不准使用手机，理由就更为明显了。听说有一次一位学生在考试中间手机铃声大作，虽然该教授立即告诉那位学生不可接听，但是该学生居然跑出考场去接了电话。等学生气定神闲地回到考场重新坐下答卷时，教授立即在他的考试卷上画了一个大"0"字，不但当事人吓呆了，全班学生也看得一清二楚。大概从此之后，那位教授就无需担心学生考试不守规矩了。

校方的第三个措施是规定授课教授本人在考场上的行为准则。自从中国历史上发明了考试以来，监考就是一件最重要的任务，监考官也是责任重大。但是偏偏香港科大有些教授不懂得或是不重视这个简单的道理。校方在调查过程中发现，教授们失职的行为各式各样。有的教授在考试前就开溜了，然后指派助理或职员去监考。有的干脆让研究生代行职务。有的教授在考试的头十分钟去虚晃一枪，然后等到下课时才去收考卷。在这些教授们"自由派"作风的背后有一个共同点，那就是企图贪小便宜。有些老师和学生有一个共同的心理，那就是能够逃一堂课就逃一堂课。这些行为最后都被校方列入禁止之列。

这个措施表面上看起来有些吹毛求疵，似乎学校管得太细，不尊重教授，其实对于学生而言是一件重要的事，因为教授从考场缺席在本质上就是不尊重学生。为什么说得这么严重？

教授本人在正常情况下应该全程留在考场里，这不只是发挥阻吓学生作弊的功用，因为那只是消极的一面。更重要的是，学生在解答试卷过程中可能产生疑问，也可能教授出的考题本身就有问题：文字上可能不通顺，意思可能模棱两可。教授是人不是神，这类事肯定会发生。因此学生想要先弄明白问题再作答，而只有教授本人在场才能提供最权威的说明或澄清。甚至教授在看出自己的误失之后可以当场宣布修改考题。这些都是助教或研究生根本不敢代劳的。偏偏这类事例在考试中经常发生，只有教授本人在场才能拨乱反正。他若是开溜，就是对不起学生，没有含糊其辞的余地。香港科大虽然做出了教授必须亲自监考的规定，但是并没有要求各系提出数据报告，所以是否人人遵行，校方并没有记录。其实当时校方或许可以颁行一个简单的规则，那就是由学术领导单位派一个主管去巡视考场一遍即可达到杀鸡儆猴的效果。

考试过程的最后一关当然是打分，它代表学生一学期学习的成绩，理应非常慎重地处理，让学生体会到勤奋有善果，怠惰有恶果。这是培养学生"德育"的重要环节，全部操纵在一位教授手中，能不慎乎？但是偏偏有些教授习惯大笔一挥，只打分数，不做评语，特别是申述题，如果改卷的教授当时不做评语，改了几十份考卷之后，早就忘记了评分数的根据是什么，而学生拿回考卷之后，也不能产生丁点心得。错在哪里？对在哪里？如何改进？心中一片茫然。教授们的惜墨如金，可能会给予学生们最大的挫折感：忙了一学期，除了一个分数之外，什么都看不到。这样的教授真可谓架子太大。

诚然，大学教授和小学老师一样，最害怕的就是看（改）考卷，因为实在是辛苦。学生们的答案大同小异，如何评定分数，委实不容易。这是做教授之前已知的苦处，必须认真去做好，才能对得起学生，也才能赢得他们的尊敬。笔者听说当时在香港科大有些教授在拿到考卷后，第一遍先让研究生助教去改，而且规定助教必须用铅笔提出评语和打分数的依据。然后他们自己再亲自审查一遍，把最后的评语用红笔写出，把助教的铅笔评语用橡皮擦掉。在这个过程中，他们不但让考试的学生知道他获得好分数或是坏分数的理由，同时也训练了研究生将来出去如何做一个称职的老师，使他们有机会去比较他们自己原先所做的评语和教授所做的评语差别在何处。经过这类教授评分的考卷，经常有他们密密麻麻的评语，让学生们非常感动。万一学生在事后拿着考卷来询（质）问，教授一看自己的符号和评语，很快就可以给学生一个明确的答复。

值得一提的是，教授与学生对于考试结果发生歧见时，并非教授永远是对的而学生永远是错的。这个公平性的问题一定要有一个客观的处理机制。人情之常，总是首先要顾到教授的"面子"和"权威"，宁可叫学生吞下苦水，也不能伤了教授的感情。但是这个说法其实未必站得住脚，因为也有教授不小心犯下误失，也有教授根本不负责任地给学生的考卷胡乱打分。如果学生明明应该得到较好的分数，却被教授糟蹋还要被"晓以大义"地去"忍辱负重"，就会伤害他一辈子的价值观。如果这种教授在系里经年累月地胡搞，也有辱师道。所以如果学生提出申诉，则校方必须要做出务实而公平的处理。因此香港科大规定（1992年夏季），如果学生认为他的考试分数没有得到公平待遇的话，可以在分数揭晓后两周内向系里提出申诉，而系主任必须邀请资深教授给予评审，做出判决，务求毋枉毋纵。香港科大的做法是先建立制度，然后要求同事们按照制度办事，而不是要求审查人完全凭主观和直觉去下判断。

还有最后一关是全班学生的分数分布表。为了防止某些教授即兴乱打分数，或是动讨好学生以吸引他们来选课的歪念头，校方在很早就提出了分数分布表，即每班A、B、C、D、F（甲、乙、丙、丁或是不及格）各有多少，大致应该有一个合情合理的分布。这是美国许多大学行之有年的做法，毫无新意。香港科大加以采纳，其目的也就是避免分数太高或是太低的反常现象。但是这个规矩并不需要呆板地执行，因为由于课程不同，选课的学生很可能都是好学生或是坏学生。因此，只要是教授敢于打分数，而且在被质询时提得出正当理由，则这个规则可以予以变通。换言之，既有规则，又允许弹性处理，只要教授言之有理，而且经过系主任的把关即可。

但是有一件事是万万不可的，那就是教授们无论提出何种原因（除非得了急

病），都不准许延迟交分数的期限。想想看，学生考试已经是一件神经紧绷的大事，都急不可待地想知道考试成绩，如果教授慢悠悠，不肯因为看考卷而干扰他的正常生活规律，甚至还离校他往去办别的事，那实在是缺乏同情心和责任感。所以香港科大早期在看出问题之后，立即把它当成大事来处理，从校领导层次向系主任发出警告，在规定时限内不交出分数惟系主任是问。当然这就逼得系主任一到交分数时限，就马上叮嘱秘书们查出迟交分数的是哪些教授，逐一打电话去催交。这么做很快就得到了预期的效果。有些系甚至做出更绝情的规定，凡是教授没有交出分数，就不许离开香港。

香港科大先是认真督促教授们教学，然后才对学生们提出考试守法的要求，也可以说是先求自我表现良好，然后要求对方做好，当然就理直气壮。香港科大首先对教授们提出严格要求，希望他们率先尊重考试规则，这和某些大学有许多不同之处。笔者也听过看过一些大学的考试行为，教授们说得好听些是"名士派"、"自由主义"，但是说白了就是无政府主义，不尊重学生，没有职业道德，难怪会招致学生看不起。香港科大当年强调教学并不是口头宣传，而是内心十分认真，做事手下无情。所以在创校之初，就在教授们之中取得了一些基本共识，有了一些基本法则可循。其实，订这些法则并不困难，可是要一贯执行，就得要有不怕得罪同事的担当，而系主任是站在最前线的人物。

一旦校方订出了这些一板一眼的措施，教授们遵循考试规则，对学生作弊就可以视情节轻重加以处置。个别教授的处置方式可以是该堂考试扣分，或是该门学科不及格，或是以零分计算，情况严重者可以送交学生纪律委员会予以停学，甚至开除。以上这些处置方式都曾经使用过，也没有引起重大争论。因为系方和校方处置慎重，有凭有据，学生还有渠道可以上诉，最后的定谳应该符合公平公正原则。

针对学生作弊一事，校方不但动员了学术行政部门，还请学生会的干部们参与谋求解决方法，收得了一举两得的功效。首先它让广大学生知道，学校这一下子是玩真的，信息自然很快就传播开，起到了阻吓的作用。其次也让学生干部感到他们的意见受到重视，不是学校以高压手段单方面定下来的规矩，而是学校和学生们共同探讨出来的规矩，这样就更让学生们口服心服。到了1995年春季，校方的数据显示，学生作弊现象基本上得到了遏止。但是校方并未因此放松，未隔多久（1996年）学术部门又组织了一个小组在考试期间去巡视考场，把防止学生作弊的方法做得更细致彻底。回想起来，当时还真是有一股傻劲。相比较之下，有些大学考试作弊风气可能非常严重，但是表面上风平浪静，因为只要校方打定主意闷声不响，也就可以在社会上混过去。而香港科大如此大张旗鼓地铲除考试作弊行为，社会上大概同样地懵懵懂懂，不予理会。但重要的是，香港科大学生所受的实质教育和道德教育很可能就有所不同了。

5. 课堂纪律问题

除了考试作弊，学生在课堂上行为不检也在早期给香港科大制造了许多麻烦。不检点的表现简单而又具体。最常见的是迟到，上课之后5分钟、10分钟，甚至30分钟，还会有学生大摇大摆地走进教室，毫无羞愧之色。至于随兴早退、呼呼大睡、交头接耳、男女生调情嬉闹、打游戏、讲电话，甚至在课堂内饮食，都是常见的行为。这类举动在初中、高中年龄段的学生们身上发生，还可以和青春发育期的孩子气和叛逆个性扯得上一些关系，但是到了大学还如此，就值得深思了。话说回来，又不免提到北美洲，这类的行为在北美洲大学的课堂上委实少见。不论人们能够提出的解释是学生缺乏教养，还是个人没有自尊心，都是对华人文化的一大侮辱。但是偏偏这些现象在香港科大早期却颇为普遍，怎叫人不忧心？

首先挑明这个问题的存在和其严重性的是学校高层领导。他们在接到一些教授的反映后，开始对课堂不定期地突击巡查，到实地观察时不免大吃一惊，原来有部分课堂的秩序如此失控！因此校方发布通知，决心限期改善。等到学校广泛招收外国交换学生之后，连后者也向校方抱怨（1997年底），称香港学生在课堂上的表现实在太差，而且对教授缺乏基本礼貌，以致妨碍这些外国学生的学习。这真不啻是一记耳光，狠狠地打在本地学生的脸上。但是这种由上级学术领导人进行突击检查的方式，其效果并不彰显，而其原因可能来自多方面。被检查的老师可能大出意料而表现失常，检查人可能三天打鱼两天晒网，使得资浅的老师们心存侥幸而不真心努力去改善他们的教学，反正碰上了算倒霉，碰不上就天下太平。甚至有的老师会天真（幼稚？）到当场请求学生们今天守规矩一点，因为有上级光临听课。诸如此类的现象都会使突击检查的功效大打折扣。

教学秩序是个天长日久的事务，检查一定要制度化，而不可以仅靠少数几位领导人用即兴方式去树立行为楷模。整个学校一旦有一套明确的做法，就有机会形成校风。而任由教授们各自为政，学生们不是为了追求知识而选课，而是为了挑选管理松懈的老师而选课，就完全颠覆了教育的意义。因此如果学生课堂纪律的确有问题的话，则校方绝不应装聋作哑或是讳疾忌医地让教授们去自生自灭。反之，校方的严肃表态，必然会促使年轻教授们拿出勇气来认真整饬课堂纪律，不致因为过分坚持规矩而遭到学生们的打击报复。这大概是香港科大学术领导人得到的教训，但是在创校者退休时，教学秩序的问题还没有得到彻底改善。

各个学院也会借着新生入学训练的机会，向他们强调课堂礼仪和纪律，校方也同时和学生会领袖磋商各种维护课堂秩序的方法，让学生领袖们了解事态的严重性，也让他们积极参与改善。这样就大大地减少了师生之间的对立。

其实香港科大颇有一部分教授本来就极注重课堂秩序，这倒不是为了展示他们的威风，而是为了使其他专心听课的同学的权益不受侵犯。从这个角度来看，如果教授任由课堂纪律废弛，就是对不起那些守规矩而且想专注学习的学生。如果有学生在课程开始后十几二十分钟还大摇大摆地进教室，当然就会分散其他学生的注意力。所以有的教授向学生宣布，上课开始5分钟就锁门。从一个外界人看来，这种做法实在有些可笑，似乎只适用于管理小学生或是军营，对于大学生，怎么可以这样？但是人必自重然后人重之，这个简单的道理也是大学生应该懂得的。如果大学生不懂得自重，就无法抗议别人把他们当成是小学生。教授的基本责任是向所有选课的学生提供一个顺畅安详的学习场所，他如果做不到这一点就不是一位称职的教授。如果他不敢管好课堂秩序，纵容学生在课堂上妨碍他人学习，他其实就是一个坏老师。道理就是这么明显。

前述的那位资深教授，就是因为在课堂上毫不客气地指责学生们行为不检，而在期终评鉴时遭到了学生们给以低分的报复。至于另外那位铁面无私准时锁门的教授，说来有趣，他班上迟到的现象立即消失。也有其他的教授在看到学生交头接耳或是接电话时，就会像在北美洲一般，立即停下讲课而请问交头接耳的学生是否有问题，如果有的话，不妨公开提问。这样一两次就会有效地阻止交头接耳现象。至于在课堂上打电话，有的教授会立即请学生离开教室，而且本节课不许回来。其实心平气和地看来，有些学生并不是故意捣蛋，而是出于家庭环境或是中学经验，没有认识到这些行为的不当性，更没有想到他们在侵犯其他同学听课的权利。但是一经教授指出，也就知道他们的确应该尊重别人。所以即使在大学里，教授们适当地坚持规矩，也是帮助学生们懂得在群体生活中必须学会互相尊重和推己及人的道理。

以上叙述的这些事，看起来似乎是鸡毛蒜皮，无关宏旨，把它们煞有介事地拿出来饶舌，不免有野人献曝之嫌。但实际上它们是办大学必须紧抓的基本功，因为老师和学生接触最频繁的场所就是课堂，如果双方不能谨守本分地履行自己的职责，教育的质量就会遭受破坏。这个道理简单无比。但是世界上偏偏有太多例子，说起道理来其实非常简单，但是人们就是不遵行，而且还把自己的违规装扮成是懂世故，或干脆将罪过归于大环境太恶劣，为自己文过饰非。

学生在课堂外的行为也时有失格之处。比如说，校方从开办以来就特别设立了一个大字报园地，允许学生们对学校事务发表意见和提出建议，借以培养他们的民主素养。大多数学生和学生会干事会珍惜这片园地去发表有建设性的观点或请求，但是也有少数学生把这个园地变成谩骂特区，以不署名方式进行人身攻击。遇到这种情形，学生事务部门就会遵照规定请学生签名以示对读者的尊重，如果没有署名则加以撕毁。经过几年的努力，校方这种认真守法的处理，也帮助提升了大字报水平。另外一个在校园颇为引起关注的案例，是一群学生在咖啡厅大声以脏话互骂（1996年底），打扰了周边客人的安宁。校方的应对方式是召集学生事务部门和学生会主要干部，协商拟订一套全面性的学生行为准则，经过表决通过后切实执行。这符合香港科大行事的基本原则，即不随兴之所至地头痛医头，而是先订出法规，然后依法办事。这么做虽然费时费力，但是有凭有据，同时符合理性与法则。

学生们为什么不专心上课？要答复这个问题，校方的第一步做法就是应该反求诸己。最简单而明显的答案，就是教授们讲课太差，完全不能抓住学生的注意力和激发他们的求知欲，所以学生们只好找些乐子消磨时间，盼望赶快下课。校方学术部门的几位领导一旦把注意力放在这个问题上，就发现有些教授的确有众多缺点急待改进。比如说，有些教授本身就不重视教学。校方发现有一位资深教授打从香港科大开办以来，就没有教过一门大学部（本科生）课程。不管是教授们为了自抬身价或是生性怠惰，教本科生都被视为是苦差事，可以打发资浅教授们去应付。校方对这一问题的解决方案是鼓励每个系的资深教授，包括系主任在内，一定要以身作则地经常讲授大学部课程，特别是一年级的入门课。

校方发现另外一个问题，有些课目选课的学生太少（1994年底）。这和教学质量虽没有直接关系，但却有间接关系。香港科大在创办时百事待举，无暇关注对开课人数设下限的必要性，因此有的课目只有两三个学生选修，也就未予深究。而授课教授也把该课报成是他履行授课责任的钟点时数。后来香港科大发觉这是对教授资源的极大浪费。其实纯从某些教授自我中心的立场来说，选课的学生人数越少越好。好处包括：可以弹性改变上课时间和地点，以完全符合教授的需要；可以用聊天方式代替正式讲课，甚至可以把学生呼唤到他的办公室，在书桌上跷起二郎腿为两三听众大摆龙门阵；更何况可以少改作业和考卷，还可以提早放假。这一切因为选课人数少而衍生的弊端，可以轻易躲开系主任的视线，教授成了完全自由派或逍遥派。虽然有些教授会为了选课学生少而心虚，但是也颇有教授坚持就是要开某一门课，选课人数少不干他的事，摆出一副学术神圣清高、应该不计代价的架势。

这个现象当然有受害者，那就是其他需要选修该系课程的广大学生。由于一两位教授开袖珍班的课，因而经常把许多学生挤压到其他课程里去，这样不但导致教授们工作量的苦甜不均，也使学生们接受教学的质量受到打击。学术部门在了解这一现象之后，规定了开课的最低人数，少于这个人数的课就不能算作教授正规的工作量。但是如果教授自愿免费多开课，学校当然无条件欢迎。的确有教授出于对学生的爱护或是对某一门学问的偏好，自愿为三两个学生额外开一门课。在笔者的同事中，就曾经有过这么一位令人肃然起敬的老教授，他年龄和学问都是系中的长者，研究成绩也显著，总是把学生的求知需求放在第一位，兴致勃勃地自告奋勇地给学生帮助和指导。他真是一位教育家的好榜样，是早年香港科大的幸运，至今令人怀念不已。

6. 香港科大如何奖励优秀教学

香港科大强调教学重要性的另一作为是在刚刚开办时就制订了奖励教学优秀的教授的办法。校方领导早在1992年夏季就开始筹划设立三个大奖，分别是优秀教学奖、优秀研究奖和优秀服务奖。但是几经讨论，发现优秀研究奖和优秀服务奖的标准非常难以确定——既然全校教授都在做研究，要品论其中高下，几乎不可能；而且遗珠之憾会包括一大批人；而优秀服务奖又可能被资深教授霸占，成为自我标榜的工具。所以最后（1993年春季）予以放弃。

唯独优秀教学奖由学校决定设立特别奖章和奖金（1993年春季）。优秀教学奖

不是由行政主管来选拔,而是由教授或学生提名。依规定,只要有5个人提名(而且其中必须有2个以上是学生)就获得候选资格,由学术副校长办公室组织一个临时性的(ad hoc)评审委员会,不但要审核推荐书和授课材料是否翔实,还要由委员们分批去课堂听课,写出观察报告,最后投票表决。得奖者会在全校性的公开仪式上受到隆重表扬。香港科大对于评选优秀教学奖的认真程度还可以从另外一个小故事看出。那就是虽然以上的规则已经订出,但是校方却决定在该年度不颁发此奖,理由是还没有搜集到足够的数据对候选人做出公正判断,因此宁缺毋滥,过了一年之后才付诸实行。评审委员会是临时性的,意思是工作完成后就自动解散,下次选拔优秀教授时再另行组织新的委员会,这样就让教学优异的尺度能够多元化,而不致年复一年地被一群固定人士的"优秀"观念所局限。

教学优秀奖不是虚晃一招的形式主义，而是有高度实质的荣誉，它在500位教授中是一件极受重视的大事。除了全校选出优良教师之外，后来各院也相继拟订方案，选出本院的优良教师。而且这些得奖者都是经过客观方式评选产生的，既不是论资排辈，也不是按系或是按院去轮流分配。有时最后的候选人既有正教授又有助理教授，而得大奖者是助理教授。这些每年一度的活动，兴师动众，处理认真，在科研挂帅的前提下，校方也非常认真地推动教学。再补一句话，虽然优秀教学奖是全校性的大荣耀，但是从提名开始到优胜者揭晓，绝对不曾听说有人进行过任何程序外的拜托和关说，整个过程安安静静。为什么会如此傻？理由就是教授们人格和专业的荣誉心使然，任何企图进行上述活动的人都会被同事们视为可耻和下流。

放眼看去，世界上不乏有些大学，办校宗旨冠冕堂皇，校歌歌词洋洋洒洒，校训庄严神圣，有的还要搞上几句铿锵有声的格言之类的文字，把自己装扮成一副学术殿堂的模样，但是却逃不出金玉其外败絮其中的格局。要知道世界上最容易抄袭的莫过于组织法规（还不用承担侵占知识产权的风险），小学生都会，遑论大学教授。那些法规如果不能落实，则一律是无病呻吟胡诌乱语，与现实完全脱节。真正要办好一所大学，就必须踏踏实实地去做办大学本来就应该做的事，其实没有那么多深奥的秘诀。香港科大早期遭遇了许多困难，做出来的成绩也未必出类拔萃，但是那些人的确是在努力地做，只求实际，不务虚功。或许有些天真，甚或幼稚，但是办事一板一眼，则当之无愧。

7. 理工科学生值得浪费时间去学习人文社会学科吗

参与开办一所新大学的人，肯定免不了会产生意见分歧。对于办大学越是认真的人，他们的意见可能相差越远，香港科大也不例外。香港科技大学，顾名思义，"科技"两个字当然最为突出。但实际上它是由四个学院组成，即理学院、工学院、商学院和人文社会学院。其中理、工、商学院招收大学部本科生及研究生，人文社会学院初期只招收研究生，不收本科生，但是却需为本科生开设必修课程。与此同时，四个学院同步招收硕士生和博士生。

这个体制真可谓得来不易。因为最初港英政府主导的设计蓝图，只是想办一所英国式的理工大学，从一大堆不同人建议的名称中选中了"科技大学"四个字。人文社会课程只是所谓的通识（通才）教育，原来的构想只是开些中国通史、世界通史、诗词欣赏之类的课目，让理工科学生略微涉猎文史宗哲，有些文化气息即可，学生主要的精力应该放在看家本领的理工课业上面，务求在毕业时，成为扎实的理工科专才。

这种办大学的理念和北美洲的高等教育理论发生了严重冲突。笔者所熟悉的几所北美洲知名大学，如果规定学生要修满120个学分才能毕业，那么首先可以用一些高中的高深课程取代（比如在高中修了两年法文），或是通过一项能力测验（advanced placement test，简称AP credits），就可以免修大学同性质的课而取得学分。因此，一些功课好的学生刚进大学就已经累积了一堆学分，许多课可以免修。这些学生可以选择提早毕业，或是利用节省下来的学分去加修自己喜爱的其他课程，使大学教育内容变得更丰富。

其次，不少大学还规定，学生选本系的课程不得超过30个学分（25%）。如果有不得已的原因必须增加时，还需要经过院级指导教授的批准才可以多选本系的课程。如果学生没有事先经过院级指导教授批准而自行多选了本系的课，则在毕业算总账时，那些学分不能被视为完成大学教育的必修学分，因为学校硬性规定其他学分必须修外系的课。也有些大学把四年制一分为二，前两年称之为一般学院（general college），目的就是拓广学生的知识视野，避免一下子钻进一个专业，变得眼光狭窄。比如说，在大学的头两年至少要修一门外国语、世界文化、历史、文学哲学经典、比较宗教、美国政府政治、数学、生命科学、环境学，等等，不管学生的兴趣是文理工商，这些基本课一律要选足规定的学分。而以上这些领域并不只是提供入门课而已，如果学生有兴趣，还可以在各个领域选修高深的课程，内容绝非限于皮毛而已。

学生要到了三年级才可以选择系别，以三四年级的两年时间主攻本科。如果总共加起来，在四年制大学理工科学生所选的课程中，人文社会学科至少占25%，甚至多至30%～40%不等的分量，而本系的课程可能在40%以下，其他20%～30%的课程则是任由学生去探索他们的兴趣所在，或是选最容易的课去混日子。以上所叙述的并非一个固定的公式，而是一种教育理念的体现，在这个鼓励学生成为"文化人"而非"工匠"的共识下，每个大学都可以做出最适合的自我调整。

香港科大在最早的筹备阶段，当然是由港英政府指派的人员去依样画英国的葫芦，但是经过参与创校工作的美籍华裔教授的力争，才把通识部门升格为一个与其他三个学院地位平等的学院，并硬性规定所有本科生必须修这个院的课程。所幸的是双方并非意气之争，而是理念之争，都是为学生着想，最后达成的妥协是规定学生必须把12.5%的学分用来攻读人文社会课程。虽然与北美洲的制度相比打了折扣，但是在香港已经是非常有前瞻性的壮举了。

即便已经做出明文规定，这个教育理念的冲突在开学后的头几年里依然时隐时现。一方面，香港学生进大学时的心态本来就是注重功利、实用和就业。从高中开始，他们就没有机会培养课外兴趣。因此在香港科大成立的头几年里，学生对人文社会课程真是心不甘情不愿，认为完全是在浪费他们的时间。另一方面，教授们之间的分际也逐渐明显化：来自北美洲的理工科教授虽然明知道香港社会体制和学生的期望与北美洲不同，但是从不曾要求放松人文社会课程；而来自英联邦（特别是英国和澳大利亚，但不包括加拿大）的理工科教授们就不时会想出种种冠冕堂皇的理由，冷不防地要求人文社会学院手下留情，有时软语哀求，有时面孔铁青，还会拿出学生们可能集体抗争作为胁迫。

然而即便创校人如此努力地强调人文社会教育，香港科大最初在北美洲招聘人文社会学院教授时仍然遭遇到重重困难。困难不是来自年轻的资浅教授，因为他们根本摸不清楚状况，只要找得到工作就是好事。困难在于招聘不到资深教授，因为被物色的对象提出的第一个问题就是："我凭什么要放弃现职，到一个名不见经传的理工大学去做二等教授？"

创校人的回应是立即提出更多的保证：绝对是一个货真价实的学院（1990年），行政地位与其他所有学院完全平等；只开设正规课程，绝不允许"鬼混"课程（当时他们戏称为米老鼠课程，Mickey Mouse courses）；可以开设研究生课目，授予硕士、博士学位，规格由全校统一处理；在一切待遇上（包括薪资、研究费）和其他学院也一律平等，绝无二等教授之说。有了这些保证，香港科大才能慢慢地引进资优教授。而这批新教授一加入香港科大，马上就旗帜鲜明地宣示立场：没有一所缺少人文社会素养的理工科大学能够成为世界一流大学。所以当时的气氛不是矮了一截，夹着尾巴做人，而是理直气壮地告诉理工科的教授同事们，他们的学生如果少了人文社会科学训练，就成不了气候，也就是他们亏待了自己的学生，虽曰爱之，其实害之。他们说这些话时，没有丁点儿谦让的模样。

或许可以想象的是，来自北美洲的理工科教授们对于这种姿态能够心平气和地接受，而来自英联邦的教授们就可能有些如骨鲠喉。其实有一位校方领导人（专业是理科）在私下就说得更为露骨，他认为人文社会学科的功能就是把一群粗野的人加以"驯服"（他用的字眼是"tame the beast"），这可让人文社会学科的同事们听了之后大感痛快。还可以顺便一提的是，学校创校时有好几位理工科的院长、系主任和资深教授都是人文素养非常深厚的学者（台湾中学和大学教育的痕迹非常明显），说话优雅，引经据典，下笔万言，既善于写散文小说，又可以论上下古今。以他们的人文社会学根底，也绝不甘心在香港科大只是去培养一群"理工匠"而已。

毫不奇怪，香港科大学术领导人和一些教授所参考的蓝图是美国东部的麻省理工学院（MIT），和美国西部的加州理工学院（Caltech），两者堪称北美洲（也是全世界）最顶尖的两所科技大学。因此当他们面对理工科同事之时，不是赔着笑脸去请求对方高抬贵手予以包容，也不是怒目龇牙地唱对台戏，而是当仁不让地强调人文社会教育是大学教育不可或缺的一个部分。在最初的一两年之内，这种观念上的变化，当然靠人文社会学院的争取，同时更靠理工学院同仁们的智慧和广阔胸襟，才能投注精力共同建设新的香港科大。当时有没有极少数理工学院的同事受不了这种"异端邪说"？当然有。但是他们在看了几年成果之后，也就回心转意，成为精诚合作的好同事。

香港科大之所以有今日的规模，在于当年"文科"和"理工科"的合作，都是以学校整体利益为前提，既没有门户之见，也不争风吃醋。因此从1992年开始，上述两个美国顶尖大学的办学理念和模式，在香港科大校园内再也没有引起过争议。

记得当年有一个小插曲几乎酿成大风潮，那就是有些聪明绝顶的理工学院学生想出了一记妙招，要求人文学科开设"计算机音乐"课程。事情发生的起因是香港科大招生的第一年，学生们就因功课太重而怨声载道，一经和他们进入本港其他大学念书的高中时代同学相比，才知道香港科大的功课负担大不相同。这可能有两个原因：第一个，如前所言，香港科大入学学生的成绩的确不如其他大学那么高；第二个，香港科大的课业的确逼得很紧。

在这种局面下，某一个学院的学生们学分分配就显得非常紧张，而该院毕业生若想要通过香港专业执照考试的话，必须选足本学科学分。因此第一个进入学生脑海的解套妙招，就是减少人文社会方面的学分而加修本院课程。如果此计不售的话，则退一步改为要求开设一些"鬼混（米老鼠）课"滥竽充数。而该学院出身英联邦的学者，也有人认为人文社会科目本属可有可无。当时全校1000多名学生之中，有500名左右（包括三个学院联合行动）参与大规模签名运动，要求开设"计算机音乐"课程。依学生们的如意算盘，计算机这玩意儿是年轻人的看家本领，只要使用计算机去做音乐，无论如何惨不忍听，总能够把三个学分混到手，甚至可以设法改为由计算机系开课，把人文学科排挤出局。一时间，请愿声非常高涨，而几位硕果仅存的英联邦出身的教授们也去拜访人文社会学院负责人，和教授们攀交情，谈条件，声援学生们的妙想高招。然而人文社会学院当局完全不吃那一套，表明应该教什么课，他们自有打算，不劳其他同事费神，坚决拒绝了来自该院师生的软硬兼施的攻势。经过数度交锋，学生们不得不放弃这个美梦，也从此杜绝了让选修课缩水的论调。

有趣的是，后来经过几年的实践，其他学院的师生逐渐体会到，人文社会科目非但没有剥夺他们充实本学科的机会，反而帮助他们把自己装备成为一个更好的工学士、理学士、商学士。这种新认识使得原先的抵触情绪一扫而空。甚至在学生的主动要求下（大约1995年），学校同意设立双学位制，比如说，让学生得以同时修电机工程和中国文学的课程，或是数学系结合经济学，而获得双学位。许多选择双学位的学生都表示，当初是被父母逼着选"实用性强"的科系，后来才发现自己真正兴趣之所在，因此双学位提供了一个父母子女都能接受的好出路，还帮助学生们开拓了另外一条探索知识的路途。而另外一个比较实际的考虑，则是有些理学院的学生认为以双学位毕业，在找工作时更能吸引雇主的注意。双学位这个"怪胎"，在当时港英制度里尚属陌生，香港科大可能是开创者，即使在今日香港高教体系中，双学位、主修、辅修这些求学选择，都还没有被大学生广泛地认识和运用，诚属可惜。

香港科大经过的这番路程，虽然颇为艰辛，但是正确。而人文社会学院的教授们在世界学坛上靠自己努力所赢得的地位和声誉，也完全可以和其他三个学院的同仁们平起平坐，共同为香港科大的成就做出贡献。这和最早期港英政府的规划相差了十万八千里。如前所言，香港科大走的是一条接近北美洲办学的道路，而不是技术专科学校的道路，这也是在创校者和校长带领下，全校教授们明智的集体努力。但是在其他华人地区，似乎还有不少理工科大学宁愿以办专科的方式来办大学，而不觉得对学生们有所亏欠。这种现象也着实叫人感到纳闷。在此值得一提的是，香港科大双学位制度之实施，完全在校内决定，没有受到政府干预。这或许也是所谓教授治校良性表现的一个例证。

8. "有教无类"的执着

香港科大最早期收不到好学生，但是锲而不舍，一直把教学看成是重点努力目标。它并不自命清高地一味去争取香港的英才而教之，而是想尽方法把家长们托付的子弟们教好，"丙"等的学生送进来有希望变成"乙"等的毕业生送出去，"乙"等的学生送进来变成"甲"等的毕业生送出去。这本是一切自许为教育机构的学校所应担负的最基本责任，无须自夸。既然世界上英才只是极少数，而凡夫俗子却是一大堆，那么如果不把后者的教育放在第一位，而只是千方百计地去抢英才，则一个社会只有一小撮精英而有一大堆草包，又为什么还要全民纳税买单？

香港科大是用香港纳税人的钱建造起来的，教授们绝不能拿了他们的钱还去嫌弃他们的子弟不成材，更不能拒绝降尊纡贵去尽心施教。随着香港科大学术地位的巩固，招收到的学生成绩自然逐年上升，但是在笔者服务期间，似乎从来没有在校园里听到过忽视教学的言论。在这个问题上，香港科大创始以来，所走的路应该足以自豪。

讲到这里就不免引起一些联想。近年来在某些华人地区因为生育率下滑，少子化的危机意识相应提高，有些大学已经开始绞尽脑汁去招揽学生入学。有趣的是，多数大学所讨论的应对方式，似乎把焦点完全放在市场化运作方面，强调招徕技巧，而就是绝口不提教育的实质改造工作。依照最简单的道理，当一家卖牛肉面的餐馆生意不好时，经营者首先的对策应当是改良牛肉面，以图赢回顾客们的信任，而不只是讲究广告伎俩，或是雇一个乐队在门口敲锣打鼓。而有的学校居然异想天开，打出英文教学的诱饵希望吸引境外学生。但是如果本校老师的英文都过不了关，如何还能用英文去加倍误人子弟？

同样地，当一个地区的大学教育供过于求时，许多烂大学本来就应该关门大吉，还可以因此达到造福社会的效果。大学如果要想在逆境中求生存，莫过于痛下决心去改善教学质量，以求脱颖而出。这是连餐馆老板都懂的浅显道理，偏偏许多学富五车的大学领导人不懂。或是装傻？其实最主要的原因是他们依然梦想因循苟且，避免搅乱校内那个烂摊子，因为一提到改革更新就要得罪人，牵一发而动全身。这是许多学校领导人极力要逃避的痛苦，所以只好继续用劣质的原班人马和教学方法去诱骗不知情的学生上钩。这些大学一方面甘愿做不讲商业道德的知识贩子，另一方面又希望消费者（学生和家长们）是大傻瓜，能掉进他们的圈套。依据香港科大早年办学的精神，学校欠学生和家长们的就是努力地提供合格的大学教育。违背了这个基本精神，这所大学就是可悲的，而且也没有了继续办下去的理由。

新近大学界在教学方面有一个发展，和香港科大当年的理想颇有不谋而合之处，那就是有几十所北美洲顶级大学，其优异的教学和研究成绩是全世界所公认的，最近（2012年）正在试行各种模式，把它们的若干课程放在网络上，任由世界各地人们学习。目前这个发展有如雨后春笋，名称和形式各异，总称是"大规模网上公开课程"（massive open online courses，MOOC）。有些是个别教授自己设立网站，有些是几所大学集资合办。多半不收费用，也有收取低廉工本费的。多半不授予学分也不颁发学位，但是最新发展是某些大学已经开始试办计算学分和颁发学位的远程教学。更值得注意的是，美国加州向来是敢于尝试新鲜事物之地，目前其州议会正在酝酿一项立法，规定本州公立大学不得以班级拥挤为理由剥夺学生选课的权利。换言之，如果大学生在本校无法选到某些课程，则可以到网上去选课，而大学必须承认他所获得的学分。

用新科技手段推广大学教育的革命性意义在于，课程的内容和教授应该是全国（全世界）最优秀的，以求得这些课程可以被普遍认可。到目前为止，仅仅是加州一地就可能有几十万大学生的选课机会得到大幅增加，美国其他各州的大学也正在密切关注这个发展。一旦这种新式教学方法成熟，则中国教育界的先行者经过最简单的协调就可以把英文（或其他外语）的教材改为中文传播。事实上，以华人的聪明才智，这种并不需要高科技就可以达成的理想，为什么我们需要被动地等到欧美学者先发明和发展成型之后才去抄袭？为什么不可以在这个草创时期凭自己的能力去设计一套（多套）普及教育的方法？

　　令人无限感慨的是，一个世界上最富裕的地区（北美洲）居然还要想尽办法去降低教育成本和增加国民受教育机会，以求向华人文化中最珍贵的"有教无类"的崇高理想迈进一大步。反观有些地区的大学，拿了公款办学，却转过身来把大学的设备、水电、老师们的时间，经过一番改头换面，变成办补习班赚外快的工具，最后还滥发文凭和结业证书，帮助受训人在社会和职业场所欺世盗名。当我们把这两个例子陈列在一起时，后者能不汗颜？如果孔老夫子地下有知，能不兴起"礼失而求诸野"和"德不孤必有邻"的感叹，而把西方教育家看成是他伟大理想的最好传承者？

　　这个教育科技新发展可能产生什么样的结果？

　　最令人鼓舞的可能性，就是把大学生从烂学校的牢笼中解脱出来。在网络教育俯拾即是的情况下，挤进名校做学生将会没有太大的意义，因为网上课程只重教育实质，不重虚功。成批的教学恶劣的烂大学可以就此关门大吉，国家和社会可以节省大笔经费，不再投入那个无底洞，不再容许烂大学继续误人子弟。"英才"不"英才"根本不是这个新式教学方法所关心的问题，资优生和资劣生一律平等地坐在家里上课充实知识。虽然这个趋势发展至今不过几年时间，但是它可能已经对大学教学产生了革命性的影响。最近一个令人震惊的实例是，某一所世界顶尖大学的商学院已经停止开设某一课程，因为在一所名不见经传的大学里，有一位教授教所开设的课程，远比顶尖大学自己的教授教得好。这个颠覆性的发展最终究竟会走向何处，目前还难以想象。

　　但是网络授课不可能全部取代课堂经验。学生们除了利用计算机吸收知识之外，还需要有集体学习的环境，才能够有机会产生脑力激荡，才能进行分组讨论或完成指定的作业以培养群体合作的团队精神，才能有与教授面对面沟通和质疑问难的机会。大学必须提高教学质量才能完成这些新任务。总之，随着科技的发展，世界先进国家已经摸索出来的教育新途径，华语世界必须及早重视，甚至要有雄心参与新模式教学的创建工程，才能造福民族的下一代。

最令人害怕的可能性是呆板的文凭挂帅。光有学识而没有文凭，年轻人在就业时处处碰壁，因此必须进大学去混一个资格。这就使某些大学有机会利用文凭去掐住学生们的脖子，逼使他们必须在大学里付足"赎金"才能进入职业界。果真如此的话，则教育就有步随中国老祖先四大发明的危险。印刷术、火药、指南针、造纸，都是民族老祖宗的辉煌成就，但是都被外国人拿去发扬光大。"有教无类"本是中华文化中人文主义最精华和珍贵的理念，现在也可能再度被外国大学拿去实现，而我们还有些高等学府在那里自鸣得意地把教育机构当成摇钱树。这种讽嘲，真叫人感慨万千。

根据笔者的了解，香港科大对于网络教学这个新趋势非常关切，而且已经订出具体办法加入某些欧美大学的联盟。这个发展和当初香港科大创校者的理想是一脉相传的：一定要把受教育的机会推向平民，而不是只为精英们（英才）服务，更不是躲在象牙塔里自我陶醉和自欺欺人。当然，华人社会除了必须密切关注网上教学的发展并且及时介入之外，还需要未雨绸缪，定出一套系统的管理制度，务必使这种教育方式能够在华人社会里获得良性发展，造福成千上万的学子。最不幸的结局是今日教育界的既得利益者受不了这个新兴事物的冲击，又没有应对的能力，因此只好绞尽脑汁去想出种种行政控制的点子，去劫持这种教育形式，把它捆绑在他们摇钱树的树荫之下，或是取得垄断权，扼杀教育普化的黄金机会，转而把这个新科技变成独门生意。"洋人"的"道"可以高一尺，我们的"魔"就可以高一丈。到头来看看谁厉害？

II. 香港科大教学的衍生事物

1. 教授们的课程表如何安排

香港科大在教学方面还经历过几件事。

首先是香港科大初期的授课工作分配问题。前文已经略微提及，当年有些系曾经遇到过一种有趣的现象，那就是很多人（资浅教授和资深教授）不愿意教低年级的课程。但是香港科大校方极力要改变这种扭曲心态，特别强调要为一年级学生打好基础，一年级才是大学教育最重要的一年，因此特别（但不明文）规定，必须由系主任及最资深教授尽量以身作则去讲授低年级课程，并且要求其他教授一律分担低年级课程。几年下来，大致改正了这种自命不凡的心态，低年级课程受到同等重视。

据笔者所闻，在某些华人地区，教授们会力求多收研究生，每人负担六七位甚至十多位研究生的指导任务。有的地方甚至按人头计算，凡是教授指导的学生得到硕士、博士学位还要发放一笔额外经费，美其名为"论文指导费"，其实就是津贴。恕笔者阅世有限，在西方大学里还从来没有听说过硕士生导师、博士生导师要额外拿钱这码事，更何况教授的收入和硕士、博士学位挂钩，其产生的弊端又可能有多少？再说，由于教授精力有限（其实学问也未必有那么渊博），对研究生的培养自然就粗制滥造，流行的笑话是有些博导甚至不认识自己的研究生。这听起来本应该是绝无可能的，但是这一类说法流行得历久不衰，也让人不得不相信它们确有几分真实性。但是在香港科大，类似情形绝对没有发生的可能性，因为系主任会严密控制教授们人力和责任的分配。当然，有些教授会聪明到想要教几门研究生课程，借此就可以避免去给本科生上课。但是这种如意算盘一定会被系主任否决，因为系主任会尽量设法使同事们的负担能够均衡，或是以轮替方式分配。所以如果有个别教授想玩这把戏，肯定会碰一鼻子灰。

另外一件小事也反映了一部分人在人性上的弱点，那就是有些教授为了争抢最好的上课时段，想出各式各样千奇百怪的授课方式，要求校方予以采纳。守规矩一些的教授抢着挑选周二、周四的早上10~12时；大胆些的教授要求一堂课连上三小时，这样他们这一周就完全自由了，尽管教育心理学已证明这会把学生累垮也在所不惜；更大胆的教授要求把课排在周六或是晚上。这种只顾自己不顾学生的做法，不但见之于个别教授，也见之于有些系。甚至还有教授要求把他所有的课程全部集中在一个学期内讲授完毕，这样就可以自由支配本年剩余的时间，甚至根本从校园里失踪，还要美其名曰是为了增加研究的效率。但是从笔者个人的观点出发，这些都是教授们自私和自我膨胀的表现：既想多拿钱，又想少做事。他们或许研究也做不好，却首先想打学生们的主意在教学工作上偷工减料。也或许他们根本没有能力在研究型大学任职，但却恨不得学生们不要去打扰他们，让他们可以挤得出丁点儿研究成果。退一步说，如果他们果真是研究能手，就应该凭本事去专业性的研究机构谋职（比如说科学院），而不要占尽便宜，既想进入研究型大学，又不把学生的求知当一回事。

幸好香港科大校方始终信守一个原则，那就是以学生们能够来校上课的方便时间作为最优先考虑，然后要求教授们必须把授课时间做合理的分布，务必使学生不致因为时间冲突而失去选课的机会。这些看似琐碎的事，都可能严重影响学生们学习需要的满足，因此不可以由教授们为了自己方便而随意去摆布。我们必须记得的是，教授教课是为学生服务，而不是学生为教授服务，教授们更不能以奇货可居的姿态去对待学生们。教授们授课时间应方便学生们学习，这是天经地义的事。校方为此定出非常严谨的制度，有时甚至鼓励系主任及资深教授自告奋勇地去承担大家惟恐避之不及的时段（比如周一、三、五早上8时，或是周二、四下午5～6时）的课程，逼得那些自以为得计的教授们也不好意思过分明目张胆地去玩弄他们的小聪明。这类情形想必在许多大学都曾经发生过，但是有两个重要尺度可以衡量学校对于学生的关怀。一是，课程时间的安排是以学生学习的需要为最优先考虑，还是以教授的方便（偷懒？）为优先？二是，是否老牌大教授大模大样地霸占了最好的时段，抑是按照公平原则排课程表？甜苦分配是否平均？

从这两个简单得不得了的标准，就可以看出一所大学是否重视教学。笔者能够想象到，有一种恶性循环是大牌教授们把好时段都霸占殆尽，剩下的坏时段由资浅教授们心不甘情不愿地去承受。这种情形一定要等到资浅教授们由媳妇熬成婆才能改朝换代，如此一代一代传递下去，授课的体制没有改变，只是授课人变了而已，学生们永远是逆来顺受。而且在许多离谱的情况下，学生所承受的伤害实在无法以言语形容，而校方和那些教授们却仍是麻木不仁。真是可叹！

至于说到"大牌"教授，通常所指似乎只是年纪大、资格老而已，他们的学问却未必好。事实上，真正在国际上享有崇高地位和知名度的大教授们，很少耍大牌。这个等级的学者，笔者从做研究生到做教授退休为止，有幸拜识过的可谓车载斗量，其中既有老师，也有同事，他们多半是唯恭唯谨地做好分内的事。香港科大的确不乏世界级大教授，却也没有理由要去容忍耍大牌的教授。因为后者对于一所大学的危害，往往超过他们突出的学术贡献，最终甚至变成了害群之马，使学校未蒙其利，却先受其害，得不偿失。香港科大早年也的确有几位"大牌"（或他们是半瓶子醋却自视为大牌）的教授，在课堂上准备不足，胡言乱语；在系务会议上颐指气使，蛮横无理，还要拉帮结派，培植私人势力。有的甚至还有酗酒等坏习惯，该工作时在睡觉，更是妨碍公务。最后相关的系都敬谢不敏，欢送他们走路。而留下的大教授们真正成为年轻教授们的楷模。

2. 凭什么要花钱去录取外地学生

录取外地学生也是香港科大初创时期一度面对的难题。1990年代初期，香港并不流行收取外地学生，更何况外地学生如果也拿到研究生奖学金（香港称之为post-graduate studentship）的话，还会引起香港学生的激烈反对，认为是抢夺了他们的机会。这种心理完全可以谅解，因为奖学金数量有限，多了一位外地学生得到奖学金，就减少了一位香港学生的机会。但是香港科大认为学校招收的本地学生已经有先天的不足，入学分数低，家庭教育（父母的受教育程度）背景弱，如果缺乏外界的刺激，整天只和香港同类型学生耳鬓厮磨，就没有机会去体会世界学坛之大和外地学生的学习习惯以及勤苦奋斗精神。这样的大学生只能习惯在本地风平浪静的小池塘泡水，而没有能力到外面的大江大海中去搏斗。因此为了改善学习环境，激发香港籍学生的竞争意识和危机感，帮助他们建立比较世界观，校方特意向政府力争增加非港籍学生的名额。事实证明，这是一个互利互惠的做法，对于香港学生产生了莫大的激励作用。

最先招收外国学生来香港科大念书的是商学院，交换生项目包含在香港科大和几个北美洲大学的合作协议之中。其次在1991年底，香港科大就开始思考招收中国内地的研究生来校攻读学位，因为这本来就是许多当初来香港科大工作的教授的理想之一，所以急于付诸实践。不久，有些系先后开始单线和内地大学取得联系，挑选它们的好学生到香港科大进修硕士、博士学位。随着双方熟悉程度的增加，逐渐有更多的内地大学（1992～1996年）对香港科大产生兴趣并且和个别的系建立长期稳定关系：不仅是增进教授们的学术研究合作，也包括派送资优毕业生来香港科大进修博士学位，为他们自己培养未来的师资。而香港科大有些系也开始把接触点伸展到整个内地高教体系。这些合作计划都是自愿组合而成，没有经过任何国家级机构的统筹办理。到了1998年春季，香港科大更进一步招收了首批19名内地学生到校攻读学士学位。

香港科大在1997年香港回归之前就引进内地学生来港读研究院。这种做法在当时香港实属另类，其他学校尚未开始思考，香港科大个别系已经派遣教授前往内地名校甄选毕业生来读研究生。其实当时内地名校，不管是对香港还是香港科大都缺乏认识，觉得无论如何，香港科大这个学界晚辈也必然远远落在内地历史悠久的重点名校之后，因此并不热心，香港科大有时还需要靠特殊渠道才能选到好学生，但是至少开了头。记得在1992~1998年，国家教育部曾经协助香港科大招收一批在内地已经考取重点高校的研究生转赴香港科大攻读学位，而香港科大某些系也乐意接受此项安排，因为既省事，又有质量保障；但是也有的系却偏偏不领情，坚持要自己去主持选拔研究生，不愿由政府机构统筹办理，香港科大校方也予以尊重。后者这一行为也值得嘉许。因为从整个大学的立场而言，香港科大当然会非常珍惜和内地培养关系的机会，但是按照校内规矩，招收研究生却是各系独立的权责，不受上级的控制。到最后，学校选择了尊重校规，而不是广结善缘。教授治校在此又多了一个实例。

　　就从这么小规模而零星的开始，香港科大成为招收内地学生的先行者。随着招生人数逐年增加，香港科大教学和研究质量的名誉很快就在邻近地区传开，因此刺激了更多的申请者。不久，香港科大研究生录取的火爆和稍早本科生录取的困难形成了有趣的对比。到了1993年底，香港科大招收的研究生已经超过了港英政府允许名额的50%以上，使得教育部门一度非常担心情况失控。但是香港科大领导人软硬兼施还是混过去了，并在该年度就授予博士、硕士学位共66个（理学院17人、工学院29人、管理学院16人、人文社会学院4人）。此后博士、硕士学位获得者人数持续增长。这些最早期来自内地的研究生，多已陆续返回内地工作，有些听说已经担任领导职务。

　　想不到十多年之后，香港多所学校也各自制订了自己的招生办法，而且在内地引起了颇为热烈的反响。而香港科大从一开始就是以本校的教学和研究需要为出发点，在与内地学术界交流时，并不讲究宣传和公关。

　　正本清源地说，香港科大从创办开始就积极地录取非港籍学生，当时的主要动机并不是希望借此提高国际知名度，更不是想赚取他们的学费，而是希望这些学生可以帮助和刺激香港学生端正学习风气和提高效率。这个主从的关系摆得非常清楚。因此，在那些年岁里，校方也从不曾想过用物质刺激方式去招揽非港籍学生来为香港科大充场面，更不曾用重金去抢夺内地各省的高考状元。香港科大在开办的20年中，吸引了来自世界60多个国家和地区的学生，仅仅在2012年，香港科大就收到来自30多个国家和地区的近9000名学生的入学申请书。这当然是一个值得庆贺的里程碑，它显示香港科大在世界学坛的地位已经被广泛认可。但是香港科大所有做法的本意都是以推进教育质量为终极目标，而不是给自己抹胭脂搽粉。香港科大也不需要经由这些手法来标示自己"国际化"的程度。

这些外地学生来到香港科大，的确对香港学生开阔眼界和改良学习风气都产生了极大的正面效应，使香港学生体会到"天外有天"。特别明显的例子就是外国学生在课堂上敢于发问和表达与教授不同的意见，相形之下，香港学生一个个噤若寒蝉。那个场面对于香港学生而言，肯定是重大的文化冲击，渐渐地他们也敢于参与课堂讨论了。至于外国学生的好学精神和勤奋守法风度，也可以让香港的学生们在他们自己的层次上和世界一流人才"接轨"。当然笔者也希望，这群非港籍学生之所以选择香港科大，是因为他们认为香港科大可以提供良好的教育，而不是因为香港科大出得起大价钱去引诱他们。

3. 普通话值得推行吗

普通话的地位和重要性在香港科大校园里具有特别意义。在香港其他大学校园中，并没有语言的烦恼或限制，教授们可以自由选择使用广东话、普通话或是英语授课，各校都有自己的空间。依照当年的情况，讲课使用广东话大概最多，英语次之，普通话则可能少之又少，在某些校园甚至不被允许。

唯独香港科大是由港英政府硬性规定只许用英语教学。这当然会产生一些后果。比如说，凡是英语不流畅的学者，无论学问如何好，也无法被聘请为香港科大正式教员。为此，香港科大肯定丧失了一些好的人才。再就是某些课程实在不适宜用英语授课，比如中国诗词。但是碍于规定，也只好将就，或是偷偷地违规上课，但是例子非常有限。

总的来说，香港科大校园有一种特殊情况，那就是资深教授讲普通话的人数最多，因此，普通话成为非官方语言的主流，包括他们和行政部门的职员们对话，也尽量用普通话，所以香港科大职员们出于形势所逼，普通话的能力在香港各大学之中可能最为流畅。

更重要的是，资深教授们极力向学生们灌输普通话的重要性，告诉他们在他们未来几十年的人生和事业规划中，如果不会说普通话一定吃亏。为了鼓励学生们多用普通话，校方还组建话剧社、组织辩论比赛等帮助他们锻炼普通话。毫不奇怪，这

些做法在起始时学生颇为不解。尤其是那时候在香港社会上，内地人普遍被贬称为"表叔"（无钱的远亲），看不出会有什么出息；更糟糕的是内地来港人士学习广东话都唯恐来不及，而全体内地人都在赶时髦地练唱粤语流行歌曲。此时香港科大的教授们还要学生反其道而行，费神去学习普通话，委实太不识时务了。幸好教授们锲而不舍，经过反复倡导，普通话在校园里逐渐成气候，这都是创校教授们致力于课外活动的果实。而事实上，除了普通话能力的提升使香港科大的学生在改革开放后敢于只身赴内地就业或是创业之外，他们和内地来香港科大读研究院的同学共处一堂，除使双方在学习上得到互补，也同时拓展了他们的人际网络，产生了许多无心插柳柳成荫的效果。这些做法在当时香港社会里，不仅不被本校学生理解，一般市民大众也不把它们当成是正面的教育手段，颇受到一些冷遇。幸好时间证明这些做法的正确性。渐渐地，学习普通话在其他大学里也成为普遍现象。

归根结底，当初香港科大采取这些措施既不是为了标新立异，也不是想开扩财源，而是相信让不同背景的学生共聚一堂，是改善学习环境的一个重要手段，这个简单道理在北美洲的大学中早已经过验证且实行多年。所以多元化或国际化的主旨，是为了本地学生学习效率的提升和眼界的开阔，进而取得观察世界的视野。当然，经过学生时代的这种接触而建立起来的人脉关系，也很可能大大地增加他们此后事业的机遇。香港科大初创时期某些教授们的这番苦心，事后看来，还真是颇有远见，他们不是为形势所迫，而是走在形势的前端。

通过本章对于香港科大早年的教学理念和施行的措施所作的一些叙述，读者可以看出，香港科大并不刻意地去做争取把天下之英才集于一堂而教之的美梦，而是希望提供一个具有充实内容的学习环境去提高学生们的"含金量"。在这方面也许最好的检验方法是追踪毕业生的事业发展。可惜的是，香港科大创办的头十年百事待举，还顾不到这个课题，因此笔者只能依据手头上2006年的调查数据管中窥豹地略作说明。根据2006年底的调查，所有2006年的毕业生都有了出路，或找到工作，或自己创业，或继续进修。其中69%进入商业和金融界，14%进入制造业和工业，10%进入教育界，3%成为政府公务员，3%进入建筑业，1%进入社区服务业。这些数据之中最惹眼的是香港科大毕业生选择不进入（或是进不了）政府机构，因为他们缺乏香港老牌大学的人脉。但是在其他行业里，他们的就业和就学都甚为顺心，特别是商业和金融界是香港经济实力的核心，香港科大毕业生就业的成功率似乎很高，而且几乎一出校门就找到工作。根据另外一项调查，68%的毕业生收到一个以上的工作聘书，37%收到两个以上的聘书，19%收到超过三个以上的聘书，可见香港科大毕业生在市场上受欢迎的程度。这就难怪他们的起薪超过当时的市价，最高甚至有人拿到4.9万港元的月薪，约为一般新进人员的5～6倍。

香港科大提供的教育对毕业生有什么贡献？调查显示，他们之中有一半以上的人认为在香港科大所获取的知识对他们现在的工作非常有帮助，个别院系甚至有更多毕业生认为香港科大的教育对他们的工作非常有帮助，而他们的薪金收入也高于当年香港的一般收入水平。回顾过去，这些学生当年选择进入香港科大，成为家庭历史上第一个受高等教育的成员，最终使自己脱离了父母亲那一代的低知识水平和低收入状况，在经济上和社会地位上都大大地提升了。在此我们可以暂且撇开香港科大这个机构，而只是关注这一群学生。他们因为选择了一个受教育的机会和场所，使得他们在社会阶层的楼梯上（ladder of upward social mobility）一转眼就爬上了许多层，成果非凡。这大概是最能让香港科大的创校教授们感到满足的成就。

最后还需要对研究生录取问题做一个解释。香港科大本科生的入学考试由全港统一处理，但是研究生的录取则是下放到各系，19个系的做法因为学科的特质，各有自己的一套。大致而言，研究生不是由教授们去录取的，更不是由教授们去招徕的，而是经过校方入学事务部门先收集报名申请书，通过初步成绩和其他条件的考核后，再送到各系，由后者挑选。许多系的选择任务是交给一个研究生申请审核委员会（admissions committee）去处理。因此如果想私下拜托一位教授用走后门方式以求变成"入室弟子"的做法，在香港科大基本上是行不通的。教授根本没有那个权力，一定要经过系内委员会审定方可。

一旦被录取，研究生一般要修完该系规定的基础课程，并且通过博（硕）士资格考试，才能成为学位候选人。研究生可申请两种不同的奖学金。一种是由政府提供，名额和金额都是政府决定，然后把名额分配到各系，而不是分配给个别教授。当然又要经过一道审核手续，才会把奖学金发给成绩最好的学生，只要他们保持学业成绩优良，奖学金就会有三年的保障。这些学生有时被戏称为"吃皇粮"的，意思就是有政府的保障。这是公平竞争的结果，而不是哪一位教授的恩赐。另一类奖学金则是由系里教授们从自己争取到的研究经费中支付，这些学生当然就需要替那些教授去完成他们的研究任务。管理学院和人文社会科学学院的研究生多半属于前者，因此他们有充分自由去选择自己心爱的论文题目，也可以自由选择教授作为指导老师，是一种两厢情愿的结合。理工学院的研究生则因为较早就使用了个别教授的研究经费，所以他们选择论文题目和指导教授时，自然就需要配合出钱教授的大研究方向。

以上所言基本上是北美洲研究型大学运作的翻版，了无新意。但是如果和邻近地区某些大学相比较，就会有若干重要的不同之处。香港科大研究生选择研究课题独立自主性强，他们当然可能去请教教授如何选择论文课题，但是如果他们已经胸有主见，只要能够通过系里委员会的批准，就可以从事心爱的研究。而在某些地区，学生之所以"追随"一位教授，目的就是想依赖教授出题目而由学生去做答案，甚至还想依赖教授指点细节。这样的人听起来应该是一个没有出息的研究生，而用这样方法造就出来的博士，首先就会受指导老师（博导）智慧的局限，更何况一旦脱离教授的扶持，就可能心中一片茫然，不知下一步如何去进行研究工作。

怪不得在这种培（孵）养的环境下，论文指导教授理所当然地就变成了"恩师"，而学生做出来的论文也就很难超越老师的学术成就。这或许就是在某些学校，有祖师爷、徒弟、徒子、徒孙的排行榜的来源。因为他们的学位的确是老师手把手得来的。这种关系还可能有一个影响深远的恶果，那就是学生即使做出了具有原创性的发现，但如果和导师的论点相反，也一定要小心从事，不然就会被视为跟导师唱反调，拆导师的台，有违学术伦理。这无形中扼杀了学术的进步。这就难怪许多有"恩师"的学者,此后一辈子的学术作品都只是在给恩师的学术成就添砖加瓦,因为这样做最保险,也最能得人缘,也或许就是他最大的能耐。其结果是,人类的知识在原地踏步。

香港科大基本上没有这个问题。更有甚者,香港科大还有另外一个规矩也是北美洲优良大学的翻版,那就是自己培养出来的博士绝对不准许留在本校任职,无论如何优秀,都必须先到其他单位去磨练,证明他们的优越性,若干年后,或许可以再来香港科大申请教职,和其他所有的申请人公平竞争,没有优惠政策。所以近亲繁殖和树立学阀的现象,在香港科大根本无法生存。

还是那句老话,一个用纳税人税金创办的大学,一定要向纳税人交账,而最好的方式就是尽心尽意地教育好他们的子弟。不论贤、愚、不肖,只要进了学校,学校就有责任对这些子弟进行加工和改善。香港科大的教授们在这方面的确站稳了立场。他们没有以自我为中心,也没有关起学校大门在象牙塔里自我陶醉,而是诚心诚意地为香港教育好下一代。因此虽然香港科大的使命是提升香港的学术研究成果,但是在面对香港的父母大众时,香港科大广大教授应该可以非常心安理得地告诉他们:"我们的确是全心全意地给了您孩子优质的教育。"

第5章
教授招聘和任免程序点滴

JIAOSHOU ZHAOPIN HE RENMIAN CHENGXU DIANDI

教授素质是一所大学的命脉。好教授能够提升教学质量，开阔知识的领域，启发学生旺盛的求知欲，使教育事业欣欣向荣；反之，不好的教授可以把学校办成学店，使学生一进课堂就昏昏欲睡，把原本富有朝气的青年磨成死气沉沉深谙世故的小老头，挨到毕业证书到手就发誓一辈子再也不摸书。其间的差别就可以有如此之大，这个道理谁能不懂？

如前所言，香港科大学术部门的设计工作，相当一部分远在学校尚未开张大吉就已经由一群热心的先行者非正式地在美国着手。当时许多被邀请来义务帮忙的华人学者已经开始提出一些构思。这些学者已经在北美洲任教有年，对于有关学术方面的典章制度基本都懂，因此即便是对某些细节有歧见，但是对于基本架构很容易取得共识。到了学校开始招生授课之后，学术部门就组织了一个项目小组（1992年），就教授们的招聘、去留、升等和终身制做出细致规定。四个院长也参与了这个过程。

I. 招聘工作简介

1. 教授职位名称的调整

香港科大在创校之初（1991年底）就开始研究如何协调英美大学体制在教授等级划分上的差异。

当时港英政府管理下的大学体制，教授们分为五个等级，分别是instructor（助教[①]）、lecturer（讲师）、senior lecturer（高级讲师）、reader（教授）和professor（讲座教授）。这个体制有几点值得注意。首先是"讲师"分为lecturer和senior lecturer。再往上是reader，这是英国大学里特有的职称，在系里的地位非常崇高，是终身职务，每个系可以有2～4位。这个职称在北美洲从来没有过，约略相当于北美洲大学的"教授"。最上级是professor，通常一个系最多一个，或是根本没有，在学校里是最权威的人物。再从薪金报酬来算，当时分为三个层次，最低层次是B级（1～15级），往上是A级（1～10级），再往上是超A级（无等级或无上限）。约略言之，professor的薪金在A7级以上，reader的薪金是A2～10级，senior lecturer的薪金是B11～A9级，lecturer的薪金是B5～15级，而instructor的薪金是B1～4级。其间的重叠部分为弹性处理教授们年资和成就之间的差别预留了空间。

香港科大所聘请来的创校教授绝大多数来自北美洲，而北美洲制度又是世界最通行的制度，因此如果香港科大想要和世界学术界接轨，方便在世界市场上引进各国人才，则一定要采用一个为众人所熟悉的系统，才能让教授们安心接受聘书。为此，来自北美洲的教授们主张把英国制度全盘废止。

这真是一个"胆大妄为"的建议，在心理上和实质上都立即遭遇到来自本港的阻力。先就心理而言，想把教授们的等级进行彻底改头换面绝非易事，因为它首先就会对本港所有的姐妹校造成困扰。英国制度是大英帝国制度的主流，有悠久而光辉的历史，凭什么就被这么一个还没有成气候的"黄毛小子"打乱？再从实质上说，要改弦易辙将会产生混乱，少数派颠覆了多数派，得不偿失。因此，香港科大最初的做法虽然是尝试和其他姐妹校合作，联合向港英政府提出修改的建议，但是此路不通，最后只好决定单干。

1993年夏季以后，香港科大开始思考采用北美洲制度评定教授职称，但是直到1994年初，港英政府教育部门才以专案处理的方式批准这个请求。香港科大全盘采取世界学坛通用的制度，其中最重要的是废除了reader这个英体制职称，改为associate professor（副教授）。读者们或许很难想象，这么简单的名称改变，本

[①] 助教（instructor）：此处指英国大学体制下的教师职称，不同于美国大学体制下协助教授进行教学和研究的"助教"。——编者注

来政府官员大笔一挥就可以解决的事，香港科大在建校时却花了两三年光景才告完成。由此也可以看出香港科大北美洲味道的浓厚度，以及它想要打破香港的旧制和国际接轨的坚定态度。职称改变只不过是一个开头，香港科大又接二连三地提出一系列的改造计划，摆明了的态度是，以后在香港高教界，香港科大和其他姐妹校将会各走各的路。但是在香港科大校内还有一些本土性强的教授们，他们知道reader这个职位在英联邦大学里的崇高地位，就是舍不得放弃，因此拖拉了一段时间，才完成转轨。就是这么一个改变，事后看起来也无可书之处，但是如果读者环顾自己周边的教育状态，有多少叫嚷了多年急迫需要改革的陋规，至今依然纹丝不动稳若泰山，就不得不兴起两种感叹：一是香港科大当年的领导人真是敢坚持立场，择善而固执；二是港英政府真是宽宏大量，敢于尝试不同的教育模式。

依照北美洲大学体制，教授一般分为四个等级：instructor（讲师）、assistant professor（助理教授）、associate professor（副教授）和professor（正教授）。由于香港科大坚持所有教授必须具有博士学位，因此讲师只是一个过渡性职务，本身不具升迁机会（non-tenure track）。换言之，如果一个博士研究生在完成所有的学业之后，只剩下论文尚未通过的话，可以被试聘用为讲师（B4级），一年一期，最多是连聘三年，而且停留在B4级，没有年资可言。在这三年中，他如果完成博士学位，就可以在通过进一步评鉴后升级为助理教授（B5级），如果没有完成博士学位，就将被解雇，不能在原职上继续留任。由于这个关口把握得非常严格，所以在早期曾经造成许多痛苦。有些年轻老师，出于各种原因而不能如期拿到博士学位，则一定会被校方解雇。如果过了一两年他拿到了博士学位而仍然对香港科大职务有兴趣的话，则只可以以新人身份申请，和其他申请者公平竞争，香港科大丝毫不念旧情。

也就是这种硬性而又狠心的做法，才能保证香港科大近500位教授一律具有博士学位，这种情况在全亚洲大概都是独一无二的。即使讲师在规定期限内拿到了博士学位，他也并不能绝对保证顺理成章地升为助理教授。有些系可以进一步规定，他必须和该系当年招聘的其他候选人平等竞争，如果别人的资历更好，而系里的名额又有限的话，那他还是有落选的可能。这一切都以合同为准。

2. 聘用教授的标准是什么

什么人有资格被聘为助理教授？

什么资格能够升等为副教授？

正教授呢？

这些评审的尺度大致是沿用北美洲著名大学的惯例。可能香港科大的教授手册在文字上做了小幅度修改，但是基本上就是移植北美洲制度，这些文字使得香港科大在评审上有了客观标准，这个工作一点也不困难。真正困难的是评审委员必须遵守这些尺度，而被评审者无论成败，也能心服口服。没有后面这一段"人为"的努力，则冠冕堂皇的规章全是一纸空谈。

那么标准是什么？

大致说来，香港科大认为够资格被聘用为助理教授的人选，必须展示他具有优

良的教学和研究的潜能（经常使用的英文单词是promise或potential）。换言之，能够看得到的迹象都令人感到鼓舞，博士论文也写得精彩，让香港科大值得去"赌一把"：此人将来会出人头地，成为一位好学者。

那么什么人有资格被聘任（或升等）为副教授？香港科大的尺度是，他必须提出有力的证据（demonstrate convincing evidence），让人信服他在学术上已经有了扎实的成就，而且还有更上一层楼的指望。

什么人可以被任命为正教授？答案是他必须在学术上做出过令人瞩目的贡献，在他那一个学术领域里是世界学坛公认的权威人士，被学术界嘉许为某个（些）学术领域的领导人物。

以上说法其实弹性很大，如果遇到心存偏袒的人，则在某些情况下完全可能被拿来玩文字游戏，纠缠不休。但是香港科大的学术领导都是来自北美洲一流大学，他们对于这些文字的实质意义基本上有一个共识，都懂得在世界学术界里潜能、证据和领导地位这类字眼指的是什么，因此误判或争论的空间相当小，每个人都会正派而认真地以这些文字为依归，而不会指望躲在一个数据或公式后面推卸评审的责任。香港科大的这种校园文化（sub-culture）实在是太重要了。

助理教授和副教授是各系中人数最多的骨干分子。助理教授三年一聘，这三年其实是试用期。由于三年实在不太容易呈显教学和研究的成果，特别是越是名望高的学报和大学出版社，审稿周期就越长，而退稿的概率高达70%～90%。因此万一一篇论文不幸被一个学报退稿，再拿去向另外一个学报投稿的话，等于是一切手续又要从头做起。即便是论文被接受，离正式出版问世还有一长段等待时间，特别是北美洲著名大学的出版社，光是审稿就可能拖上一两年，投稿者恨得牙根发痒也敢怒而不敢言。因此，为了对年轻学者公平起见，只要他们提供正在持续研究而且有良好进展的证据，学校通常可以考虑续聘一次。前后一共六年，如果在此期间内成绩依然不符合香港科大标准，则必须解雇；而如果成绩优异，就可以升为副教授。依照北美洲惯例，在本校晋升的副教授，一般就取得终身制保障。香港科大打的赌就是这批副教授拿到铁饭碗之后，还会在科研路途上向前冲。香港科大打这个赌，有时赢，有时输。

香港科大正教授等级学者的数量大大超过当时香港其他大学，因为香港科大的教授们在北美洲或其他地区早已具有资深教授资格，如果要吸引他们来香港科大工作，当然不可能让他们降级。所以香港科大一般的系都会有2~4名正教授，他们是系里的领军人士。虽然香港科大从世界学坛聘来的教授在资质上肯定不会低于香港的讲座教授，但是香港科大决定把"讲座"这个美称去掉，变成简简单单的"教授"（有时也被戏称为阳春教授）。仅仅是这么一个小动作，也可以看得出当时创校人的胸襟，绝对避免染上浮华风气，不往自己脸上贴金。但是"讲座教授"的称谓也并非绝对禁止使用，而是采取万分慎重的态度，改称为University Professor①。这个称谓不是由教授本人去申请或是争取，而是校方为极少数众望所归的大学者保留的尊称，这个尊称绝对不容滥用。但是在香港这么小的一块地方，多数大学有"讲座教授"唯独香港科大没有，当然会引起不知情人士的误解。尤其是在华人环境里，"讲座"二字还真能够让人肃然起敬。如果两位教授到内地去开会，香港科大同事在被介绍是某某"教授"时，在姐妹校的同行某某"讲座教授"前面，似乎顿时矮了一截。但是在笔者服务期间，香港科大固然不时被这个问题所困扰，也受到相当压力要向其他姐妹校看齐，但是还是始终坚持北美洲的传统，对于"教授"职位的授予依然十分严格，对于"讲座教授"职位更是分外谨慎，绝不轻易颁授。

香港科大既然连教授们的名称和等级都要大幅修改，对于招聘制度当然也就不会遵照港英政府的习俗，特别是不依照英联邦大学的规矩办事。顺便说一句，所谓教授治校的具体表现，没有比这些制度上的改变来得更大刀阔斧的了。

3. 如何聘用教授

香港科大的招聘规则全部列入官方发行的教授手册（faculty handbook），读者如果想要了解细节，务请参考该文件。总的来说，有几个大环节：

（1）公开招聘。

由各系在世界性本专业领域中最权威的学术季刊或学报上刊登招聘启事，对于职称、级别、专业资格、聘用条件尽量说明白，向全世界公告。由于招聘的渠道各行各业大不一样，因此每个系都订出自己最有效的方法，去招揽世界各地的教授们。有时还会把招聘广告分别寄给一些特定的优秀大学，以期引起它们加倍重视。既然要办世界性大学，就得把招聘信息向全世界广播，不可以只把启事刊登在地区

---

① University Professor：大学教授，美国大学体制下教授职级的最崇高头衔。——编者注

性的学报上，更不可以以"耳语"的方式向特定人士传递内幕信息。

申请人的申请书一律要送到系办公室，不可例外。即使是通过私人关系得到招聘消息，他也只能把个人数据和申请书送到系办公室，而不能由熟人私下递送，更不能送去校长或副校长办公室由其交下来办理。这就保证了招聘程序的公开性。因为如果私下送件的方法比公开申请更有效，则这个消息肯定会快速传出去，从而破坏了整个招聘作业的诚信原则。

（2）系内成立招聘委员会。

该委员会由5~7位资深教授担任委员，审核全部申请书，逐一讨论每个申请人资质的优劣。系主任不参与此项初选工作。院长无权插足这个过程，也不可以做出任何暗示。这个原则不但院长必须自重，系内教授们也一定要极力维护他们的独立性和判决权，不容外人插手。院长对于系里的人事布局有权和系主任商议，一旦职位确定，他对于实际招聘工作没有参与权，只是在系里将招聘人员的名单呈送到他的办公室时他才有同意或否决的机会，因此在招聘过程中院长应该闭嘴，尊重系委员会去执行其功能。招聘工作颇为繁重，因为在创校初期，每当一个职位出缺时，经常收到七八十份申请书（有时更多），评审工作极为繁重。为什么香港科大还在无藉藉之名的时期就会收到如此多的申请书？原因或许是信息公布的工作做得认真而彻底，各系不会虚应故事地在一两家报纸上登一则启事就算了事，而是会以铺天盖地的方式把招聘信息传达出去，也包括发动教授们给有关学校打电话、发简报，请求世界知名学者鼓励他们的优等博士生来申请，等等。

委员会一般会启动两道手续，第一道手续是排除一切明显不合格的申请人（尤其是那些自吹自擂的人物），继之是选出若干合格的申请人予以深度考核，最后选出3~5人，发函邀请他们来校做学术报告，开放给全校师生来听讲（包括外系）。与此同时，申请人与本系教授也会安排个别面谈。事后，委员会会邀请、欢迎外系师生听众提供他们的感想。

（3）召开全系大会，听取本系全体教授的评论。

（4）委员会投票选出推荐候选人。

委员会将合格的（appointable）候选人排序，写成书面报告，详尽列举推荐理由，呈交给系主任。也曾经有过例子，委员会到了这个阶段认为没有一位候选人合格（not appointable），则完全可以决定不做出任何推荐，宣布这一轮招聘工作失败，一切从头再来。所以招聘工作是否能够顺利完成，完全要看前来应聘者是否合格，而不是勉强地非要完成招聘任务占满名额不可。这样才能保障聘进人员的素质。有时系主任甚至会以保障素质为由而理直气壮地要求上级允许把名额保留到下一学年度去使用。招聘新人员是一个极为珍贵的机会，新大学赖以建立强大班底，旧大学赖以改善原有班底。但是在某些大学，一旦出现教授职位空缺，却早就有人想乘机引进私人，或是由于怠惰而没有经过"上穷碧落下黄泉"的勤奋去招徕人才，平白浪费了如此大好机会。在香港科大早期，极少出现这两种情况。如果招聘进来的教授素质不够的话，多半是某些系招聘手续粗糙所致，只能责怪自己而不能责怪别人。

（5）决定聘用。

委员会提出推荐名单后，由系主任写一份阐明其个人意见的评鉴报告（内容不交给招聘委员传阅），与推荐名单一并呈送给院长，由其定夺是否聘用及薪水若干。助理教授的聘用由院长决定即可，副教授的聘用由学术副校长决定，正教授的聘用则由校长决定。校方又成立了一个全校性的评审委员会（University Appointment and Substantiation Committee，UASC），由他们审核把关，最后的报告呈交给副校长或校长定夺。换言之，在资深教授聘用过程中，前后参与评审工作的有十七八位教授，外加系主任、院长、副校长三级主管，被戏称为"过五关斩六将"真是丝毫不为过。

在招聘、审核、升等的过程中，哪个人或是哪一级最重要？答案应该是人人都重要，而且彼此监督和钳制。

值得注意的是，这整个人事任命程序的主导者并不是系主任，更不是院长和学术副校长，而是招聘委员会或是评审委员会的委员们。只要委员会恪尽职责，则外界的拉关系、走后门、打招呼等花招都难以派上用场。其中院长的角色比较特殊，因为通常院长也是院内某一个系的教授，因此有的院长间或会忍不住想要插手系里的招聘工作，但这是不可以的（No，No）。院长必须尊重系的自主权，由系里决定人选，而由他决定取舍。换言之，按照学校规矩，在系的人选送到院长办公室之前，院长应该谨守旁观者的本分。这符合分层负责的体制，也可防止雄心勃勃的院长变成院内的巨无霸。但是谁能管得住院长？答案是委员会的委员们和系主任们。如果委员和系主任们（特别是正教授）照规矩办事，则院长若有不轨的行为就只会使他自己下不了台。如果委员和系主任们想讨好院长而俯首顺从,那也是他们作贱自己的人格,不要诿罪他人。

根据笔者所知,只在学校刚创办的最初几个月里,一切都没有走上轨道,聘用人员的大权有时不得已操纵在系主任一人手中,有时甚至没有院级的审核手续,因此被聘用者的素质无法切实掌控,有好有坏。

在此可以举出一两个案例。有位系主任趁着兵荒马乱,把自己指导过的博士生拉进系里任助理教授,甚至把该生的配偶也委派成为助教。这是早期人事上的一个败笔。直到换了系领导,该配偶原先所享受的一些优惠待遇才被终止,而该配偶也知道在香港科大的前途绝不可能顺畅,自己决定辞职走人。还有一个系,聘请了一位研究工作做得并不出色的学者为副教授,系主任想做好人,把来者的薪水定得很高,还振振有词地辩称该学者在本港姐妹校已经拿了高薪,因此不可以降级录用,结果到院长那里立刻被降了×个等级。这对该系主任而言,实在非常难堪,表示上级不信任他的判断力或是认为他有送人情的坏习惯。而这位系主任也看出香港科大的作风不符合自己的个性,只做了一任就做出要返回北美洲的姿态,校方丝毫没有挽留的意愿,双方干干净净地分手。

一般而言,香港科大的年轻教授被姐妹校挖过去,都会受到对方加一两级的优惠待遇。而上面这个例子正好相反。这中间丝毫不掺杂个人恩怨好恶,纯粹是院长"傻瓜式"的北美洲公事公办作风,为的就是保护香港科大的学术水平,也要对得起其他忠心耿耿在该系服务的同事。

幸运的是,香港科大略具规模之后,这种用曲线方式而成功进入教授阵营的案例就几近绝迹。因为在聘用过程中,要拜的码头实在太多,而且只要有一个阶层的参与者正直地拒绝玩这个把戏,则拜托亦属徒然。香港科大早期聘用制度的干净和公正实在值得称道。在笔者服务的十余年期间,很少听到过某教授是某某人"安插"进来的,更没有听过校长或其他校级领导向系里"推荐"过人选。事实上,校级领导们根本"不敢"做这种失格的事,因为最尴尬的后果可能就是系里除了根本不买账之外,可能还会抗议,把上级的违规予以公开,使聘用的程序走不下去。依同样的道理,院长和系主任对于招聘的对象,也不可以私下去"打招呼",更不可以在形式上做得循规蹈矩,而事实上动员系里的个别教授去为自己打头阵。他们最多就是帮他们中意的学者讨一份履历表,请他们填妥之后直接交由系委员会去审核。如果委员会不中意，从此就再也没有下文；如果委员会非常中意，则会主动和学者联系，请其提供更多的资料。

必须说明的是，这个程序的干净性必须由双方协力维持。院长和系主任要自爱，不可明目张胆干涉，也不可以偷偷摸摸地引进私人。反之，如果委员会不敢维护自己的职权，则最后也必然沦为学术主管的傀儡。如果委员们还托词说是迫于淫威不得已而为之，那也无法得到他人的尊敬。道德侏儒历来都是这么产生的，那就是强调自身处境如何困难，把一切错处都推到别人身上。至少笔者在香港科大服务期间很少听说这类事件，因为当时全校同事无分级别，都珍惜那份全心合作、互相勉励，而又互相监督的关系。特别是那群离开北美洲为了理想而加入香港科大的同事，绝对不会看到不合理的现象却为了明哲保身而三缄其口，因为那么做就完全失去了他们当初来香港科大的理由。笔者当然也希望这种立场端正动机纯良的作风能够长期传承下去。

如果所有的参与者都遵守和珍惜这个程序，则所有的教授都必须靠自己的学术本领才能入选，在进入香港科大后也都能堂堂正正地做人，不欠任何人的人情，不是受某某人的特别照顾而入围，对上级无需吹拍哄捧或是看脸色，大家靠自己的本事。这是人事纯净化的第一个大关口，也是培养年轻学者们自尊心的首要因素，更是杜绝系里面拉帮结派的预防针。在事后回想起来，香港科大的早期校方领导和全校教授共同努力精心培养出来这一片人事上的净土，真是令人感到无限骄傲。

如前所言，香港科大早期的求才若渴有时执行得真是淋漓尽致。在学校筹备之时，校长和几位高级干部就已经风尘仆仆地奔走于美国著名大学校园，企图说服优秀学者共同创办新大学。这个做法随即形成了一种模式，一旦一个系的系主任到位，他也会远赴外地登门拜访。有的系为了引进一位优秀的年轻学者，会去请外系帮忙在此人的配偶身上下工夫。有的系在看中了一位好的博士候选人时，会花上两三年时间和他保持联系，目的就是争取此人未来能够对系的长期发展做出贡献。甚至有的系为了对全校发展更有利，愿意把本系选中的教授让贤给别的系，这样的例子曾经在两个学院发生过，而相关的这位年轻教授后来成为一位国际知名的人物。

在创校之初，招兵买马是最优先任务，全校为之总动员。校长、副校长去物色院长，院长去物色系主任，而系主任去物色各等级的教授。由于大部分教授的招聘工作都是在系级作业，因此有些系的系主任，孤身只影，一年之中有好几个月时间在国外拜访高等学府，目的就是谋求好学者参加香港科大。举凡哈佛、耶鲁、普林斯顿、麻省理工、哥伦比亚、芝加哥、伯克利、斯坦福等大学，都是很多系主任每年不可省略的拜访点，而且是一而再地去。这样把目光放在北美洲一流大学的博士生群体里求才，也是一种有质量保证的工作。而有时甚至招聘到这些大学里已经功成名就的教授，则更是意外的收获了。

这一切均是出于学术领导人的自动自发，而非上级交办的任务或胁迫。事实上，校级及院级领导对于各系的教授聘请过程，可说完全无法影响，他们只能在各自职责范围内的审批过程中行使独立的判断力，干净得很。这一点必须在此再三强调。

的确有时院长诚心赞赏校外某位学者的学识，甚至还可能费了不少口舌才说动那位学者提供履历表。但是院长的法定权利只是把履历表转交给系里去处理。如果系里有不同的看法，则院长只能谨守本分，不能采取任何行动。因此香港科大在早年还可能让外界学者产生一些误解，他们以为香港科大的高层领导既然都亲自出面来做了联络工作，为何此后就没有下文？真实的原因就是上级只有推荐的权利，而无权越俎代庖地向下级学术单位安插人员。而这些做法都是纯粹就事论事，绝非意气之争。更正常的现象是高层领导人根本完全置身事外，绝不插手。香港科大十余年间，上下各层相关教授参与的招聘工作，何止数百次？但是总是努力地坚持"唯才是用"这个简单道理，巩固教授阵营的素质，他们的行为委实可圈可点。

还有一件事和招聘有间接关联。每当一个新大学成立之时，或许都可能面临一种压力或是引诱，那就是学校本身名望还没有建立起来，但是却希望早日引起社会大众关注，因此常常忍不住要走捷径，即抢先网罗一批大牌学者来撑场面。这些大牌学者当然包括大师级和院士级人物、名牌大学知名教授，甚至文人骚客。延揽的手法名目繁多，包括礼聘他们为荣誉教授、访问教授、客座教授、讲座教授、特聘教授、驻校学者，等等，借此向社会散布一个虚象，那就是学校能够获得这么多大人物的垂青，肯定是班底雄厚，气候已成，应该赢得广泛尊敬。说得苛刻一些，这就是买空卖空、狐假虎威而已。

本来这种交易就是双向的。既然有些学校需要撑这个公众心目中的门面，也有学者热衷于这个个人的门面，于是一拍即合。有些学者（也许特别是华裔学者？），除了在北美洲的职务之外，也喜欢锦上添花，到亚洲的大学里去找个名誉教授、客座教授、兼任教授之类的美称让自己舒服，也顺便向所服务单位展示他们在国际学坛上是有头有脸的人物。凡是出于后者心理的，他们积极争取的姿态，有时非常赤裸裸。

另外有一种主张就是由香港科大积极筹备召开几次高规格的学术会议，邀请多位世界知名学者（包括诺贝尔奖得主）参加或发表主题讲演，期望能一炮打响。然后由香港科大创立一个"卓越教授"的名号颁赠给这些学者，这样，一方面可以讨这些客人的欢心，一方面又可以壮大香港科大的声势，看来似乎是惠而不费的高招（即使费钱香港科大也出得起）。但是学校领导当局经过慎重考虑（其实是高层领导人经过极不愉快的争执）后，否决了这个建议。香港科大采取的行为准则是绝不滥用这些名称。无论某教授来自何等顶尖学府，也不管他名气有多么响亮，香港科大的名誉、兼任、客座等各种教授的名称只能颁发给替香港科大做实际事务的教授，工作内容包括授课、参与实验、领导管理等，而且还要经过严格而正规的审查手续，聘书上订明任用起讫时限。凡是不能实际来校工作者，一律不致送该类名称。颁发教授头衔这种事在香港科大被当作大事处理，绝不是一两位院长或是系主任一个人说了算的，更不是他们到校外去广结善缘的礼品。对于一个崭新而又名不见经传的大学来说，这种做法也委实有些大胆。而当年那些领导人之间的争执绝非意气用事，而是为了学校的长远利益探索不同的途径。

不幸的是，许多地区的学术界确实被这股歪风污染了许多年，他们不是往自己脸上贴金，就是欺名盗世，满足了个人和校方的虚荣心，诈唬了学生和社会大众，实不可取。香港科大在开创之初就正视了这个问题，采取了"不识时务"的做法，为自己立下了一个足以自傲的规矩。在施行之初，确实得罪了一部分知名学者，其中有的是向熟识同行自告奋勇愿意上榜，有的的确热心想为这所新大学做些事，但是苦于时间不够分配，无法离开原职。笔者耳闻目睹的案例甚多，其中有个别学者也曾经为得不到香港科大的"礼遇"而大感不快过。他们之中有些人，不但学问扎实，而且所供职大学的声望远远超过香港科大，因此他们到香港科大非但不是高攀反而是低就，但是居然还被香港科大"刁难"和"不买账"，难怪会怒气难平。其实这是一种选择和自我期许，没有绝对的对错，却很能够表现出当事人的个性。比如说个别学者处理自己的学术作品时，可能有两种完全不同的做法：有人著书绝不许别人写序，不想去沾别人的光；也有人非常喜欢请人写序，甚至千方百计地拜托名人写序。笔者看过最难堪的例子是，写序的人公然宣称不认识作者，也没有看过书的内容，只是受到好友拜托，勉强从命。这个结果对于作者和写序者都是一种侮辱，但是偏偏世界上就会有如此乖张的境况，真是各有风险，难以预测。

要在香港科大取得任何名义的教授职位，要求非常简单，那就是：首先必须要来报到上班；其次要在任命期内全职在校工作，不可分割时间到别处去兼差；第三是工作合同期满后就丧失该职务的名义，而不是长期保留客座教授、荣誉教授等名称；第四是特别对"蜻蜓点水"式的大牌教授不感兴趣。"蜻蜓点水"式的教授这学期来香港科大工作，下一学期又回到原来工作的学校任教，除了给学生上课之外，既不能成为系内领导，又不能指导研究生，更不能分担院级和校级的委员会工作，对学校建设难以做出贡献。这些大牌教授固然让系得到了一些虚名，挂上了一个有名无实的大招牌，但是学校等于是花了高价钟点工的价钱却请了兼课老师，亏待了学生和学校。有些系在执行香港科大这个制度时，的确得罪过几位大牌学者，不管校方如何委婉解释，对方就是无法平息其心头之愤。尤其其中有人还曾经对香港科大的筹办做过贡献，就更感叹香港科大真是忘恩负义。这种痛苦代价当然只能由执行者（系主任、院长）去吞下了。但是香港科大维护原则的苦心始终没有动摇，也说不定事隔多年能获得那些愤怒者之中部分人士的大度体谅。

随着时间推移，这种内外交加的压力就逐渐消失了。因此，如果有人想从香港科大各系的简介中去了解教授阵营的话，应该是八九不离十，"含金量"甚高，"虚胖"的例子应该难得一见。如果有的话，那就是我们那一代的学术行政负责人没有把工作做好。

II. 学术成果的审核制度

香港科大从一开始就被政府定性为研究型大学，也就是西方国家所谓的 research university，要想在香港生存，力争出人头地，只能靠在研究成果上一鸣惊人。创办香港科大的动机，就是为了香港能有效地迎接世界经济发展和科技竞争的挑战，而加紧高科技和管理人才的培养，这是全校一致努力的大方向。在当年招聘年轻学者时，就已经对他们把研究的重要性讲得清清楚楚。聪敏机灵的应聘者当然也顺着这个调子唱戏，向校方信誓旦旦，声称自己如何热爱研究。但是香港科大被官府授予的使命，在文字上除了强调研究，又加上了另外两项，那就是教学和社会服务。而且为了把立场站稳，还把这三项并列并重。而港英政府的教育部门也郑重其事地订出了一个评鉴标准，那就是教学、研究、社会服务三者的比例应该是40∶40∶20。实际上香港科大似乎没有遵照这个公式办事。骨子里大家都明白，研究型大学最强调的就是研究成果，其他一切都可以打折扣。

年轻学者一旦被聘用，试用合同三年一期，合同期内表现明显不合格的，合同到期即终止聘用；工作成绩尚可的助理教授可以续聘一次，合同期仍为三年，然后决定去留。在这个评审过程中，虽然官方的审核尺度号称是教学、研究和社会服务，但是实际上第三项对于年轻教授而言根本不适用。因为他们自己还在为事业挣扎，哪敢花时间去从事社会服务工作？那样做无异于自挖坟墓。因此社会服务这一项在评审年轻教授时通常不会被认真考虑，但是对于资深教授们而言，这一项就并非徒具虚文而已。

尽管年轻的同事是在招聘时精挑细选出来的，但是还是有做不出研究成绩的情况，系里站在忠于职守的立场，除了终止合同之外别无他法。这种举动当然有时也会引起年轻人的不满："既然你们认为我的研究表现不够好，那么当初为什么要让我来？"这就隐含着错在系方，有始乱终弃之嫌。面对这种质问，系里最诚实的答复只能是"抱歉，当初确实犯了高估阁下能力的错误。因此现在我们加以改正还不嫌迟"，绝对不会因此而将错就错地继续聘用。

真正最令人难过的是，被解聘的同事中偏偏有些是教学极为优秀的老师，并且又有家小，这使得系内同事在公与私两方面屡屡受到煎熬。在学校创办的最初阶段，大约有15%~20%的年轻教授在合同期（三年）满时得不到续聘，而另外还有些当事人早就有自知之明，预先安排了退路。因此在头几年可能总共有25%以上（当然因系而异）的助理教授离开香港科大。这些年轻同事，许多广受其他同事和学生们的爱戴，有的甚至拿到过院系级或是全校的优秀教学奖，但是最后都由于研究成果不过关学校只好割爱。这些都是狠心绝情的做法，但香港科大的总体研究成果，也就是这么逼出来的。这种做法完全违背本港姐妹校的传统，因为在此之前，大学教职照例是铁饭碗，从来没有被打破的危险。香港科大的做法创立了一个新例，还被香港的报纸大幅报道和赞扬（1994年）。

香港科大从一开始成立，就在研究领域做出了成绩：教授们获得的政府所拨研

究款一跃而居前茅,并且此后几乎年年如此。以一个后生晚辈的学校,这项成绩当然令同仁们士气大振,但是也得来不易,因为年轻教授们收到续聘聘书只是通过第一关而已,三年之后还要接受新一轮检查,如果不能通过,仍将被解雇。

1. 续聘和升等评鉴工作如何进行

无论是教授们的续聘还是升等,各系的工作程序大同小异。一般而言,系内首先成立一个评审委员会,委员大约5人。委员们的资历必须高于被评审者(即正教授评审本系所有同事,副教授只能评审助理教授,助理教授只能被评审,层级分得非常鲜明,毫无"民主"余地。

续聘的评审工作通常在合约期满前一年开始,理由是出于人道考虑,万一被评审者通不过评审,在合约终止前还有一些时间去另谋新职。这么算来,第一个评审期其实只剩下两年而已。至于升等评审则在时间上比较宽松,因为被评审者的工作已经有了保障,保时评审主要看被评审者是否有新的重要学术作品发表,如果有的话,就可以提出升等申请,如果没有则申请会被拒绝。

根据笔者所知,香港科大只是在草创时期有一批人没有完全依照这个程序评审，那就是香港科大创办初期的第一批正教授，人数有20多位。他们在加入香港科大之前在北美洲著名大学中早已经过严格评审取得正教授资格，而且泰半是各学科的杰出人才，在被香港科大物色的过程中，又经过千挑万选，其学术水平可说绝无问题。他们放弃了在北美洲的终身制保障，一到香港科大就职就全心投入系务建设。因此等到他们的三年任期届满时（1992年底），学校决定对他们只履行简单的审核手续。这一点可说是完全合情合理。不久之后（1993年底）的第二批资深教授大约15人，就完全循规蹈矩，在校级评审委员会（UASC）的主持之下走完整个审核程序，毫不马虎。其中甚至有几位的薪水被限制而不得按年资自动提升，必须在某个时期内拿出更好的教研成绩并经过进一步审核才能取消该项限制。这种做法真可谓有些狠心。笔者也曾经听说过某一位副教授在申请升为正教授时，得到校方某有力人士的同情，但是该有力人士也不敢公然表态支持。后来UASC的主席得知此事，明白告知该有力人士此路不通，因为申请人的学术成就达不到标准。多年后，这位副教授依然是副教授。

在此后几年（1993～1997年），学术部门领导不断思考使用何种方式才能够保证正教授的教研成绩能够继续提升。这个问题即便在北美洲许多学校里也难以处理。一方面，一位教授能够升等成为正教授，一定是他的工作成绩已经达到杰出标准；但是另外一方面，如果他一旦坐稳了太师椅就不再长进的话，则学校又还有什么办法可以给他激励或是施压？许多北美洲大学对于这个难题也找不出妥善有效的解决方法。香港科大刚成立时当然不会有这种问题，但是也预见到这个难题可能在5～10年之后会在校园内出现。是否可以未雨绸缪？正教授的工作表现是否应该定期检查？假如他们表现不理想，是否应该以减少薪水的方式加以警告？当其他教授都按照年资累进加薪时，正教授是否也加薪？抑或保持原地踏步？这些都是学术部门在1996～1997年深思熟虑的课题，目的也就是要保证正教授的教研工作不致停顿。当时的几位院长认为：定期评审工作不能产生实质结果就不如不做，能够产生奖惩效果才值得认真执行。在笔者服务期间，这些问题不时会被学术领导部门提出来讨论，可见香港科大对于评鉴制度的认真。但是对正教授的评审工作并没有制度化，而是用了薪水加减的手段使正教授们努力工作。至于其他等级的教授，无论是续聘还是升等，评审程序都有极为严谨的规定。而香港科大几乎是从创办开始，就在这方面不断地使制度日益严谨。

评审程序一开始，系里就会要求被评审者提交三大类资料：研究成果、教学成效和社会服务活动。研究成果当然指的是当事人已发表的学术论文和专著。在此要提的是，香港科大成立之初，就有人指出，通常有声望的大学都会发行自己的学报，甚至有些系还会发行专业性的学报，这样才显得有分量。因此，香港科大如果想要尽快在学术界建立声誉和威信，就应积极筹备发行学报或是成立大学学术出版社，用小跑步速度挤入知名大学行列。但是这一提议很快就遭到否决。反对者所持的理由非常简单，那就是实质必须重于虚名，本校的研究成果必须首先赢得世界认可，等到本校已经被国际学界公认为优秀大学之后，才能考虑自己发行学报之事；不然的话，本大学（或是系）的学报只能变成本校教授们的避难所，在世界学坛碰了钉子的论文，会千方百计地塞进本校的刊物上登载，然后据以吹嘘自己的学术成就。这种做法也会使学报的编辑委员会成为人情泛滥的交易场所：编辑委员们既可能成为校内被捧拍的对象，人人都需要巴结他们；也可能被更高层和更有权势的人物压迫得无法做一个诚实的学人，只要上面授意，他们就不敢不登。当时还有人指出，邻近地区的某些大学或是系所已经把自己的学报定性为"一流学报"，只要同事们能够在自家学报上发表论文，升等问题就可以迎刃而解，皆大欢喜。反对者则认为香港科大绝不可以和上述这类学校沦为同流，香港科大的教授们必须争取在世界权威学刊或是大学出版社发表著作。从此这个话题就再也没有浮上水面。

在香港科大，所谓"发表"，所指的不是在随便什么学报和出版社发表，而是必须要在有客观审稿程序的国际知名学报和出版社发表，才能算数。有了这个高标准的门槛之后，同事间就不会去玩弄某些地区学术界盛行的一些把戏。比如说，多方拜托学术界亲朋好友去引用他们出版的论文，或者是约定相互引用，使一篇没有分量的作品经过辗转引用，俨然变成一篇重量级的学术论文，看起来热闹非凡。这种把戏在香港科大似乎还没有听说有教授玩弄过。至于有谣言说某些地区有"学报"可以让教授们用付费方式去买版面登载论文，出版社也可以借此招财进宝，那就更是匪夷所思了。

再说明白些，香港科大从创校开始，所有"发表"必须经过严格审查，学报和出版社必须有高水平的专业的学者参加评审工作（refereed，或称为peer review）才算数。其实依照北美洲某些学科的惯例，这已经是经过数度审核了。因为通常一位教授写好一篇论文之后，他就会恳请数位被他尊敬的同行先阅读并做评论（他怎么不害怕他们会剽窃？是天真幼稚？还是有另外一种职业道德作为规范？），等修改完成后才会送到学报。而学报编审委员会又要送给自己的专家去审稿，所以审稿（refereed）这个过程是证明学术论文经得起考验的合格验证章，缺了这个验证章，学术论文的分量和公信力就会大打折扣。

这和某些地区的学术规矩颇不一样。笔者曾经听说，在某些地区有大学教授宣称他们的学术著作已经通过自我评审，因此不愿意接受外界的评审，只要学报或出版社直接刊登或出版即可。在这些地区，多半是教授自选一家出版社把他的大作出版，根本没有"评审"这一码子事。难怪有些教授可以把任何作品向学校报称是"研究成果"和"学术作品"，而学校在续聘和升等评鉴工作时也只看标题不看内容，就这么通过了。这种做法在香港科大可是行不通。

真正保证香港科大教授学术质量的，是评审工作的认真程度。被评审者的学术作品必须经过校外评审和校内评审两道关口，这两道关口都是认真执行，绝非虚应故事。

A. 校外评审

第一道关口是被评审者的代表性作品要送给五位以上的校外专家评鉴。这些作品由被评审人选择，当然是他认为最精彩而且最具重要性的作品。

就校外专家而言，被评审人有权利提出人选名单（允许至少一名），也准许他提出不能接受的人选名单（俗称黑名单，enemy list），但是评审委员会有全权去独立衡量这些专家是否应该纳入抑或排除，无需听从被评审人的意愿。所以真正决定校外专家名单的是系内的委员会，而不是被评审人。而委员会之所以挑选这些校外专家，主要的根据是他们必须是在某一领域里为世界公认的知名专家，而不只是普通教授而已。而这个名单也是得来不易，有些时候被列入考虑的校外学者会超过一倍，经过筛选才能确定。

这个名单的拟订也是对系内评审委员学识和学术地位的一个考验。如果他们不识货，就会乱点鸳鸯谱，请来评鉴的人专业不对口，害了被评审的年轻同事。所以评审委员一定要对被评鉴人的专业做一些研究调查工作，才能知道哪些人是公认的专家。再进一步说，如果评审委员们自己的学术地位不够分量，就会请不动校外那些大学者来帮忙，因为后者完全没有义务来响应二三流学者们的请求去做这些事。香港科大在成立后的好几年内，都是平白劳驾这些校外专家帮忙，不支付任何酬劳，而对方也欣然从命，很少推脱，这就说明他们非常重视香港科大的邀请，视之为一种荣耀。后来香港科大实在觉得过意不去，但是又不愿意把校外评鉴变质成一项商业交易行为，因此决定只支付100美元聊表心意。但是哪位世界级教授会看重那100美元？更何况，他们把评鉴的数据寄回香港就可能要花去几十元美元的邮费。所以说来说去，校外专家之所以答应做，完全只是看香港科大和评审委员会教授的面子。再说，"五位专家"的门槛还真是严苛，有些北美洲的大学在评审过程中都没有要求这么多人，所以这个程序绝非走过场。顺便要说明的是，这些校外评审人的身份是保密的，被评审的教授不会知道他们是谁，也不可能和他们产生接触，双方完全绝缘。

还可以顺便在此一提的是，校方规定（1994年），在教授评鉴过程中，任何已经在本校任职的同事想要主动提供推荐信，委员会一律拒绝接受。这个道理很简单。如果一位同事（特别是资深教授）为另外一位受评审的教授写了一封情文并茂的推荐函，就会让评鉴委员陷入尴尬处境：接受推荐等于是为私人开了后门，不接受推荐等于是甩了推荐人一记耳光。因此不接受校内推荐是两全之策。如果被评鉴的是一位好教授的话，他自然能够得到校外学者的认可，无需校内人士为他撑腰。此外，评鉴程序还会排除某些人士，比如说被评鉴者的博士生导师、研究项目或论文的合作者，都不会被邀请提供推荐信，把关系隔绝得一干二净。

校外专家名单既然敲定，被评审者的论文样本也已经寄出，香港科大对于这些校外专家的要求，就是评审报告务必言之有物，对送审的论文必须提出详尽具体的评语，这样的评审报告才有参考价值。据笔者所闻，某系曾经邀请美国东部知名大学某位教授评鉴一位年轻同事，在接到该美国教授半页纸长度的评审书时，认为内容空洞，就立即毫不客气地通知他，要么写些具体内容，要么委员会将会很抱歉地不把该评审信列入考虑，请他自己决定。不多时，该教授寄回了三页纸的详尽评鉴。由此可见这个委员会的不假辞色，也可见香港科大的学者们先要自重，然后才能被校外专家尊重。

由于香港科大评审工作如此繁复，所以当年不断地去麻烦北美洲知名大学的教授们，尤其是那些跨领域、跨学科的权威教授，三番五次地被香港科大不同的系请求援助。他们当然都慷慨大度地接受邀请。如此几年下来，居然产生了一个意想不到的结果，那就是这些专家学者们对于香港科大的师资耳熟能详。这不但让彼此之间产生了亲切感，而且等于是替香港科大在北美洲学术界里做了免费广告。每当北美洲学者们想要筹办学术会议时，自然而然地就会想到香港科大在这方面的学术实力，并主动邀请香港科大的同事们去发表论文，为香港科大资优的年轻教授们创造许多机会去打响国际知名度。

还有一点就是香港科大严守写评鉴信的职业道德，颁布一项规定（1992年底）：委员会的成员绝对不可以把校外专家的评审意见向外人透露，务须保持其绝对机密性。如果有违反规定的行为，就会惹上极大的麻烦，甚至在学校里待不下去。所以系内的评审委员们只会在正式开会时针对这些评鉴信发表意见，平常在同事间绝不敢拿评鉴信的内容去闲言闲语。与此同时，校方也明确禁止其他同事去刺探消息。换言之，在评审过程中，局内人不许说，局外人不许问，任何人违反了这些规矩都会面对不愉快的后果。也唯有这样认真的办事作风才能取得外界学者的信任，把他们的评价如实地向香港科大提供。不然的话，校外评鉴就会沦为一场敷衍了事的假戏。

B. 校内评审

评审的第二道关口是系内的评审委员会，其成员也必须各自做出研读报告。近年来，有不少地区的大学为了凸显研究性，流行采用各种量化的数据（citation index，如SCI或SSCI等）作为衡量研究成果最主要而又客观的凭据。这些数据当然可以为评鉴提供一些参考价值，不可完全排除。但是它们之所以如此时兴却还有一个说不出口的理由，那就是，这么做既省事方便（可以偷懒不看论文），又最不容易引起争论。评审委员既可以躲在有高度"科学性、客观性"的数据后面，当然更可以做"好人"，把责任推脱得一干二净。最后这些冷冰冰的数据代替了评审委员们的大脑，决定了同事们的命运。

就学校性质而言，香港科大似乎本应该是一个特别崇尚科学数据的场所。但是事实上这些量化的数据，却经常只被看成是次要的参考数据，在某些系的评审会议中经常可能被一语带过，并不会产生决定性影响。据笔者所知，早期香港科大有两个系在处理这方面问题时形成鲜明对照。其中一个系的系主任立场断然决然，他认为有关该系某个专业领域的学报，堪称一流的在全世界只有三份，甚至可以精确地排出第一、第二、第三，全都在美国；除此之外的，在他看来全是第二流或不入流。因此该系同事在续约和升等时，想要引用自己的学术文章作为证据时，就必须面对这个严苛的标准。这位系主任是一位知名的学界权威，年轻人难以挑战其判断力，只能叫苦连天，被系里的要求逼得鸡飞狗跳。有趣的是，这位教授后来又被华北某知名大学请去领导一个系，他公然地把那个系不留情面地批评了一通，明白指出该系根本无法和香港科大相提并论。这让那所名校既爱且恨，但最后还是请他留下来帮忙。

与此成对比的是另外一个系，该系也把相关的世界级一流学报列出一张名单，洋洋洒洒近20个，既有主流学术领域的学报，也有边缘和前沿领域的学报，它们刊登的学术论文都有可以列入考虑。

在这两个极端例子之间，另外17个系都各自有一把尺。从表面看来，香港科大的评审制度似乎是各自为政，缺乏统一标准。如果果真如此的话，则又如何才能公平？如何能够令人信服？特别是那些得到负面评审结果的教授，如何能忍住不去大吵大闹？而就学校而论，如果坏名声传出去，则外面谁又还敢应聘来做教授？

这些问题的答案其实很简单。上述两个系的做法在表面上看似乎天南地北，但是实质上有一个最重要的共同点，那就是主要的评审工作是由教授们自己做，而不是依靠客观数据。理由很简单，如果系内评审委员们是资深教授，那么他们无论是出于对自己或是对被评审者的尊重，都必须做出诚实而最尽职的评审，绝对不可打定主意以"不得罪人"为最高原则推卸责任。而且委员们在开会时，并不是虚应故事地投票而已，而是每位委员必须轮流说出自己评审的标准和结论。换言之，必须就事论事、言之有物，而不是含糊搪塞、尸位素餐。这样的评审过程，使得被评审者的优点和缺点都能够得到充分而全面的检查。委员会也必须对校外专家的意见做出总结，评判它们的公平性，绝非照单全收。有时个别委员甚至可以指出校外专家的偏颇和错误，建议不予采用。最后由委员会综合各方面资料进行投票，向系里做出推荐：是升等，是续聘，还是解雇。换言之，凡是人能够做的评鉴工作他们都尽心尽意地做了，心无杂念，只以评鉴资料为准。

委员会的推荐报告通常是3~6页单倍行距（single spaced）打印的文件。为了保密，这类文件都由教授亲自打印，不假手秘书。推荐报告列举各项论点，措辞含混的很可能被上级退回重写。而且教授委员们出于爱惜他们自己的学术名望和人格，也绝对不能容忍自己的报告被上级打回票。

事实上，香港科大大部分教授都遵守北美洲的学术习惯，对于写介绍信和推荐

报告同样非常慎重。他们即使在为学生申请求职或是入学而写介绍信时，都会个案处理，不会用一个统一格式写那些充满套话的信，更不会叫学生自己去写，然后由他签名。不幸的是，这种情形在某些地区似乎经常出现。笔者在北美洲任教时，曾经担任过系招生委员会主任，就不时看到华人地区的教授们发来的推荐信，内容大同小异，有时甚至文字也高度相似。这样做实在是不爱惜他们的学生，也不爱惜自己的身份。当然，教授们也一定要遵守一个基本行为规则，那就是绝不为陌生人乱写介绍信，不糟蹋他人，不作践自己，因为那些言之无物的介绍信，只能让看信的人看不起写信的人。每位资深的北美洲教授，在其学术生涯中不知道会有多少次婉拒为学生写介绍信，所持的理由就是对学生认识不深，说不出具体的赞语，因此宁可让学生失望而拒写，也不愿意随意答应之后去胡诌一通。否则不但帮不了学生，还损害了自己的声望，诚非学者自重之道。如果人人都能信奉这个原则，那么介绍信的诚信度自然会得到肯定。

正因为评审委员的职责是凭借本人最诚实而专业的判断去决定一位年轻同事的学术命运，既要爱护同事，又要维护学校的利益，因此他们不可以一心只想做好人，而把难题都推给那些客观的数据。香港科大19个系的评审晋级标准不尽相同。理工学院的学术研究成绩一般发表在学科学报，因此一旦把具有国际水平的学报名单列出来，评审的客观性就能够有所保障。商学院和人文社会学院的情况就显得复杂。除了公认的世界级学报之外，还有专著（monograph）也需要在国际知名的出版社出版，因此又有另外一套名单。而一本专著的分量到底相当于几篇论文，更是难以界定。这些难题需要靠评审委员们就个案加以处理，而不能去硬套一个公式。这就逼得每一位委员都要仔细研读送审作品，然后提出令人信服的判断。除此之外，评审也需要对受审人的研究经历做长期性的观察：他们申请到多少研究经费？来源是何处？事后是否都遵照承诺出版学术作品？抑或雷声大雨点小地不了了之？对于这些问题，委员们都得加以评论。最后有些系还会要求委员们做出主观性极强的判断，那就是如果候选人是在评审委员本人原先在北美洲服务的学校工作的话，他是否可以通过该校的评审？平心而论，这实在是一个难以回答的问题，香港科大自己也没有明确的答案。

正由于每个系各有自己的特性和行规，因此全校不可能采用硬性统一规定，唯一可以依赖的就是评审委员们的自重和职业道德。因此在一个公平而又有效的评审过程里，人的参与最为重要。如果有人想要逃避这个关节，就会衍生出恶性的后果，使评审失去意义。这就是为什么香港科大规定（1994年），每一位委员都必须在报告上签名，如果拒绝接受多数意见，就应该提出自己不同的意见（minority report），坚决不允许委员们做骑墙派，然后还去向当事人卖乖。有些系主任和评审委员会的主席做事一板一眼，比如说绝不向外人泄露委员会讨论的内容，绝不容许委员在讨论时沉默不语，等等，都是高度尽责的表现。当然，也许有的资深教授就是铁了心要做好人，因而拒绝忠诚地履行评审委员的职责，则学校又怎能奈何他？幸好这种情况在笔者服务期间似乎还没有听说过。但是万一果真发生的话，可能对他将会大不利，因为接下来一个合情合理的问题就是：如果此人连评鉴学术的能力都缺乏的话，则香港科大又何必留他做资深教授？说来说去，在香港科大，为人行事迟早是会有后果的。

2. 评审过程如果产生欺骗行为，香港科大又如何处理

弄虚作假和蒙混过关的事件，近年来在学术界经常发生，在香港科大也不能完全避免。香港科大草创时期，每个月都会收到几百封求职信，在某些情况下，前来应征的学者也间或有人夸大自己的履历表，包括假成绩单、假推荐信等各式各样的

赝品，把自己吹捧成学界巨子。根据笔者印象，似乎来自某个地区的赝品特别多。幸好香港科大主事的资深教授们的鉴赏眼力够高，都能及时发现破绽，客气地要求对方提供更详尽的资料，而对方也因此看出大事不妙知难而退了。在那些成功进入香港科大的教授们之中，似乎没有在事后发现他们原来是靠弄虚作假混进来的。如同前文提起过的，香港科大人事部门同仁们那种刨根究底地追究个人资料的方式，也真是防止作假的铜墙铁壁。这部分工作有两个重要环节，一是教授们认真地审查履历表和送审资料，二是人事部门打破砂锅问到底的作风。这两个环节的合作和互相钳制，可以防止冒牌货混进大学。依香港科大早期招聘的经验，实在很难了解为什么有些大学还会受骗？是太君子还是太懒惰？在香港科大，"打假"的动力发自内部，而不是等校外的打假能手揭发之后，才慌张接招。

　　同样重要的是，已经在职的教授也偶尔会出现弄虚作假的行为。这种事件近年来在许多地区发生过多起，依笔者猜想，其中最主要的原因就是研究型大学科研的压力太大，教授提不出货真价实的研究成果，就只好以假货充数。根据最近一项调查，世界知名学报所刊登的论文，由于被发现（被抓到）作假而撤销或是收回的案例（retractions）在过去十几年中增加了十倍。这个现象对于研究工作而言，实在是一大打击。

　　笔者在香港科大服务期间只听说过一个确切的案例，其主人翁是某系一位申请升等的年轻教授（由助理教授升为副教授）。他提出了极为耀眼的研究成果，洋洋洒洒十余篇论文，共数百页。但是该系评审委员在逐页逐页地审查后，发现其中漏洞百出，有作假迹象。委员会和系主任协商之后，正式通知该教授请他立即自动辞职，否则将以学术欺诈罪名向校方举报并进行公开审理。用不着说，该教授当然火冒三丈，声称要到法院控告所有相关人员破坏他的名誉。值得称道的是，该院系两级领导没有做出任何努力试图疏通和解，也拒绝进行任何形式的谈判，只是简单明确地请该教授自己去考虑后果。后来该教授态度软化，要求在本学期结束后以不露痕迹的方式离开，也被系里断然拒绝。结果该教授只好立即卷着铺盖走路。

　　在此必须特别指出的是，整个案件在院级单位内就处理完毕，明快利落，根本无需劳动校方高层领导。在香港科大早期，如果偶尔有类似这种关系学术诚信的事件发生，一定在校内按照正常程序秉公处理，不允许拖泥带水、官官相护、推诿责任的情况发生。

为什么仅仅是一个系的评审委员会就有胆量做出这么剧烈的动作？道理其实并不难理解。首先是他们工作勤奋，对同事们的评审工作做得彻底，因此对于自己的判断有高度信心。二是他们自爱和尽忠于职守，对于分内之事不屑推诿责任。三是他们信赖制度，相信只要他们做出正确的决定，上级就不会和稀泥。这种对制度的信心就是他们敢于执着的依靠。如果他们担心上级会大事化小，那他们也绝对不会笨到自己去做恶人。

有趣的是，多年后一位香港科大早期创校者在退休后被其他地区一所名校礼聘为客座教授，偏偏该校也发生了一起教授剽窃他人学术作品的问题，而且证据确凿，无可置疑。但是即便是劳动了该校学术部门和行政部门最高层，前后挣扎了许久，还是不知如何才能把事件"摆平"，最后只好去请教这位香港科大的退休老教授。而后者只花了一分钟就说出了解决的方法，那就是：只要证据确凿，就立即将犯了过错的教授撤职，如果系主任知情不报则系主任下台，如果院长知情不报则院长下台，如果校长积压案件装聋作哑则校长下台。真可谓快人快语，充分反映香港科大处理该类案件的规章。当然，这位老教授的建议最后未被采纳，因为那所大学自有其行事规律和文化环境，其深奥婉转的程度绝非香港科大那些天真鲁莽的学者所能心领神会。这其间还有一个重大的差别，那就是如果香港科大发生这类问题（包括前述的学生作弊）时，一般都是启动制度程序自求改正，而其他很多大学则必须要等到外人"揭发"，几经抵赖而实在赖不掉之后，才拖泥带水地"摆平"。到目前为止，似乎还没听说过哪个名校自揭疮疤地处理这类事务，难怪学风如此令人诟病。

总的来说，香港科大评审程序能否被认真执行，是学术部门人事制度成败的关键。虽然香港科大的招聘制度已经非常严谨，能尽量及早发现不合格的新人并且予以排除，但是仍然可能犯知人不明的错误。如果继之而来的续约和升等的评审工作做得彻底，就有机会改正招聘时的错误。如果评审工作做得马虎，让不合格的教授得到终身职务，则香港科大就会为自己的错误付出今后二三十年的代价，严重地妨碍学校的发展。

说起来，评鉴规矩和步骤其实都很简单明确。如果各院系委员会成员都是处心积虑地只想做老好人，则评审过程大可以被彻底颠覆。反之，如果委员会愿意尽忠于职守，则评审可以颇为精确地评鉴被评审者以往的成绩，推测出他未来发展的轨迹。除了系级和院级委员会之外，各有关的系主任和院长也要做出他们自己独立的判断，而他们的判断和委员会不同时，则由更上一级的主管去做最后裁决。所以系主任和院长也必须执行他们的任务，而不能对系级委员会的推荐言听计从，失去独立的立场。每个阶层的人都做他们分内该做的事，才能保证评审工作公正有效。

笔者早年听说，某系也曾经发生过一个事故：系主任做出了一位教授的升等建议，然后又把薪水提高了两三个等级。当院长予以否决时，系主任怒气冲天地拿出该教授发表的论文跑进院长办公室作为其优秀学术成果的证据。岂知院长在做决定之前已经仔细阅读了该教授的全部论著，而且还做了笔记。因此当院长要求系主任解释该论文的学术价值（原创性）究竟何在时，系主任哑口无言，最后被迫承认自己根本不曾读过那些论著，因此他的推荐毫无根据。这个事件说明，仅仅有发表的学术作品并不足以为证，主要是评审人必须在阅读后提出见解，说明它们的学术价值何在。这样就把每一个参与人的信誉和判断力都放进了评审过程中。该位系主任，要么出于怠惰，要么存心向同事施惠，都没有尽到自己公正处事的职责，而遭遇自取其辱的结果。看到香港科大这般铁面无私的"呆板"，该位系主任肯定不是滋味，任期届满，校方领导没有释放请求其留任的信息，他只能选择离开香港科大。

在副教授和正教授的聘用和评审阶段，上述文件送到学术副校长办公室之后，还要转送到校级的聘用和实任审核委员会（UASC）再审核一遍，然后交给学术副校长做最后定夺。

除了这些严格的审核手续，香港科大还有一套控制的机制，那就是"salary bar"，中文的意思就是副教授的薪水不是每年按照年资自动升级，而是设立一系列的障碍栏，有如田径运动的障碍赛一般，每隔一段时间（一般是三年一期）重新审核，看看教授们过去三年中的工作成绩是否足以跨越下一个障碍栏。教授薪水的B级共有15个等级，A级又分为10级，如果呆板地按年资递升，则每位教授最终都能"媳妇熬成婆"地爬到顶端，这绝对不利于质量控制和奖励优秀。因此校方的规矩是定期检查工作成绩，成绩优秀者就可以跨越障碍栏而往上升；成绩不好的，虽然不能开除，但是薪水就被当前的障碍阻挡而不能提升。唯一改变这种情况的办法就是在下次检查时，提出精彩的工作成绩。这一连串的障碍栏（bar）的确是督促教授们努力向上的有效手段，当然也是颇为狠心的做法。

3. "放水"行吗

评审要做得公平、彻底、铁面无私，必须得资深教授、系主任、院长共同努力。香港科大共有19个系，有没有"放水"的可能性？当然有。一般来说，在系的层次上"放水"的可能性最大，危害性也可能最高，甚至会把系的名声搞坏，导致好教授根本不屑来申请。比如说在招聘过程中，他们有私心，有眼无珠不识货，好的候选人通不过，差的候选人反而乘虚而入。这种事在香港科大创办初期确曾发生过，导致校方在某些领域的求才工作遭受挫折。

而续约和升等的评审工作一旦启动，就可能产生两种放水的漏洞。首先是委员会委员。因为大家已经成为同事，有时候友情和怜悯心超过了对学校的责任感，就会违心地放水，让不合格的同事过关，特别是受评审的同事有家有小，为人又和蔼可亲，一想到就会替他难过。19个系里肯定偶尔会有这种因素作祟，但是发生的几率并不高。另一个漏洞是系主任。如果系主任是个铁了心要做"老好人"的角色，就会盖橡皮图章，推卸一切责任，只要委员会放水，他就跟着放水，托词就是尊重多数人的意见。但是如果是有担当的系主任，就会挑明他不认同委员会的推荐，而把自己的评审意见独立提出。尽管系主任的意见未必准确，但至少他是一位负责任的人，敢于把自己的看法向上级坦然说明，这种案例也发生过。其实，要做好人，维护朋友，少惹事树敌，这种简单的做人的"大道理"，谁能不懂？当然大家都懂，同时也是每个人的愿望，因为只要这样就可以面面圆滑，生活得平顺愉快。然则如此又何以面对那些"倒霉"的学生和"愚蠢"的香港纳税人？

由于这个过程牵涉许多人和几个层次，所以做得高度尽责的系，就能取得上一级单位的信任与尊重，只要系里作出决定，上级都能照单全收。有的系有放水嫌疑，就会被院长多方防守。如果院长也跟着放水，到了校领导一级就会被打回票，而且还有被召去受质询的风险。校级领导对于19个系的作风心中自有一本账，有的绝对信任，有的严加审核。这样一级一级地认真检查，是评审工作质量的最大保障。而前文所述的UASC就是全校学术质量的最后把关委员会，委员的学术素养和专业操守在校内受到普遍尊重和信任，他们做出的决定，只有在极稀有的情况下才会被校长否决。而在这种情况下，校长的决定最好是令人信服的，否则的话，这些委员就可能会愤而辞职。这种上下层级互相牵制的机制，在香港科大一直发挥着极大的作用。

如此说来，学校的行事不是一味地盲从上级，即使是领导们做出的决定也需要受到基层教授们的检验。如果不能赢得教授们的信服，则领导的任期就会是短命的。因为香港科大的教授们虽然没有投票权去选举系主任和院长，但是他们有表达意见权。每当系主任和院长任期届满之前大约一年，上一级的领导就会邀请系、院教授进行个别谈话，请他们对系主任或是院长的工作进行评价，如果发现这些主管在工作上有问题或是缺乏威望，就会不再聘请他们留任。

这种情形怎么可能发生？教授们难道笨到不懂得明哲保身的道理吗？如果教授批评了系主任，而系主任又留任了的话，难道不怕以后的日子会更难过吗？但是在香港科大，不但有系主任因此下台，也有院长因此被免职，更有人向上级自荐要争取做院长而不但没有被赏识，反而在合同期满时被校方以沉默的方式请他走路。这些人物中颇有几位来自国外名校，学术上的架势有模有样，肯定是许多不明就里的学校所想要重金争聘的对象，但是在香港科大却遭到滑铁卢。当然，这个过程有一个绝对重要的条件，那就是上级领导要诚心诚意地想听取基层意见，然后绝对保密，让教授们能够畅所欲言地为学校提供信息。一旦上级违背了这个基本原则，他自己的信誉就会受到沉重打击，恐怕反而是自己做不下去，也会把制度给破坏了。

香港科大的教授，特别是资深教授似乎有一种心理，那就是不在乎香港科大是否要留他们任职，而是要看他们是否欣赏其他教授和领导的表现，然后决定是否值得他们继续留在香港科大任职。有些性情直爽的教授，把这种话说得赤裸裸，丝毫不讲究修辞。所以在香港科大许多系里屡屡发生的现象，是系主任和院长再三恳请好教授留下帮忙，而不是教授去讨好领导收容他们赏一碗饭吃。这种关系非常重要，也是早期香港科大资深教授们在心理上互动的一个重要特色。

香港科大费了大力争取到一批好教授接受聘书，接下来就是努力使他们心情愉快地长期留下来。这个努力的重点不是由学术主管动以私人情谊去拉住他们留校，而是在制度上把大学建设得更加稳固和公平合理，使他们在事业上有参与感、使命感、认同感和满足感，相信自己对建立香港科大做出过重大贡献。而担任行政工作的同仁经常要花费许多精力去"讨好"好教授，让他们留在香港科大，有时有些好教授实在必须回北美洲（比如说特殊疾病的治疗或子女的教育），香港科大还是会和他们保持联系，继续进行说服工作，恳请他们以后再回来共事，而成功的例子还不少。

似乎香港科大有同事曾经说过，初创期聘请的正教授们极少离开香港科大。这个说法的含义是香港科大的眼光好，选的人对；而被选中的正教授们也喜欢香港科大，一定会留下来。然而笔者的印象并非如此。当然，计算的结果会因如何界定"初创期"而产生相当大的出入，所以并不是一个科学性的统计。但是仅就笔者所见，早期教授离校的例子并不算少。其中许多教授是校方万万舍不得他们离开的；也有的教授是校方巴不得他们赶快走路的，一旦成为事实，校方就会欢天喜地；无可讳言地，也有的教授是被香港科大赶走的。道别也不总是愉快的。尽管香港科大招聘过程非常谨慎细腻，但是也有个别教授有特殊原因非离开不可，双方和和气气地分手。也有的是香港科大看走了眼，原来就做了错误的选择，这一点无需粉饰太平。一所新大学就是这样艰苦地成长起来，如果说初期的教授们一团和气，那绝非真相。

说来说去，保障香港科大研究素质和成果的，还是"人"的因素。说得丧气些，这些规章和程序，早在北美洲一流大学行之有年（百年以上？），是大学运作

的基本法则。华人地区的大学,近年来大幅施行校内和校外的评审工作,基本上也是采用西方模式,至今还没有看到过什么独具民族特色的痕迹。有趣的是,许多学校学到了外表却颠覆了实质,下焉者丑闻不断,中焉者画虎不成,上焉者凤毛麟角。

香港科大的幸运,是能够在一张白纸上描绘出北美洲大学的设计,间或加入少许新意。香港科大能够彻底施行这些规章和程序,所以做出了一些为人嘉许的成绩。附带也许还可以说一句,这种做法似乎和邻近地区的文化(包括许多大学的校园文化)有诸多格格不入之处。但是香港科大也是华人学者们共同创造出来的大学,如果他们能够做得出来,其他华人肯定也可以,甚至可以做得更好才对。或许在一些自许为"教育界老资格"的眼中,香港科大教授们的这些行为委实天真,甚至幼稚,太不懂得"做人"的基本道理。事实上,即使在香港科大校内,也曾经有过教授在遭遇评审失败时,去向个别委员说项,提醒后者一定要懂得"施小惠就可以收买人心"的"大道理",而后者的答复是没有兴趣自贬身价去干"收买人心"的勾当。也或许有创校者会担心,自己当年极力赞赏的年轻教授在经过考验之后居然名不副实,成绩不彰,可能会因此伤及他自己的威信(知人之明)。但是这些人情之常的现象,并没有干扰香港科大评审制度的公正性。即使是要开革自己原来极力赞赏而热心招聘来的同事,他们的对词也只能是"抱歉,我当年是看错了,但是现在看对了,所以改正过来还不迟",而不会因之而踌躇不前。这种话听起来有些绝情,但是任何大学想挤进世界级大学行列,除此之外,还有什么别的办法?

III. 研究和教学比重的难题

还有一个有关评审的关节,值得作为重点处理,那就是教学与研究的比重问题。

如前文所述,香港科大早期所承受的压力和社会的期望是急速提升研究声望,这是一个无可改变的残酷现实,是政府交下来的使命,所以教学成绩不得取代研究成绩作为续聘的主要考虑因素。在西方研究型大学里流行的一句话,"不发表,就是死路一条"(publish or perish),说得粗鲁一点就是"不发表,就滚蛋",这在香港科大校园也完全适用。但是香港科大自从创校以来,学术领导人都诚心地关注教学工作。换言之,即便是研究工作可以顺利过关的教授,他们的教学工作也必须达到一个最低标准。这个道理大家都认同,但是实行时压力随之而生。

1. 如何评鉴教授们教学的效率

在北美洲，许多大学是采取双管并下的方式来评鉴教授的教学效率的。

第一个方法是由学生评鉴老师。香港科大在创办之初，就采取了这一制度，每门课在学期终结时，以问卷调查的方式由学生对老师评鉴。基本上，没有人反对采用学生评鉴制度。道理很简单，大家都在北美洲工作过，而学生评鉴是北美洲所有大学的常规，无可争辩。但是香港科大学术部门在最初举行的内部讨论会议上，曾经发生过一个有趣的现象，那就是对于学生评鉴制度的实用性出现过两种不同的声音。会议中出现了一个微妙的分界线：外（美）籍学者，毫不怀疑它的科学性，而且理直气壮地列举了一大堆美国教育学研究所得的数据，证明它的客观性，必定是行之四海皆准。但是华裔学者则吞吞吐吐地提出预警，认为东方文化有自己的一套心态和行为模式，不可等同视之，西方的实证经验在东方文化体系下未必会产生同样的结果。西方学者听了之后嗤之以鼻，不能理解华裔学者何以会如此无知。而华裔学者则是有苦说不出，不能公开承认东方人就是不一样。

事实证明，华裔学者绝非杞人忧天，而是不幸而言中。在此后六七年中，至少发生了几个案例，有相当一部分学生不是把期终评鉴当成客观问卷调查来回应，而是把它当成主观奖赏或报复授课教授的武器来使用：如果教授对他好，给的分数高，考试题目容易，不严肃维持课堂秩序，学生就用好评鉴来奖赏教授；如果教授违反了以上的指望，学生就用坏评鉴来惩罚教授。就这么一念之差，使得一项原意为客观地给教授打分数，目的是帮助教授改善教学的做法，变成了"整"教授的棒子。难怪前文提到的那位资深教授，在课堂上苦口婆心地开导（责备？）学生应该遵守纪律，最后却变成学生们出气的靶子。这就全盘扭曲了评鉴的目的。固然该资深教授没有因为评分低而产生无法升级的恐惧，但是资浅教授们又哪敢像他那么轻松自在？又如何招架得住？

北美洲许多大学采用的第二个方法是由各系分别采取独立而专业的评审手段，帮助教授们把教学工作做好。最通行的手段就是在特定的环境下（比如说续约和升等的审核阶段），由系里评审委员会派委员去听课。有趣的是，这个建议最初在香港科大提出时遭到普遍反对，特别是助理教授们很害怕资深同事去听课和打分数，他们所持的理由是会让他们觉得分外紧张、不自在，反而会在课堂上表现失常，因此不公平。结果是只有一个系制订了教学评审办法细则,由资深教授在不事先通知的情况下随时进入被评审者的课堂去听课,而且要到每一位被评审者的课堂去旁听3~4次,以求能够看到被评审者全面性的课堂表现,然后写下观察笔记向委员会汇报。其他各系则随意性很大,各自为政。

从程序方面来说,学生的评鉴工作在学期终了之前(通常是最后一堂课)执行,问卷填好后由专人收集直接送到学术副校长办公室,不经过授课教授之手,免除瓜田李下的嫌疑。有关单位对问卷进行整理和统计后,分发给系主任和授课教授,目的是让老师们了解学生们的反应,做出相应的调整,也让系主任掌握本系教学动态,能够及时采取干预或补救行动。这一切都做得井井有条,年年如此,从制度化角度着眼,无懈可击。

但是在实际运作过程中还是出现了一些杂音。比如说有的年轻教授初出门道,在他们来自的地区,从来没有过让学生评鉴老师这一套行为,因此感到惊讶不安。也有人认为,学生只不过是学徒,他们有什么资格来评鉴师傅的本领?特别是令某一个系教授们最为反感的是,在问卷中居然有一道问题是问学生认为老师对于该门学科掌握的知识是否扎实。这真让那些教授受不了,认为学生哪有资格去评论教授的学识深度?因此多次向校方要求删除此类"不当"问题,甚至要求校方不可公布学生评鉴的结果。这类反对声音在1996年似乎集中了火力,由某学院和某几个系的负责人再三向校方陈情。校方学术负责单位在认真讨论后,认为那些教授的反对意见缺乏正当理由,维持原来的问卷内容和处理方式。

学生的评分结果最后当然会在教授们续约或升等的评审中出现,成为评审考虑的一部分。但是这些数据到底有多重要,则因系而异,也因人而异。笔者听说过最突出的一个案例,是某系一位访问教授(正教授身份),因为学生评鉴很差,最后被校方拒绝续聘转正。这是一件颇不寻常的事件,不仅当事人大吃一惊,在校园里也引起相当大的震荡。校方领导想要给人的印象是,虽然香港科大是一个研究型大学,但是教学还是需要认真勤奋,如果成效太差,肯定会有惨痛结果。而这个信息也是学校学术行政领导们一再要求院长和系主任必须传达下去的信息(1997年),以向教授们宣示学校对于教学的重视程度。但是有时却会事与愿违,年轻教授们得到的印象是,学生的评鉴可以决定生死,对学生学业和纪律的要求到底是应该严格还是放任,实在拿捏不准。

总的来说，学生对教授的教学评鉴，其效果并不明显，因为学生们没有渠道和老师进一步沟通。要改变这个现象，学生们一定要学习北美洲大学生的好习惯，在课堂上不断地和老师维持对话和问难。这样既可以增加学生的见识，而不是呆板地坐在位子上听老师站在讲台上背诵他的讲稿；也可以间接地督促老师加倍用心地去备课，而不是拿着多年前的讲义照本宣科。这种有师生交流的上课模式是华人地区大学中所普遍缺乏的（中小学也是如此？）。

令人感慨的是，教育是中华文化几千年来引以为傲的传统，但是如此重要的一个基本学习技巧，还没有被广大学生普遍掌握，做老师的也不鼓励学生发问，可见我们现代教育的盲点有多么大。这一切都不可能归罪于老祖宗的文化，我们只要去温习一下四书中的《论语》，就会知道孔老夫子是如何和他的弟子们互动的。孔子之所以为后世留下了一大堆智慧的遗产，并不是他在博览群书之后写了一本好讲义在课堂上去照本宣科，而是因为课堂上有了子由、子路、颜回这些会问好问题的学生。他们的问题事实上也刺激了老师的思路，他们几近找麻烦似的打破砂锅问到底，也逼得孔老师把自己的思路演绎得更严谨和深入。这就是互动的优点，也让中华民族产生了一部光芒万丈的著作。

但是学生们的期终评鉴并不能产生这样的效果。无论是中外大学，学生在写完评鉴之后，各奔东西，或许从此不再和教授会面，只是留下一个评鉴的数据，其实质作用颇为单薄而短暂。所以只要老师在课堂表现属于中等而系主任又不追究的话，就不会产生不良后果。更何况如果问卷的问题用词不当的话，则答案更可能面目全非。这是在民意调查时经常出现的问题，的确需要慎重对待。

照常理而言，一所"科技"大学本应该最强调这类问卷数据，因为它们冷冰冰，死板板，具有高度客观性，可以撇开人际关系。但是香港科大在教学评鉴工作上，一如在其他事务领域内的作风，一定要掺入人为的努力。事实上，有一段时期，学术部门领导为了强调香港科大对教学的重视，还亲自到课堂上去突击观察，想要传达的信息就是校方重视教学，因此各级教授也必须认真执行任务。但是由于这个措施不能持之以恒，又没有制度化，只是随机实施，所以效果短暂。而且由于只有少数几位人士参与，主观性（随缘性？）太强，审查的程序、标准和后续措施，并没有转变成一套固定的程序，一阵旋风过去之后就不了了之，被突击观察的少数几位教授只能自认倒霉。随后几年，虽然隔不了多长时间校方就会重申教学的重要性，但是言者谆谆，听者藐藐。这种来自上级的善良意愿，并没有在教授中产生足够的压力，效果自然不彰显。

2. 如何改善教学的效率

仔细想来，课堂教学其实是中外许多大学教育工作中最薄弱的一环，其由来有自。凡是念过研究生学位（硕士或博士）而打算毕业后到大学去工作的人，大部分在研究生阶段选过类似该系的"方法论"之类的课程进行基本训练，为将来的研究工作打基础，更何况许多本科生在大学时代就进过实验室，对于仪器设备、操作程序和研究规矩，已经有了相当的熟悉度。他们一旦成为教授，感觉和行为模式和昨天做学生时鲜少差异。但是一般人在攻读博士学位时，几乎不会去选一门如何去教书的课程。事实上，几乎没有大学会开设"教书课"或"上课学"这类课程（师范学校除外）。这个现象既普遍又奇怪。大家都懂得一个简单道理，那就是如果不懂研究的方法论，就做不好一名研究员。然而同样简单的道理，那就是如果不懂如何上课就教不好书，却有很多人不懂，也不予以理会，真是令人不解。一般大学在招聘年轻教授的过程中，会尽可能把他们的研究成绩和潜能审核得巨细无遗，万分慎重，却很可能对他们上课教书的本领一字不提。在一般和求职候选人面谈的过程中，要么完全忽略这个问题，要么采取一个简单的设想：只要候选人能言善道，他大概就是一个课堂上的好老师。即便不是如此，在一般人的认知中，要教好书，磨练磨练不就成了吗？不幸的是，事实绝非如此。

教书是一种艺术。有的人有天赋，生来就是好老师，使学生感到字字珠玑，内容非常充实。有的人天生一根如簧之舌，让人听得如沐春风，听完了之后却再也想不起实质内容是什么。但是一般禀赋的人，则必须经过锻炼才能成为好老师。我想我们一辈子一定遇见过不少据说学问很高深的老师，但是他们在课堂上可能完全无法发挥出来：有的神不守舍目光痴呆，有的口齿不清声若蚊蝇，有的自拉自唱旁若无人，有的摇头摆尾自我陶醉。就这样，道"传"不成，业"授"不了，惑无法"解"，只能把学生弄得越来越糊涂，又怎能责怪他们在课堂上玩游戏、发短信、与邻座聊天，或是昏昏入睡？这番景象在大学校园里极为常见，但是通常并不是学生的过错。

令人震惊的是，这些老师可能一辈子就没有人教他们怎么在课堂里讲课。说一句绝不带种族歧视的话,这种情形在华语地区的大学里,远较在北美洲大学普遍。道理并不复杂:一个在北美洲长大的孩子,从幼儿园开始就要不断地遭遇抛头露脸和现身说法的锻炼(show and tell),随之而来的是在教会主日诵经、在家庭吃饭前谢饭祷告、在社交场合举杯祝词,等等,在成年之前早已身经百战。所以我们得到的一般感觉是欧美年轻人在社交场风度从容,举止老练,口齿清晰,能言善道(articulate,eloquent)。考其缘由,就是他们在读研究院之前,早已在社会上受到充分的训练,而且这种训练在西方社会历来是受到赞许的。相对而言,华语地区的孩子们要学会守规矩,不要"乱"说话,不许乱动。"木讷寡言"是美德,古有明训。会说话?那就脱不了"巧言佞色,鲜矣仁"的嫌疑。在这种社会环境的熏陶下,教书更需要经过某种程度的训练,实在是无可争议的事。尽管一位30岁的助理教授到了45岁或许可以驾轻就熟地教书,但是那些在头15年被他教的学生,岂不就变成是活该倒霉的牺牲品?太不公平。更何况有些教授到了退休时依然口齿不清,那就更是遗憾了。

香港科大创办时,也和其他大学一样,并没有在聘用前特意考察教授的教书能力,只能凭直觉做判断。但是一旦教授被聘用,有些系(并非全部)在促进教书工作上着实下了不少功夫。为了帮助年轻教授赶快掌握教书的基本技巧,还列出了一些细目去检查年轻教授们的课堂表现。在课程安排方面的检查项目包括:课业分量是否合理?(太容易?太困难?)课程的进度表是否清晰?(不急?不徐?)规定的课内和课外读物是否切题?作业或考试是否适中?分数的分配是否合理?(有无"放水"现象?)老师对学生的作业是否仔细阅读修改,还是分数乱打一通?纯从课程内容而言,学生们在上完一学期课程之后,是否能够掌握该科的重要知识?

课堂是老师和学生们的互动场所,缺乏互动,就会阻碍学生学习的热情和效率。老师们常犯的错误是:声细如蚊,自说自话,眼睛不是看天花板就是盯住讲义,避免和学生目光接触。这样就使学生们缺乏参与感,把老师的讲课当成是一场蹩脚的独角戏,事不关己,因此当然可以堂而皇之地睡觉、聊天、乱涂瞎画,总之把这一堂课挨过去就谢天谢地了。因此香港科大有些系领导还研发出一些教学方法,善意提醒年轻教授予以注意。这包括:确保嗓门嘹亮到可以达到最后一排,使全教室学生无可逃避("请问坐在最后一排的同学能够听清楚我讲的话吗?");眼神必须左盼右顾,使全场尽在视线扫描之内,而且眼神必须和学生们保持交会,让他们欲遁无门；音调必须抑扬顿挫，切忌平板乏味，更不可以照本宣科；手势和肢体语言要使用适度；要使用黑（白）板或是演示文稿软件（Power Point，PPT）辅佐讲演，但是不要喧宾夺主地让机器取代讲演；老师们讲课最好能够维持主题鲜明，又不时插上一两句笑话或是题外话抓住学生的注意力，但是也不可以让题外话如脱缰的野马。这些都是舞台表演的最基本技术，而教师最基本的功夫就是把舞台表演处理好，使学生们感到津津有味，然后才能有效地把重要的学术信息送达给学生们。

令人想不到的是，口齿不清、语无伦次的教授还真是不少。也有教授胆大妄为，事前准备不周，面对学生却口若悬河，这更不可饶恕。难怪学生们一丁点的学习求知的欲望都会被他们扼杀，真真是罪过。当然，讲课效果不良也很可能是学生的错，比如说预先指定的读物没有读，老师发问时一问三不知。在这类情况下，教授必须施展一些临场处理的技巧（比如说点名发问、指定专人回答，等等），让学生全神贯注，学习才有效率。

以上所言均属卑之无甚高论，并不足以帮助教授们变成一流的明星老师（那是天生的），但是肯定可以让差劲的老师变成称职的老师绝不致误人子弟。这就帮助大学把教学质量提升了一大步。

前文提及有些系让资深教授去旁听年轻教授的课，有些年轻教授起初的反应是既忧虑又反感，认为这种做法对他们不利，他们担心资深教授的评审尺度会比学生更苛刻，资深教授的出现会使他们紧张，害怕在资深教授面前出丑。也间或有人认为这是一种"侮辱"，对他们不够信任和尊重。总而言之，被评审的资浅教授们泰半心存不满，但是又敢怒而不敢言，因为好汉不吃眼前亏。笔者个人的立场是，这些抵触情绪完全说不通。一个简单的回复就是：假如连面对校内同事上一堂课都会紧张得失态的话，那么他们将来如何能够把他们的研究成果拿到世界性的学术会议上去作报告？

真正让人没想到的是，当教授们因为给学生打分数太严而在期终评鉴时遭学生报复，反而是同事的评审还给了他们公道。这类实例使得年轻教授们无须一味纵容讨好学生，可以放开胆子坚持他们对学生学业的要求，而无须担忧在面对系内评审时因为学生的评鉴太低而跳到黄河也洗不清。持平而论，学生的评鉴是消费者的反应，同事的评鉴是行家的评鉴，两者综合在一起最能提高教学质量。香港科大在初期有一个颇为普遍而有趣的现象，年轻资浅的教授怕学生，不敢要求学生遵守课堂秩序，也不敢留作业太多、出考题太难、打分数太低，怕的就是学生们起哄和报复。学生们报复的工具就是在期终对课程和教师的评鉴。而面对这些负面的数据，年轻教授们又感到无法保护自己，因此内心惶惶，不知道对学生们的课业应该是松还是紧。

一旦年轻教授有了另外一个行家的评鉴作为对比，他们这些顾忌就能够大大降低，行家评鉴也因此起了重要的平衡作用。有些系的评审委员会不止一次地以权威而又客观的立场，纠正了学生有失公允的课程评鉴。但是这绝非官官相护帮助同事蒙混过关，而是从不同角度去提升教学质量。

有一个案例值得特别一提。据说某系有一位来自北美洲著名大学的外籍年轻教授，接连几学期学生评鉴成绩不佳，最让他感到愤愤不平的是，居然有学生批评他英文说得不好。而该教授母语是英语，自信以他的英文程度教香港学生绝对绰绰有余。该系系主任亲自去听课之后，很抱歉地告诉他，他的英文讲解确实效率很低，不是他发音用词不准确，而是每个单词都在他嘴巴里叽里咕噜打转，难怪学生们听不懂。系主任建议他去校内的视听教学中心安排一部录像机，不动声色地把自己的授课实况录下来带回家私下审视。该教授接受了这项不伤感情的安排，在看完录像带之后，发现自己在课堂上的表现的确缺点重重，并虚心地加以改正。一年之后，学生们对他的评鉴大为改善。这种认真于教学的做法帮助了他个人，也帮助了他此后所教的学生，而且使他升等为系中资深教授。

以上所述的各种观察方法并非呆板地列出标准，用来逐项地检验老师们的教学表现，并以此逐项打分数，据之决定教授们的续约、升等。它的目的是用一些客观性的指标做一个审核清单（check list），使评审委员会讨论教授的教学表现时，不至于只用一些模糊而主观的字眼（他教得好，他教得不好）去加以评论，因为这样不能令人信服。评鉴应该是能够用比较中肯而客观的尺度去衡量一位教授的教学成效。如果这么做，则评鉴的结果无论是正面的还是负面的，都能够让评鉴委员表达出一些实质意见，并且可以向被评鉴的年轻教授提出有建设性的忠告。换言之，香港科大有些系认真地采用了类似上述的尺度去激励年轻的教授，帮助他们在学生期终的评鉴中取得良好的评分。这么做的结果是产生了许多广受学生爱戴的好老师，当然也提高了学生们求知的欲望。作为一所以研究为首要任务的大学，香港科大在教学工作上的确做出了诚恳的努力。校方学术领导部门对于这方面的督促也从来没有松懈过。香港科大的做法是要对得起认真学习的学生们，不是施口惠，而是重实质。

正因为遵循了以上这些机制，香港科大对教授的招聘、续约、升等工作都能正

确处理，保证师资不致被腐蚀而能步步提升。重复一句老话，这些教授评审机制，是香港科大努力去和世界学坛接轨的实质内容，其中并无奥秘之处，实践才是成败的关键。回过头来看，资深教授评鉴资浅教授的教学表现和研究成果属于同样的道理，在北美洲许多知名大学里早已是评鉴正规作业中不可或缺的环节，但是在香港科大也的确遇到了主要来自某些系的资浅教授的阻力，因此没有成为全校统一的政策。这在香港科大强调教学的记录上，还算是少走了一步。

如果说香港科大在处理教学质量的努力方面曾经遭遇过大困难，据笔者的记忆，大概就是在老教授帮助年轻教授方面。校方领导在很早（1995年）就有一个很好的意愿，那就是想建立一种制度，使每个系的资深教授负起责任去帮助年轻教授成长，在内地称为"传、帮、带"，在英语世界称为"mentoring"，就是导师制的意思。本来以香港科大19个系，每个系20～30位教授，几乎可以形成一种小家庭气氛，彼此照顾帮忙，也是顺理成章。在某一个时段里学校甚至考虑过新任（年轻）教授一报到，就由系里指派一位资深教授作为他的固定导师。但是依照笔者个人的了解，这个制度最终没有建立起来。考其原因其实是多方面的。

首先是两位教授互动的内容，应该涵盖研究和教学两方面。研究方面，如果两人意气相投，自然能够成为搭档，导师关系的形式可有可无；万一不相投，则人为凑合就会显得牵强，达不到实质效果。据笔者所知，在许多系里有自然的组合，未必称得上是导师制，但是也达到了互动和互助的好效果。这么做可能更不露痕迹，反而水到渠成。

教学方面，事情就更复杂了。在大学里，似乎有一种奇怪的现象，教授可以满怀好奇和谦虚去打听另外一位教授如何处理他的研究项目，或是向后者请教他的研究技巧。言者和听者都可以兴致勃勃地交换心得，每一方都可以认为自己是受惠者。但是碰到教学问题时，心理就会出现微妙的转变，提出请教的一方等于是在揭露自己的短处，而答话的一方似乎在居高临下地指点，气氛就不免尴尬。笔者在几十年的教学生涯中，很少遇到有教授认真地去请教另一位教授怎样才能把书教好。这话一开口，几乎等于招认自己是个教不好书的失败者。这或许就是为什么这么多年来，教书技巧始终停留在"独门秘诀"（esoteric）的阶段。除非两位教授非常知心，否则这是一个令人痛苦的问题，难以启齿。或许一个务实的方法就是像上文所举的例子一样，把教学质量列为评鉴升等程序的审核内容，变私下传授为公开提出、坦然面对，才能引起教授们的重视并尽最大的努力。

当然，在香港科大特定的环境里，导师制推行起来还有更大的难度。教授们来自世界各国，文化背景完全不同，东方人可以接受的"循循善诱"，西方人可能认为是"倚老卖老"，完全不吃那一套。以上所言并不是反对导师关系，而是指出香港科大在这方面无法贯彻始终的一些原因。同样地，学校领导们宣示了对教学的重视，但是做不做还是系里面的事，而各系的做法又大不相同，甚至有说得多做得少的问题。

读者还记得，本章开始的第一句话是，教授素质是大学的命脉。香港科大在这方面做得非常尽心，中间的过程其实简单无比：第一步，精挑细选好学者参加教授阵营；第二步，中途发现不称职的教授就狠心地不和他们签续约或是升等的合同；第三步，一旦发现某些教授是好教授，就不问等级，一定要千方百计地把他们留下来（faculty retention）。校方各个层级的学术领导做这个工作时，就像是给自己做事一样，一定要让好教授们有一个公平、安详和顺畅的环境去完成科研工作。这期间所需要的说服、恳求，乃至哀求的工作，全都是学术领导们心甘情愿做的，不是为了得到加级加薪，而是完成他们自己当初参加香港科大的雄图大志，那就是为华人地区建造一所扎实的大学。

第6章 香港科大和香港及邻近社会的磨合过程

I. 香港科大与香港

1. 香港民间早期对香港科大的观感

香港科大和香港其他学府一个大不同之处，就是其他大学多在闹市之内，而香港科大地处边陲（新界的清水湾），在荒山野岭之间，上不着村，下不着店。在日常生活里，这种地理距离难免导致市民对香港科大有隔阂感，一般市民在谈到香港科大时都不知所以。香港科大一开始在公共关系上也挨过一记闷棍。那时社会上流传一种说法，责怪政府花了太多钱去建造这所新大学。这个传言之所以盛行是否和其他几所大学的微妙心理（看热闹？幸灾乐祸？）有关，笔者无从考证。不久之后，"劳斯莱斯大学"（Rolls Royce）的绰号就取代了香港科大的正式名称，言外之意就是政府花了那么多钱去建造一所大学，办得再好也不足为奇，如果办得不好，那就真是浪费老百姓的血汗钱。香港科大领导人面对香港电视台、电台、报纸和一般市民的交相嘲弄和讽刺，不断耐心地解释：香港科大其实只是在建造校舍时接受了赛马会一笔一次性的捐款，相当于当时建造校舍工程费的一半，此后一切政府拨款均是比照政府赞助其他大学的标准，没有优惠待遇。但是香港科大"阔佬"

的形象已深植于香港群众心里，不管是商店职员还是卖菜小贩，只要一听说香港科大，就会脱口而出："哦，那个劳斯莱斯大学。"香港科大真是哑子吃黄连，在先天上就处在劣势。

2. 香港科大教授们的火上浇油

当然香港科大内部也确实有些教授做了拿起石头砸自己脚的蠢事。香港科大创校时期的资深教授，有不少人原先已经享有崇高国际学术地位，也有不少人来自北美洲名校。因此刚到香港时就忍不住透露出一丝霸气，认为既然自己系出名门，现在来香港参与建设一所新大学，那么这所新大学的定位，当然以他在北美洲的大学的地位为准，必定是世界级大学。否则的话，他怎么会来？

有趣的是，这份霸气居然也感染了一部分资浅的教授。香港科大最初在北美洲招聘年轻教授时，确实把注意力放在世界顶尖大学的博士生身上，也相信这是最省力气的做法，因为他们的学术出身（pedigree）是一个重要的参考指标。岂知这个观念却被一些资浅助理教授无限延伸，认为香港科大极端强调学术血缘，只招聘名校出身的博士生。这就完全误解了香港科大的立场。有一个早期的故事：一位个性谦虚的博士自认为毕业的大学是北美洲的二流大学，因热爱研究，便报名应聘香港科大的教职。香港科大一位来自一流大学的年轻教授得知此事，便言辞恳切地告诫这位朋友不要存非分之想，因为香港科大绝对不会录用如他这般二流大学的博士。后者听毕丧气不已。幸好香港科大真正的目的是"求才"而不是迷信学位出身，"英雄不怕出身低"，最后还是聘用了这位应聘的博士，而且后来又因其学术成绩优异提升其为副教授。而那位恃才傲物的年轻人则不知所终。

准确地说，香港科大从一开始就追求成为世界级大学，这是无需掩藏的目标，也是学校内部领导层一种自我期许和自我鞭策的手段。而只要是香港科大自己默默地耕耘，则香港其他人士也或许会乐见其成。通常流行的一句话："取法乎上，得乎中。"意思是即便一个人把目标定得很高（这种雄心壮志本是值得嘉许的），但是往往其成果只能达到中等水平。所以既要鼓励人们去追求最高境界的目标，又要警惕结果可能只能达到中等程度而已。相反地，如果人们只是"取法乎中"，则可能"得乎下"。所以一定要把目标定得高，才能鞭策自己不断努力，做出最好的成绩。这些简单的道理，我们民族的老祖宗早就用各种方式说过了（比如说"满招损，谦受益"之类的话），兼顾了激励和警惕双重意义在内。

香港科大自建校起就想建立世界级大学，从来没有想过只是创办一所平庸的大学。"世界级"这个壮志是许多人加入香港科大的心理源头，也是许多人拼命干事的推动力。如果当时有同事只想找一碗饭吃，大概他在香港科大就会如坐针毡，被人看不起。但是偏偏有少数同事等不及（年轻气盛和年"壮"气盛？），在当时当刻就要先过一把"世界级大学"的干瘾。这既不符合事实，也不讲究策略。这种高姿态肯定让香港某些学者受不了，或是冷眼等着看热闹，或是恨得牙根发痒。

所以那时节，校内有另外一部分教师，屡次要求同事们一定要韬光养晦，千万不要四处招摇树敌，而应该把全部精力用在学校内部建设的实在功夫上。校方领导甚至接受好心的北美洲华裔学者的劝告，特意降低身段到姐妹院校送牒求见，才弥补了一些伤害。幸好香港科大的成绩日益增进，恼人的言论逐渐淡化，最后消弭于无形。

一所新学校在创办时，在营造声势上有什么选择？一般而言，面临两难。一方面，如果要大声叫嚷吹嘘，可以通过媒体报导来引起社会重视，鼓舞内部士气，吸引好教授和好学生；可以说这是一个聪明的策略。但是另一方面，如果做得过了头，就不免招致他人反感，特别是同行相妒乃至幸灾乐祸，那就得不偿失了。香港科大的确也经历过这么一段艰辛，有少数同事也说了一些"过把瘾"的大话。但是这些话和后来其他地区某些办学者宣称的要以"一步到位"的方式缔造世界级大学的豪言壮语相比，还算是收敛的了。

以上两种策略孰是孰非，没有定论，完全要视情况而定。一所财力紧张人力单薄的大学，想要脱离困境，化腐朽为神奇，引起上级的关垂，争取更多的经费，则第一种做法确实有立竿见影的功效。但是学校如果没有这些困难，只是要铆足全力去冲刺的话，则待以时日，成果自然会出现，无需用这些自吹自擂的虚功去破坏学校的诚信。香港科大当时应该是属于后一类学校，闷声不响地去拼命做事，应该是比较正确的姿态。

香港科大的做法也和当时香港各大学的"祖传"学规产生了一些不小的龃龉，学术评鉴程序就是一个最生动的案例。

依照当时港英政府长年遵行的规矩，香港的大学普遍实行由外界学者主持的评审制度（external review）。这是一种经常性的制度，每个大学每隔一阵子就需要接受外来学术评鉴团的评鉴。香港其他大学对这个规矩早已相当熟悉，不但恭敬从命，而且也懂得如何应付，结局总是宾主尽欢。依港英政府的规矩，英帝国的大学当然是学术龙头，香港的大学当然是后生晚辈，是低档次的货品，因此当然必须虚心接受帝国的监督指导，不但大学的学术课程内容需要送到英国去审查，连学生的考卷也要送外覆批，借此教诲香港老师们如何教书和改学生作业。

不幸的是，英联邦的大学被委托来香港担当此项要务的并不是牛津、剑桥之辈，而往往是二三流的大学，因为在英帝国老爷们的眼中，以后者的资质来评审香港的大学，已然绰绰有余。而他们到了香港之后，也就学会了装模作样，俨然以导师自居，对于各校的事务充满信心地加以指教。更有甚者，在香港本地也形成等级分明的体制。简单地说，英帝国教授评鉴香港的大学，而香港本地的教授们又去评鉴本港的学院。颇像大鱼吃小鱼，小鱼吃虾米。

香港科大在筹备之时，创办人已经坚决反对将香港科大置于这种制度之下。理由之一是，这样就没有办法从北美洲请到好教授来香港科大服务。港英政府最终做出让步，把香港科大列为例外。而本地其他大学和学院仍然留在制度内，香港科大的教授们也会被请去担任他们的外界评审员。但是有了香港科大这个例外，其他大学也逐渐脱离这个制度。

香港科大早期的这个立场，其实只不过是反映了北美洲大学教育的实况，那就是每个大学必须自我负责、自生自灭，不需要别人扶着走，也不要靠别人而生存，由一个自由竞争的市场机制去决定优胜劣汰，学校办得好就生存，办不好就关门。这中间没有太多玩花样的空间，所以全校上下一定要为自己的生存和荣誉而奋斗（这恐怕在今天还是很多邻近地区学校办不好的症结所在）。香港科大的创办者当年之所以夸下海口，并不只是排斥外人干涉香港科大，而是相信自己的教授们能够比别人把香港科大管得更严苛，而且敢于承担后果。

即便如此，在创办之初，香港科大许多教授还是被一次事件搞得大为不快。当时港英政府派了一个临时性的教学评审团来评审授课情况。问题是，一方面香港科大的教授们缺乏应付这种场面的经验；而另一方面，有些评审员自身的学术地位薄弱，在香港科大教授们眼里，他们本来就不够资格来香港科大指指点点。但是因为后者有港英政府撑腰，所以还是维持传统做法，而评审团的香港教授跟在洋教授后面也显得益发神气活现。事实上，这群客人也的确被香港科大的接待态度激怒，不

但神情倨傲，而且还大言不惭地向香港科大提出指教。这就让参加评审会的香港科大教授无法沉默，首先就跟洋教授们干上了。因为洋教授在心理上早已认为自己是龙头，所以在开场白阶段就拿出一副居高临下的教诲语气，肆意点评香港科大的缺失。哪知话还没有说到一半，就被香港科大校领导悍然打断反驳。从此双方唇枪舌剑，互不相让，弄得难以收场。这些洋教授们本来每年被重金礼聘莅临香港做评鉴工作，早就习惯了本地学者们的温顺恭谦：无论洋教授如何胡言乱诌，被评鉴的本地大学一律当成是金玉良言聆听，而且感恩戴德之情形于色表。岂知香港科大完全不懂这套规矩，更不能接受那种殖民式的以上凌下的心理，洋教授的开场白还没有说完，香港科大的反驳就如同连珠炮一般，完全不顾情面。几位外来的"学术洋和尚"心中极不是滋味，而香港参与评鉴团的姐妹校教授一言未发，却是免费看了一场好戏。最终，香港科大当然在评鉴上是好汉吃了眼前亏。

平心而论，那实在是一场学术文化上的冲突。在当时港英政府殖民统治体制下，由英联邦的先进教授们来检查指导香港的大学，是天经地义的事，是为了爱护和提携这个落后地区。依据历史传统，后者除了俯首听训和欣然改正之外，别无他途。何况这是一个重大的学术活动，双方都应该按照"剧本"演出自己预定的角色。偏偏香港科大那批北美洲来的教授们，心目中对英联邦学制或许早已没有保持应有的崇敬，再看到一些并非优质的教授们对自己的工作大放厥词时，早已耐不住性子而形怒于色了。这就麻烦了。这场文化冲突好不容易平息之后，香港科大也受到了短暂的惩罚，那就是被政府削减了部分研究生的名额和经费。但是从此之后，就似乎很少看到这些远来的"洋和尚"再度光临香港科大校园"念经"。这次事件在当时颇是一件大事，也充分表现出香港科大和香港规矩磨合的艰辛。

回过头来看一看校外评鉴这个规矩，其实立意非常好，请一些校外的行家组成评审团，可以帮助大学弥补缺失，取他山之石可以攻错，在道理上完全说得通。但是要做好这件事，评审团的成员一定要有学术威望，要认真做评审前的预备功课，把被评审单位的数据先摸清楚，然后到现场去对照。有了调查研究，才有发言权，才能帮助评审对象改善工作。在北美洲，这种工作都是由全国性的大学联合会或是专业科系的学会主持，他们具有崇高的学术水平和公信权威，懂得做人和职业上应有的自尊和自重，以公正和超然中立的态度去完成别人托付的评鉴工作，做出独立判断。笔者在北美洲大学的二十余年中，所服务的系只接受过一次校外评审，而且是由系里出面邀请。对方工作态度勤奋尽责，提出的建议有宏观有微观，使系受益良多，充分发挥了校外评审的正面价值。

但是似乎有些事到了华语环境就会变样子，外表看起来是同样的葫芦，但是里面卖的药截然不同。笔者从某些地区大学的工作人员处听说，这种评鉴的原动力来自上级，多半是官方。而且因为做评鉴委员是有油水的，某些教授会动用关系去争取得到任命。年来年往，同样那群人成为该地区的学霸，他们评鉴的结果可以严重影响相关系的名誉、招生情况、学位存废、政府补助的教研经费数额等大问题。有趣的是，没有通过评鉴的系，最悔恨的不是自己的学术素质太差而理当受罚，而是不谙巴结笼络的门道，没有好好地服侍评审大员。而评审过程的粗糙、懒散、作威作福和人情关说，也是人尽诟病的现象。这样缺乏互信互尊的评审制度做了多年，除了浪费纳税人的钱去满足形式主义之外，对于大学质量的真正改善到底做出了何种贡献，实在需要把制度本身也去评鉴一番才对。在一个效率不彰的制度下，好教授也会做坏事和蠢事，更何况那些学界里的窝囊废？

令人感到既有趣又悲伤的是，许多提高大学素质的方法天下皆知，但是在某些地区就是行不通。

3. 香港科大和香港人民接触的两项努力

A. 开放校园

香港科大在拉近和香港社会的距离方面也做了一些独特的努力。首先是校园开放政策。这乍听起来是小事一桩，无需浪费笔墨，其实并不尽然。在西方世界，几乎看不到一所大学是大门紧闭出入需要经过盘查的。但是在某些地区颇有些大学采取关门主义，外人不得随意进入。如果那碰巧是一所著名大学，或是校园风景优美的话，则学校还可能收取门票费，把学校当成公园去生财，而且做起来颇为理直气壮。

大学当然应该保证有一个安静的学习环境，太多闲杂人等在校园里东奔西窜，制造噪声，肯定会妨碍学校的正业，应该加以管制。但是收门票，岂不是把学校变成了商业场地？（是动物园吗？）

香港科大则是有意识地开放自己的校园。在平时，香港科大严格控制外界车辆进入校区。这种做法不是为了阻绝外人进入，而是有些务实的考虑。第一是香港科大校园正门的气派和场面实在太小，一进大门的中心地带只有一小块，总共不到50米见方，而且只有一条单向行驶的圆环车道，如果有5辆车同时进入，立即就会造成堵塞。第二是行人至上，他们的安全不容受车辆威胁。因此不但需要管制进入学校车辆的数量，而且任何人的车辆（包括港督和特首在内）都不得在中心地带停留5分钟以上。但是对行人则是大门敞开，任由老百姓进出，不受盘问。特别是到了周末，当他们不会妨碍学生学习活动时，校园就更进一步敞开。

有趣的是，香港科大背负"劳斯莱斯大学"盛名之累，成了一些旅行社主办的香港半日游、一日游的观光重点。每逢周末更呈盛况。举个例子，1992年3月的一个星期天，风和日丽，根据校方统计，有1800位市民光临香港科大校园，有45辆大型巴士穿梭地把游客送到学校大门口，然后游客们步行进入校园。

这种情况凡逢假日，从来没有间断过。典型的场面是阿公阿婆带着小孙儿孙女，兴高采烈地指东画西，或是欣赏风景，或是在草地上追逐嬉戏。他们或者自备午餐随处席地而坐，或是光顾校园餐厅。由于学生们在周末多已外出，所以餐厅也特别欢迎这些外来客帮他们把生意撑起来。而校方为了方便游客，也专门设立了一个访客服务中心，陈列了学校的简介，也出售纪念品，免不了就是咖啡杯、锁链、运动衫、棒球帽之类的，借此也为学校增加一些收入。顺便可以一提的是，香港科大没有一间餐厅和洗手间是对外界人士关闭的,只要来香港科大,不论是访问还是游览,都是客人,除了办公室、实验室、宿舍之外,所有公共地区,客人们都可以自由行走。

　　但是学校为此增加的支出或许才是大项。首先,要施行交通管制,所以保安人员需要加班,有时甚至还需要动员附近警察局增派警员,去指挥邻近地区的交通。其次,清洁工人也需要加班。虽然香港居民都非常自爱,不会乱丢垃圾,但是小朋友洒了水、掉了冰激凌一类的事还是无法避免。这些额外的加班费全由校方负担,从来没有想过向游客们收费。理由其实也很简单,香港科大正是这些平凡老百姓的纳税钱建造起来的,在一个小范围之内欢迎他们来检查用钱的成果,也是校方向社会的回馈。更何况,来观赏校园的长辈们,很可能会鼓励孩子们立志将来进这所大学,也因此有机会产生激励的效果,提高大学免费公关的效率,可谓一举数得。至于住在校园里的教授和家属们,当然不希望生活受人打扰,但是一旦大家领教过这种盛大的场面,也就学会了心平气和,只要碰上周末,要么躲在家里不出大门一步,要么一大早就出门,挨到傍晚再回来:躲开人潮,就变成是生活步调的一部分了。

　　大学当然应该要把营造学习环境作为最优先考虑,但是也不可走火入魔,妄把自己看成高等人物,不屑和这些市井小民混在一起,对后者竟然敢来打扰大学的清高和安逸生活大感受到冒犯,这也是一种知识分子居高临下的病态心理。至于入校门就要收费,那就更是唯钱是图,对于管理校园太缺乏想象力和诚意,只能说是斯文扫地。

　　B. 开放图书馆

　　香港科大另外一项回馈社会的措施,则的确曾经在校内引起过争议,那就是开放图书馆给市民大众使用。这个主意最初提出时,立即遭到部分教授和学生的同声反对,理由是图书馆对他们的学习非常重要,书籍有限,设备有限,馆内的安宁肃静非常重要,经不起校外人士来喧嚷和抢占座位。因此主张划清界限,绝对不许校外人士进入。

　　但是另外一批教授则认为,图书馆的设备经费都来自香港人民,只要不妨碍学校教学和学习,应该尽量与社会分享,不应该采取排外立场。最后,主张开放政策的立场被采纳,平常任何人均可进出香港科大图书馆。持有香港身份证者还可以办理借书证。这个做法大概和许多邻近地区大学的做法颇为不同,肯定使一部分好学的市民得到益处。

关于这个门户开放政策还值得多说几句。事实上，向市民开放一事，在校内反对声音主要来自学生。他们之中或许有人自认为大学生高人一等，不可和社会闲杂人士混处一堂。他们有些人特别受不了邻近地区的中学生成为香港科大图书馆的常客，而每逢中学考试时期，这些毛头小子又来得特别勤快。这些现象都让部分学生感到无法接受。但是他们忘记了香港科大是香港纳税人出钱建的大学，只要不干扰香港科大学生的学习，剩余的资源的确应该向社会大众提供，才是富有同情心和公民道德的态度。但是某一部分学生就是受不了这种外人鸠占鹊巢的胆大妄为，因此在1994年底张贴了一张大字报，指责外来人妨害了本校学生的学习，霸占了他们的座位，要求学校立即禁止外来人进入图书馆。这次抗议声势可谓浩大，理由也似乎颇充分。校方的反应是由学术部门成立了一个专案小组对学生们所指控的事项进行现场调查。结果发现学生的指控与事实不符，中学生和外来人士在图书馆看书，安安静静，一点儿也没有打扰香港科大学生的学习，也没有和香港科大学生抢座位，因此决定保持原来的政策。唯一的变通是，在香港科大考试期间（每学期大约有1~2周时间），图书馆只准香港科大学生使用，凭学生证出入，校外人士在那段时间不得入馆。

事实上，香港科大欢迎校外人士使用图书馆，最后的受惠者可能是香港科大本身。因为笔者遇见过好几位后期的学生，当问及他们为何选择香港科大时，其答案是他们在中学时就来香港科大图书馆看书，所以一直向往有朝一日能够成为香港科大的学生。这样的故事也确实可以让人内心感到温暖。

4. 香港科大教授们和姐妹校同行之间有疏离感吗

总的来说，香港科大教授和香港社会及姐妹校同仁之间的联络，远远低于他们和其他地方的联络。学校方面并不是不懂得和香港各界敦亲睦邻的重要性，事实上，早在1991年底，校方就已经催促院长们尽量与香港姐妹大学的同事们加强联系，或是定期聚餐，或是共同举办学术活动。但是这种做法没有维持多久就泄了气，不了了之。

何以香港科大与香港其他大学之间有如此大的疏离感？这种现象的后果又是如何？一个可以立即排除的原因就是香港科大教授们自视过高、曲高和寡，或是自绝于香港同仁。这种现象确实不是香港科大教授们的本意，而是其他原因造成的。

首先，香港科大的地理位置偏处于香港东北角清水湾，交通极不方便，地铁不到，公交车要走一个小时以上，因此到香港任何一所大学，都要花去大半天时间。其次，香港科大教授们习惯和北美洲同行或是老同事共同研究课题，彼此运作方式相同，生产效率较高。第三，香港科大教授们是英语和普通话的交叉使用者，而香港不少同行们则比较喜欢用广东话交谈，因此彼此难以沟通。当然香港科大的研究压力大，检查成绩的时限短，和香港其他大学在科研上的习俗颇有出入，实在挤不出太多时间"进城"去交际。

还有一个因素，今天的读者们或许难以想象，那就是当时香港科大颇不被香港大学界某些同行看在眼里。其中的原因并不难理解：香港高等教育经历了稳定发展，除了少数英联邦的洋学者地位高高在上自成一格之外，按资排辈早已成为香港学者众所尊重的体系，不但各所大学的资望排名早有共识，而且哪所大学的哪几位正教授（讲座教授）是香港学界的"大师"也得到普遍认可。他们或许在英联邦学界举办的学术研讨会上偶尔发表论文，而且也必定有熟悉的人际关系，但是香港科大头几批同事们在北美洲的学术会议上和香港学者们却几乎没有打过照面。事实上这种现象也正是当年在北美洲工作的华裔学者们言谈间屡次感喟的一件憾事：为什么在世界性的重要学术会议上，总是看不到香港学者的影子？更遑论宣读学术报告了。

这种心理上的隔阂在时隔多年之后无需忌讳，因为香港学术界已经扎实地全面性进入世界学坛。可是在最开始时，香港科大的学术领导人因为听到姐妹校认为香港科大"名声很坏"（是排外，还是认为香港科大素质太低而看不起？）而急于要去拜码头冀图弥补时，香港姐妹校几乎一律冷漠应对，甚至有几所大学当局者还要求香港科大领导人先呈送学术履历表（予以审核？）之后才恩准接见！香港科大领导人也真能低声下气地接受这些待遇，才和其他学校建立了基本关系。本章开始部分曾经提到香港科大有少数教授意气飞扬地吹嘘香港科大志在争取成为"世界一流"的论调，这肯定也开罪了一些香港的同行，但是参诸本段的记述，这两者到底何者为"因"，何者为"果"，还真是说不清楚。几十年下来，这段"不打不相识"的过程，还真是产生了一些互相激励的正面效果，共同提升了香港学术界在世界上的地位。这也或许是"歪打正着"的一个有趣的案例吧！

5. 社交圈的差别

其实，还有一个难以启齿、无法证明但又绝对存在的因素，颇为影响了一部分人的情绪，那就是社交场合的礼仪和习性的差别。香港科大创校之初，学术行政体系里大部分重要职位就被有台湾背景的学者填满了，包括两三位院长、一半以上的系主任、多个系的领军教授，外加学术副校长、研究中心主任、图书馆馆长，等等。仅仅是这一点就已经彻底搅乱了香港的高教界生态。多年来，香港高教系统英国学者和香港学者早已阶级分明，尊卑有序，现在突然冒出来一群"台湾佬"（严格地说，是台湾人和台湾的内地人），当然让人心神不宁，因此MIT（Made in Taiwan）这个简写变成了专指这帮人的谑称，心态上的内外之别油然而生。

不巧的是，偏偏这帮人在北美洲教了几十年书，不知不觉地染上了北美洲的一些"坏"习惯，那就是衣着随便，不修边幅。不仅仪容如此，态度亦然。球鞋、凉鞋、花衬衫、牛仔裤的打扮可以出入校内大部分隆重场合。有些例子颇能生动地说明香港科大教授们的脾性。比如说，某学院有一位教授，因为妻子曾经在某世界顶

尖的时装公司担任高级主管，因此有机会替丈夫以市价五折的价格买到一套世界名牌西装。但是该教授每次穿出来就会被同事们大惊小怪地评论（揶揄？）一番，到最后他只好认输，将之放在衣柜里去发霉。如果换了其他学校，他肯定会是众所称羡的对象。再比如，有一次某位部长来香港科大做客，校方领导临时拜托一位教授开车去机场迎接，该教授穿了牛仔裤和球鞋就去执行任务。一路上该部长垂询了一大串有关大学学术建设的严肃问题，教授均能对答如流。抵校后，部长再三向校领导夸奖说，你们学校开车师傅真有水平，懂得那么多。殊不知这"开车师傅"是一位大教授，也是一个大单位的主管，但是就是在衣着方面大而化之。诸如此类的例子，听起来是笑话，却颇能传神地表露香港科大的风格。至于院长、系主任背了背包或是提了篮子上菜场买菜，有时不小心还会让豆腐袋里流出来的水把衣服弄湿一大片，这些事情在学校初创时期也曾经引起本港籍职员们的大惊小怪，因为这绝不是其他大学讲究体面的教授们该做的事。偏偏这些事在香港科大司空见惯。在香港科大，背帆布背包上班上课的教授比比皆是，提牛皮公文包的教授倒是凤毛麟角。

　　与此对照鲜明的是，香港被英国殖民统治几十年，不管是有意识还是无意识地，都表现出一副急于要和英国上流社会接轨的风尚。姐妹校教授们的穿着远比香港科大的教授们来得庄重得体，仪态也符合身份。更重要的是，香港"正式"的社交活动既频繁又讲究：男士们穿黑礼服，胸前还要用别针挂上一大朵鲜花；女士们则是长裙曳地，珠光宝气，从头到脚丝毫不能马虎。香港"上流社会"有自己的一套风范，而且大学大牌教授们也是主办人喜爱邀请的嘉宾，因为能够显露出"文化气息"。外来人能够无缝融入还是格格不入？每个人自己都心知肚明。依照笔者十数年中有限的观察和体念，香港科大大部分教授可能存有抗拒心理：首先就是缺乏这套基本行头，也绝对不甘心花钱去购置；而且对两个华人要卷起舌头讲"牛津"腔调的英文（因为1990年代讲普通话的人立即自贬身价，等于是承认自己英文太差，可能还是内地来的"表叔"），实在觉得肉麻。

　　还有些香港科大同事产生一种印象（偏见？），就是某些本地人在和西方人士交流时肢体语言不自觉地就透露出恭谦温顺，缺乏那份平起平坐的安详。但是转过身来和华人交流时，就会冷眼打量对方的身份和自己是否相称。这种印象无形中使香港科大某些教授在心理上就产生了一股抗拒感，凡是能够躲得掉的社交活动就抵死不去参加。只可怜几位校级领导人责无旁贷，吃了一顿香港一掷千金的海参鱼翅宴或是烤乳猪大餐，却换来坐立不安和一阵胃痛。笔者尤其痛恨的就是在某些庆典场合上体面的男士们胸前必须佩戴的那朵美艳大花，每当主办人善意地送花来时一定会不识抬举而又坚定地加以拒绝，所以在团体照的镜头下，笔者也就"劣迹昭著"，无以遁形。以香港科大教授们普遍的习气，在香港上流社会里打不开场面，与建立公共关系的机会屡屡擦肩而过，应该都是香港科大咎由自取。但是他们把这个因"错"而节省下来的时间和精力移转到学校工作上，说不定又是有助于香港科大教学和研究加速发展的重要因素。

香港的上流社会的确有自己的特色。笔者曾经听过一位香港出身而在国外大学教文史的女教授充满自豪地宣称，香港的高级知识分子是近代中西文化最优秀的结合品，远远超过其他华语地区。就以她本人为例，既能够欣赏莎士比亚，又深爱《红楼梦》。只是笔者当时不好意思指出，她所自诩的这种才艺在香港科大理工学院就至少有一箩筐的同事具备。

笔者参加过一些场合，总是觉得香港人士在讲广东话时最怡然自得，而在讲英文时就显得做出了一种分外的努力（矫揉造作？装腔作势？）。最容易引起笔者回忆的就是九龙的音乐厅。九龙音乐厅无论设计和音响效果都属于上乘，是香港上流社会钟爱的场所。去听演奏会的人会着意打扮得时髦正式，穿金戴银，一丝不苟，每当音乐家一曲演奏完毕时，就会热情鼓掌，历久不歇。从表面看来，一切场景都像是在维也纳或是柏林的音乐厅会出现的一样，但是实质却可能天差地别。有两次演奏在笔者心中留下了难以磨灭的印象。一次是一位欧洲著名的大提琴家，用了将近一个小时少心没肝地虚应故事，却得到绅士淑女狂热的掌声，他大概因此而大受感动（良心发现？），终于在谢幕返场（encore）时拿出了看家本领，向听众回馈了真功夫。另外一次是一位著名的澳洲女高音，整个音乐会以她为号召，但是她只神不守舍地唱了三四首舒伯特的歌曲，听众们照样地表现出最大的礼貌和热情，可是女高音可不吃这一套，面无表情地出来谢了两次幕，就一溜了之。

这些音乐家答应来香港，肯定是受到高酬金的诱因，但是是否看得起香港听众的欣赏水平而使出浑身解数，则是他们心中的秘密。依据笔者的推测，他们在维也纳和柏林可绝不敢以同样的水平演出。反过来说，说不定许多香港听众会觉得是值回票价的，因为他们听音乐会的目的未必是陶醉在优美出色的音乐里，而是让自己有机会到高级场合去亮相和展示温文儒雅的风范。这个解释说不定带有成见，但是的确是那些华洋杂处场合里所透露出来的气息。果真如此的话,那种上流社会也的确有辛苦的一面。

6. 学校和社会的关系

对于一般香港市民大众而言,他们对于香港其他大学的了解和亲切感,也肯定大于他们对香港科大的态度。这种现象对于香港科大和香港社会,恐怕都是一种缺憾。或许值得特别提出的是,香港科大校方领导也不时感叹和本地的政治、企业和社会领袖们之间的关系比不上姐妹校的领导们。其原因,一部分固然是由于创办新大学,内部的事务已经让他们忙得喘不过气来,但是无可否认的是,他们许多人也的确打不进香港的精英圈。在公务上接触时,机会有限,彼此客客气气,行礼如仪,私底下就是缺乏那份亲切感。香港精英们如何看待香港科大的人?笔者完全不知道。香港科大教授们对于香港精英们则既不熟悉,也缺乏培养感情的机会,"尊而不亲"大概是颇为贴切的形容。或许正因为如此,香港科大在香港社会里可能并没有发挥出一所重要大学的全部能耐。

比如说,一般大学在授予荣誉博士学位一事上,向来是向本地政治、社会和实业界领袖们表达善意和联络感情的最好手法,也可以由此请求他们的照顾和捐助,这些成果在香港各个大学园区已经充分展示。以善人本人或家族命名的建筑、图书馆、实验室,甚至学院,在许多校园里一大堆。偏偏香港科大却非常认真办理,优先考虑的因素多从学术实力和世界地位出发,绝不以此作为笼络香港富豪们的手段。一般而言,理工科的荣誉博士学位似乎还需要靠谱才说得过去,但是人文商学的荣誉博士是明明可以运用高度想象力去编造的,而香港科大偏偏还是循规蹈矩地当作是学术课题来处理,由各系各院一层一层地审核和讨论,最后由校领导定调。这就难怪香港富豪们对于向香港科大捐助一事,表现得相当冷漠。香港科大第一座以香港人士命名的大楼,不是出于这位人士的家属向香港科大慷慨解囊,而是因为他竭尽全力地扶植香港科大从理想成为事实,因此香港科大向他表示感恩。

香港科大不但对荣誉学位处理得如此严谨,对其他学位也是如此处理。据笔者所知,在香港科大早年,有一位非常有实力的香港企业家想要让孩子进入香港科大念博士学位。他先是拜托了一位认识的教授帮忙录取,但是该教授在审核过学生的能力之后发现其不能达到香港科大的入学标准而加以拒绝。这当然让大亨非常不满,接着就去找系主任说项,而系主任也按照规矩办事加以拒绝。最后大亨仍不死心而直接去找更上级,而后者却答应帮忙。岂知当这位上级试图运作时,该系完全不予理睬,因为收研究生属于系的权责,上级根本不该过问。这位香港大亨的努力终归失败,而这位上级也碰了一鼻子灰。

从这些点点滴滴的小事就可以看出香港科大当年授予学位的认真程度。在科大,学位绝不是行政主管们做人情的礼品,更不是招财进宝的手段。这些公正干净的做法是维护香港科大校誉最基本的条件。说白了,要想赢得世界学坛的尊敬和认可,首先一定要珍惜自己。上述那位大亨家产万贯,此后就是不曾向香港科大捐款,这也是香港科大必须付出的代价。

事实上,香港科大和政府官员的关系也是尊而不亲,在教育改革领域里又常常唱反调。更何况当时港英政府上上下下的文官绝大多数出身于姐妹校,对于香港科大这个后生小辈,或许感到格格不入。这些微妙的人际关系,也可能让香港科大在和政府打交道和争取财政支持时,除了靠自己的科研硬实力去拼搏之外,不能指望得到政府关爱的眼神。

身处在香港科大校园里的感受是,香港科大的教授们和香港的政商界、和一般市民之间都有一层薄薄的隔阂,对香港的各种媒体(报纸、电台、电视台)都不太"热络"或"买账",一般是被动地接受采访,少有主动地争取新闻版面。这种做法和北美洲的著名大学颇为相似,但是或许不适合香港民情。1960年代笔者在美国做研究生时,有世界著名大师就在课堂上再三告诫学生们说,好教授是不会到电视节目上去说三道四分析时事的,言下大有不屑之意。这种观点当时也是一代的风尚。还记得1970年代美国尼克松总统首次访问中国之后,美国民间掀起了一股中国热,电视台更是到处物色"专家学者"型的人物去做五分钟"权威性"的时事解析,但是请到的多半是学术半吊子,在镜头前煞有介事地解说茅台酒和中山装的来头。这类节目固然满足了观众的需要,但是为什么去动员科研型大学的成员?实在文不对题。

香港科大有些系在招聘新人时会特别注重候选学者的学术硬功夫,完全不看重应聘者的媒体曝光率(有时还可能视之为负面因素,理由是曝光率与研究和教学的效率可能正好成反比,曝光率高的教授可能是什么都懂一些的半瓶醋)。这就让香港科大在香港新闻关注者的心目中只剩下"劳斯莱斯大学"的这个阴影多年挥之不去，而其他的印象则非常模糊。最令人感触深刻的一个例子发生在1998年底，香港媒体突然大肆夸奖香港某大学的"校园信息化"是开本港风气之先的龙头。而事实上香港科大在此前六七年，信息化设备的先进度和在校园内运用的普及程度已是亚洲之冠，只是香港科大本身在默默地做，没有发动公关攻势而已。有趣的是，尽管香港科大校方对于这次事件颇有感触，却没有改弦易辙地大搞公关活动。

从大处着眼，香港这个城市投资了那么多钱，办了一所大学，除了教学和研究成果之外，还应该用尽大学在其他方面的优势。哈佛大学、麻省理工学院在波士顿如此，芝加哥大学在芝加哥如此，伯克利大学在旧金山也如此。但是香港科大在香港却并不如此。香港科大的国际化越是成功，它在香港的孤立处境就越显得突出，它甚至和内地的交流也远远超过和香港姐妹校的来往。这实在是一个反常的现象。

照理说，一所大学除了教育的功能，它还应该成为文化的辐射中心，举凡校园里的学术讲座、作品展览、音乐会、戏剧表演、文艺活动，乃至体育竞赛，等等，都应该向香港社会开放，欢迎市民参与。把大学师生的总能量向全社会释放，才能把大学和邻近地区塑造成一个精彩的文化区。可惜这种作用在香港科大创校时期并没有发挥出来。如果香港政府在未来能够重视这个反常现象，找出改善方法，或许可以使香港社会对香港科大的投资得到更大的回报。

高等教育和当地社会应该如何促进互动关系？这应该是大学和政府双方都需要

关注的重要课题，并且应该努力去达成共识付诸实践。消极地说，如何防止大学成为象牙塔？如何防止大学园区里面的那些人（教授们和学生们）变成孤芳自赏不食人间烟火的寄生虫？积极地说，如何发挥大学教育的优势，使它不但是知识的生产地和传播站，而且是社会发展的推力和领航员？当大学的师生们口口声声嚷着要为社会服务时，到底那只是一派官腔而已，还是有实质的内涵？

在香港科大创办的最初十年里，校内教授们的确针对这个大课题做了不少思考，也做了若干尝试，但是似乎缺乏一个通盘性的战略，所以成果显得有些零星。但是在另外一方面，港英政府也有责任，因为大局是掌握在政府手中，当香港科大的建议或是自告奋勇的方案没有得到响应时，总成果就会显得单薄了。讽刺的是，香港科大与内地及其他地区学术界的互动，反而比和香港更有实质性。

II. 香港科大学术交流的对象——内地、台湾与世界

一如本书前文数度提到的，北美洲的华裔美籍教授们之所以选择到香港科大工作，多多少少都带了中华情结，那就是希望以香港科大和香港作为跳板，拉近香港与内地和台湾之间的关系，特别是在1997年回归日程表已经订出来之后，他们希望可以做出更多的贡献。当时有一位先期到校的教授在参加后期招聘的谈话会时屡次向招聘对象说一句话："人生到了我们这个阶段时，如果不来香港为中国做一点事的话，总觉得像是缺少了什么似的。"这段话在当时的确引起了不少人的共鸣。

因此，香港科大在校内教授班子粗具规模时，就派出代表团到台湾和内地去发展校际关系（1991年），其目的并不是去拜码头或是为自己打知名度，而是诚恳地希望能够开创一个宽广而又有实质性的华人学界的合作局面。说得更坦白些，香港科大的教授们并没有急切地指望在这些地区找到几位老大哥能够高抬贵手去提携香港这个生嫩的小老弟，而是诚心诚意地去物色平等互惠的学术合作伙伴。

香港科大去台湾访问虽然受到热情款待，但是达成的实质效果最少。每所大学都为香港科大召集了教授会议，由香港科大做简报并且提出合作的试探，但是听众客客气气，没有反应。原因很难说得清楚，可能是台湾当时的学术风气对于和岛外大学进行合作并没有成为常态；或许它们和美国、日本已经建立了一小部分稳定的合作项目，而对于香港学界则十分陌生。有趣的是，台湾学界对于香港科大访问团

的成员倒是非常熟悉亲切，许多人甚至是多年朋友。同样有趣的是，不久后台湾有几所大学要选拔校长时，都先后在香港科大教授们身上下了许多功夫，最终结果是这几位香港科大教授都没有接受到台湾做大学校长的邀请。

1991年底，香港科大派遣了七八位最高领导到上海、南京、北京、天津、合肥等地的一流大学进行访问。或许是香港科大当时太缺乏名气，错误地给人们一个来"朝贡"的感觉，所以获得的实质成果并不丰富。根据当时几位团员的追述，在北方某龙头大学所受到的待遇"最为冷淡"，代表官方出来接待的只是一位中层行政干部，校方领导人因为"太忙"没有亲自接见。有趣的是，才不过四五年光景，该大学教授们酝酿一个大型改革计划，提出的一条思路竟然是参考香港科大模式，因为此时香港科大已经不是1991年奢谈教育理想的空壳子，而是累积了不少身体力行的经验。

香港科大不但有一大群有台湾背景的教授，而且在初期就打破香港高教界多年的传统，聘用了一大批内地早期赴美深造的留学生。这些留学生得到博士学位便立即来到香港迈出学术生涯的第一步，成为香港科大的助理教授。香港科大的这种做法为香港人才引进开辟了一条新路，后来香港其他大学也陆续聘用了更多的内地留美学生，使得香港的人才市场更加活泼丰富。

同样的，香港科大在创办的头两年就开始直接从内地大学招收研究生。这个做法不但使香港科大的研究工作有内地研究生参与，也和内地大学建立了最早期的合作研究项目，对双方的研究工作都产生了正面影响；同时，也促进了内地学生和香港学生的交流，使他们熟悉彼此的文化习性和生活背景，甚至建立了良好的人际关系网，为他们以后的事业打下基础。这一切在今天看来，都是再自然不过，但是在1990年代初期，香港科大可以说是开风气之先，刺激了香港其他学校也加快了步伐。

不久之后，香港科大个别院系也和内地大学的对口单位开始建立学术合作关系。这些关系并非由校方指导或是应校方要求而行事，而是由个别教师自主地探索合作之路，在条件成熟时才得到系、院或是校方的行政支持。换言之，合作不是由上级颁发命令然后由下级去完成任务，那样的研究合作鲜有结果，只是应付上级而已。香港科大和外校进行合作，多是以实质性的学术工作为起点，发源于最基层，先是个别教授表现出积极性，然后才由学术行政部门予以后勤和经费的支持，是一项务实而不虚张声势的工作。香港科大的基本立场，是避免广结善缘地先轻率地签订一大串校际友好合作关系协定，继之高阶层互访联谊，吃吃喝喝，称兄道弟，最后却找不到教授热心参与，只好不了了之。这种陋行不少大学都做得津津有味，最后只是浪费了大量公款而已。或许最明显的一个例子就是在1997年回归之前的春天，内地派遣了一个高规格的学术领导团体访问香港，在本港姐妹校享受到了极其隆重（和豪华？）的款待。但是到了香港科大校园，只有简单的接待仪式和粗茶淡饭，香港科大把精力全放在探讨如何建立双方合作实验室的计划上。有趣的是，香港科大和内地实质上的科研合作进行了那么多年，却没有运用公关手段到内地去打造知名度。一直到1998年，香港科大校方才猛然领悟到应该把教授们的研究成果向国家申报争取各项科学奖。这个程序启动后，香港科大教授获奖的频率也就显著增加，不但香港科大教授提出的研究计划成为国家重大的研究项目，而且个别教授也屡屡得到国内的科技大奖。

从1995年开始，香港科大进一步拓展学术交流工作视野。第一个里程碑式的事件是和亚洲六所顶尖的研究型大学（包括中国内地和台湾，以及日本、韩国、新加坡的大学）建立正式的校际联盟——东亚研究型大学协会（Association of East Asian Research Universities）——进行定期交流活动，该协会成为以正式组织形式促进亚洲大学合作的先驱者。随即（1995～1996年）香港科大又扩大了和英国、德国的学术交流，并在校内成立了欧洲研究所。加上香港科大原来就已经建立了全面而又密切的北美洲关系网，香港科大在建校五六年之内已经成功地和欧、亚、美三大洲（也是世界大学教育最发达的地区）的杰出大学建立了具有实质意义的学术交流网。这可说是向实现创校时所期望的成为世界级大学的雄心跨出了一大步。以后这个雄心是否能够实现，最重要的就是看香港科大的研究成绩是否能够得到世界学坛的承认和尊敬了。

Ⅲ. 一个特殊的案例——海南计划

1. "社会服务"和办讲习班

前文曾经提过香港科大的使命分为三方面，其中"教学"和"研究"性质比较明确，本书在前面数章中也已经做过深度介绍，唯有"服务"一项难以界定，因为社会的需求可谓五花八门。但是一般而言，如果需求是民间其他团体可以提供的话，则无需动用大学资源。需要动用大学特定资源才能满足的社会需求，大致应该力求与教学和研究有关才对，而且还不可以干扰大学的教学和研究工作。因此，创办学术组织、筹办学术会议、担任学科学报编辑委员、受聘为学术机构的顾问或是评审委员等，通常都是最常见的服务项目，也是一项荣誉。

至于办讲习班、进修班，或是补习班，不论其名称为何，基本目的也是向社会提供和教学有关的服务。但是事必有先后和轻重之别，不可混淆，也不可以喧宾夺主，耗费教授们太多精力，更不可以假借社会服务之名，行创收之实，败坏校风和校格。

不幸的是，近些年来在某些地区，大学办讲习班和进修班似乎成为一种时尚，如雨后春笋，漫无止境，理直气壮地成为大学工作的一个重要部分，而且越来越把文凭和资格当作商品，待价而沽。它们也可能成为巴结权贵的最好的人情礼品，为学校或个别教授建立私人关系。更有甚者，据说还有知名大学可以让权贵人士轻易取得进入硕士班和博士班的资格。而有些权贵由于工作太忙，竟然可以在空闲时段电召指导教授趋府授课。更糟糕的或许是权贵本人根本无须上课，改由秘书代上课，代做论文，美其名为"论文硕士"或"论文博士"。这种情形无异于把大学变成商店，把教授当成应召员，而销售的却又是赝品。真是天下奇闻。

香港科大在创办初期也遭遇过类似压力。在1990年代初期，内地政府机关培训干部工作刚开始，而香港有些机构看到商机，讲习班行业应运而生。而香港科大不但是一所新大学，又通行普通话，因此不断接到内地政府的委托，要求帮助培训干部。面对这些善意和抬举，香港科大一律婉谢：我们自己也正在创业，不可能让社会服务活动妨碍了办学工作。

与此密切相关的是，香港科大在香港本地的社会服务项目中，也不替政府或大企业承担培训工作。这乍听之下就更显得不识时务了。许多大学都愿意在本地广结善缘，可以理直气壮地列举出各种理由支持此类活动：首先，俗语说"朝中有人好办事"；其次，可以帮助毕业生找到好工作；再则，可以向关系良好的工商巨子募款，等等。但是香港科大一心一意想用全部精力去提升教学和研究的质量，这也是对香港另一种形式的社会服务，受惠者是香港的年轻学子们。因此，香港的政府公务员和企业界的精英很少可以经由这个渠道和香港科大攀上关系。香港科大的经费来自政府，用在教育工作上，不赚外快，也不拉关系。

2. 海南计划的来源

既然香港科大尽量避免投身办讲习班的商业洪流，为什么又会有一个海南讲习班？

事实上，当时香港科大与内地的交往，最具规模的就是海南计划。这个项目之所以值得一提，是因为该计划交流规模很大，牵涉的香港科大人员很多，执行的时间长达十余年，涵盖的范围很广，又是当时唯一由上层发动而向下推广的大型交流计划。

首先需要介绍的是这个项目的背景和动机。其实在1992年之前，海南省和香港科大可说是八竿子打不着。香港科大的学术领导人无人去过海南旅游（事实上，当时海南是一个穷乡僻壤），也缺乏乡亲关系。因此香港科大和海南之间关系的建立，既没有个人的感情因素，也没有实际利益的考虑，而是纯粹出自带有浪漫色彩的理性思考。这种说法听起来堂而皇之，但是符合实情。而从这些思考，也可以看出香港科大教授们的素质。

香港科大的学术行政人员和资深教授，在1990年代初期开始到位，第一批学生也开始入学。学校领导人在忙于建立校内体制之余，也开始思考大学未来的发展。而香港和内地的关系今后将如何发展，尤其成为关注的焦点。当时一些校方领导人曾经举行过多次非正式的座谈会，海阔天空地交换意见。这群带着民族情结到香港来工作的人，自然急不可待地想要开拓一个局面，既可以对内地做出贡献，又可以促进香港和内地的感情和实质关系，为1997年香港的回归铺一小段路。当时正值受到邓小平南方谈话的鼓舞，内地的改革开放态度变得更为清晰，步伐也变得更为坚定。

在这个外在环境变迁的过程中，香港科大几位领导人做了一个战略性的探索，在学校能够动员的资源范围之内，如何才能有效地帮助内地加快改革开放的步伐，而且同时还可以顾到香港本地的利益？因为说到底，我们拿的是香港纳税人支付的薪水，承诺为香港社会服务。

依照教授们当时的推测，中国改革开放大方针定调之后，首先最能够顺应潮流而且脱颖而出的，必然是以上海为中心的长三角地区，而上海的发展又自然会带动长江中下游的几个省份（江苏、安徽、江西、湖南、湖北）的发展；其次，东南沿海省份，如福建和广东，也早已有密切的海外华侨联络网，能够开辟出自己的新天地；其三，东北沿海省份又早已和日本有商业往来，一旦政府政策松绑，日本商界必定会积极加以利用（当时韩国的商机尚未明朗）。

在这大片疆土上，整个大西南（广西、云南、贵州、四川）的改革开放没有成为公共议题，发展的前景非常模糊。而海南省恐怕会被冷落在一边，无人理会。因此香港科大有些学者的想法，是去"烧"这个"冷灶"，借用外力去刺激海南省的发展，然后把成果推向广西，继之云南、贵州、四川等省份，从而帮助这些省建立一条通往现代化和国际化的路线，使内地除了长江、珠江这两条主轴之外，西南各省也能找到自己的"出海口"，与世界经贸体系接轨。这就是当时香港科大学者们的宏观思想。当然这个构想规模大到远非一所大学所能影响的程度，但是学者们还是希望能够产生一丁点的发酵作用。这就是为什么思考的启动点是充满浪漫色彩的理由。

既然初步目标选中了海南省，那么应该从何处着手呢？这就是理智思考的起点。香港科大领导人几经磋商，最后的共识是从政府部门的领导着手，帮助他们掌握国外先进的商贸管理经验。而达到这个目的的最好方法，就是进行干部培训工作。基于这个设想，香港科大高层领导开始与海南省政府接触，向他们表达香港科大的意愿，而海南省方面的反应既迅速又热情。双方很快达成协议，进行长期合作，

确立了一个名为"中层以上决策干部培训班"的项目，海南省19个县、市，海南省政府各厅、处、局，海南省人大、党委办公室的主要领导人及骨干人员，被分批送到香港科大受训。换言之，三五年之内，这批人都可能成为海南省各个阶层的一把手。

其实办训练班这档事，在当时香港已经成为一个赚钱行业，多半是为了内地政府官员们而开设的。事实上，国内最早来和香港科大接触要求合作开办干部训练班的，正是当时在改革开放势头上居龙头地位的某城市，该市刚设立了一个新区，规模国际化。如果当时香港科大承诺接办下来，肯定是一件光彩的事，然而香港科大领导人所关心的是中国的需要，而不是自身的荣耀，考虑到该新区要办干部训练班一定会有许多单位抢着去，无须香港科大去凑热闹，因此婉谢了该新区的厚意，最终还是决定去"烧冷灶"。但是香港科大的海南项目和当时如雨后春笋般的讲习班和训练班却有几个显著的不同之处，不但表现出香港科大做事的态度，也表现了自己的特色。

首先，香港科大提供的讲习班，课程内容是特别设计的，尽量设想海南省未来发展的需要。内容包括现代西方管理学、经济发展理论、法律规范、监狱管理、交通管制和网线部署、社区发展、教育建设、农业推广、促进旅游业发展等各方面工作，由香港科大组织专家授课，其中有香港科大本身的教授，也有香港各界的著名专家，务求授课内容充实。香港科大的校长、副校长、几位院长都亲自准备功课，上堂讲授。

其二，当时开办培训班已经逐渐风行，变成了蒸蒸日上的商业行为，也滋生出一些坏习惯。有些地区派到香港的受训人员，认为机会难得，内心最渴望的活动是购物、逛街、进出娱乐场所、游览风景名胜，因此经常旷课。这完全违背政府派送人员出国进修的初衷，凭空浪费了老百姓的纳税钱。开班的目的如果是为了收学费赚钱，那么举办方就不敢对学员们板起脸孔来执行纪律，因为一旦这个名声传出去了，以后就拉不到生意。更何况那时候能够争取到被政府单位指派出国受训的干部们，都有些来头，身份也够高，也不会乖顺地听从培训老师们的指导。因此，相当一部分讲习班都是鬼打架，开班授课方和学员各遂其愿，有名无实。

3. 海南计划的内容

相比之下，香港科大的做法就显得天真许多。

香港科大跟海南省领导部门约法三章，学员们不许旷课，不得迟到早退，上课时

间不许打瞌睡,在讲堂上不得看报,必须提问题和讲师对话,只有在周末才准许上街购物。这种做法对于一群县太爷以上的官员们而言,委实相当严苛,但是必须遵守,因为香港科大既不求名也不求利,只是想把一件事做好,绝不放水。特别是香港科大完全排除营利目的,反而是自动赔钱,除了学员们往返海南和香港间的交通费自理以外,其他举凡在香港的衣食住行、参观、授课等各种费用,都由香港科大压缩到最低收费限度。香港科大有些担任授课的教授甚至把钟点费捐出,放回海南项目的行政费之中,贴补其他开支。记得当时办班所需要的授课讲师,凡是由校外请来的,酬金是3500港元,这已经是靠面子而低于市价;校内同仁酬金则是2000港元,而校方主管级的教授去授课,一律自动放弃酬金,却还不敢让资浅的授课教授们知道,因为害怕后者得知后有压力,也只好把酬金捐出来。这种做法一直维持到资深主管们都退休,而这个秘密也一直保持下去。

最后,参与香港科大海南项目的教授的配偶们还组织了募捐会,以做糕饼、义演的方式筹得一些款项,帮助海南中部五指山少数民族地区重建了几所被台风摧毁多年的小学。海南中高层干部看到香港科大教职员的认真态度，也很快受到感染，在行动上表现出高度的自觉性。

香港科大的培训工作，除了试图实现上述的战略思想，也设法扩展学校和香港的利益。对学校而言，有些教授看到在海南省进行科研的潜能，比如说海洋研究、大气研究、环境保护（红树林）的研究，甚至少数民族研究，海南省都可以为香港科大教授们提供协助，帮助完成科研使命。再就香港而言，如果海南省能够充分实行改革开放，则必然会拉近香港和海南的经济关系。香港科大当时领导人的看法是，香港能够与珠江三角洲成为经济伙伴，固然保障了香港农副产品的供应的稳定性，但是如果供销关系太缺乏竞争，也可能并非双方之福。如果香港能够开拓海南市场，则香港人可以到海南去投资，去开发港口运输、保险等各种现代形态的行业；而海南的农渔特产也可以向香港市民就近廉价供应。当时海南丰富的海洋产品（渔业）根本没有外销市场，而海南的农业最怕就是丰收，因为只能把农产品堆在路边任其烂掉，反季节瓜果的观念那时也根本尚未萌芽。但是如果海南和香港之间建立了平稳的供输管道，则香港市民就不需要完全依赖广东省的民生日用品。这些想法都是当时在讲习班上向海南官员们灌输的一些愿景，同时也曾经向海南省政府有关部门建言。

香港科大和海南省的合作还有好几件比较突出的事件。

第一件是香港科大当时也曾经面临过"创收"的诱惑。那时海口市建立经济发展区观念刚刚确立，但对于如何建设经济发展区还很陌生，希望和香港科大合作把经济发展区办起来，而且承诺向香港科大提供实质性的报酬和地位，提供建筑物给香港科大设立办公室或是公司，而香港科大的商学院和工学院也具备师资和学识配合对方的构想。但是香港科大一本教育本位原则，谢绝插手任何商业行为，反而努力说服新加坡前国家领导人带了一个庞大的国家级商业代表团去考察海南省的发展潜力。可惜的是海南省发展的条件尚未达到跨国经济合作的成熟度，最后新加坡还是选择了长江下游城市作为合作对象。事后想来，这是海南一个重大损失。

第二件是香港科大抵制了办分校的诱惑。当时三亚市领导和海南省政府都热心鼓励香港科大在三亚市设立分校，或是成立一所任何形式的校分部，只要挂上香港科大的招牌就可以。为了表示诚意，三亚市引领香港科大代表团到鹿回头地区去实地勘察，承诺无条件拨一大片土地（面积超过香港科大在香港的校本部），供香港科大作为先期开发使用，以后还可以增加土地面积。但是香港科大校方几经商议之后决定，香港科大的使命是向香港人负责办好一所大学，除此之外不可心有旁骛，更何况学校仍在自求完善的过程中，自顾尚且不暇，更不应该分散实力去害己误人，因此慎重地婉谢了三亚市的好意。

还记得当时在校内的确有一些同事对此决定不能谅解，认为这种做法僵硬天真得几近可笑，但是校方不为所动。事后想来，这也是一件值得自豪的举动。凡是熟悉近年海南省经济超速发展的读者都知道，三亚市鹿回头地段当今是全市房地产最昂贵的区域，豪宅林立。但是当老同事们回顾这一段往事时，却无人感到惋惜，反而觉得自豪。反之，如果当年果真去做了圈地的工作，则今天恐怕反而会觉得颇为汗颜才对。

总的来说，香港科大和海南省发生的关系，是体现香港科大和内地进行合作的一个可靠的指标，含蕴了高度的民族情结，没有丝毫营利的杂念，全校的高层领导和多位教授诚心诚意、全力以赴，而且他们的海南工作完全是义务劳动。他们虽然结识了一大批海南省各阶层的权贵人物，也成为海南省党政领导乐意结交的对象，但是没有一位香港科大领导人曾经运用这些关系去取得个人的好处或是为他人说项牟利，这真是令人安慰。

综观香港科大与邻近地区的关系，这本是创校那一代教授们去香港任职的重要动机之一。根据本章所述，尽管台湾出身的学者占香港科大创办人的过半数，但是香港科大和台湾几乎没有建立任何实质性的关系。依笔者的了解，不是香港科大没有努力，而是台湾丝毫没有反应。

至于香港科大和内地的关系，则发展得比较全面，有共同研究的合作关系，也有纯情派的服务项目，还有为华人社会教育后代的努力。这个开端已经开辟了一条坦荡大道，目前仍在全面推展。

第7章
创校者的退休和谢幕

I. 退休制度的安排

香港科大的退休制度有特别之处。依照当年港英政府规矩，大学教授的退休年龄是60岁，但是政府特准香港科大教授的退休年龄是65岁。理由非常简单，香港科大各系创办人泰半是来自北美洲大学的资深正教授，而北美洲科研型大学的退休年龄正在由65岁推向70岁的过程中，随即又再度延长。如果港英政府依然坚持60岁退休，那么所有被物色的人选都会敬谢不敏，因为他们无法在短暂的服务期内在新大学把根基打稳固，等于注定做事半途而废。更何况，即便是延长到65岁退休，不少人还是需要做出相当程度的牺牲（比如说美国联邦政府的社会福利保障年资、大学退休金的服务年资和终身医疗保险待遇保障都会因之缩减）。但是他们出于对华人社会的感情，愿意在收入和事业上做出调整，以换取在香港科大有较充裕的时间去一展抱负。因此，65岁退休就成了港英政府和北美洲学者之间的妥协方案。

一旦规矩定出，香港科大创校者的共同心愿是遵守约法，以身作则，准时退休，绝不扯皮。特别是当他们看到邻近地区的某些大学教授，明明到了退休年龄，而且学问也没有随着年龄而长进，却偏偏死拖活拉，不肯让位，不但自己出尽了洋相，也拖累了系务的发展，使学术新血不能按部就班输入。这就完全违反了香港科大的办学初衷。因此，香港科大第一批创校者很早就定了一个君子协定，那就是，时间一到，扫地出门，绝不死缠烂打。这样的目的就是以身作则，排除许多未来可能发生的障碍，断绝后加入的教授们设法延期退休的借口。这个规矩从校长开始，普遍遵守，为香港科大立下一个好风气。希望此后能够坚持遵行。

香港科大刚成立没多久，就开始考虑退休制度（1995年）。最早关注的是教授若要取得荣休教授身份（终身制，emeritus）必须符合哪些条件和程序、能够享受哪些待遇。用意是提高取得这个资格的门槛，避免滥用名号、人人有奖。因此规定作为候选先决条件，服务年资要长（10年），对学校贡献要大，然后经过一定的审核程序（系内投票），才能由学校授予称号。香港科大对于颁授荣休教授一事颇为认真，获得的人数并不多，香港科大的"饯别"手续就像招聘手续同样严谨，可谓前后颇为一致。拿到荣休教授头衔有什么好处？其实少得可怜：可以领一张荣

休证，凭证可以到图书馆借书；如果有必要，也可以申请一间办公室，但是前提是该系有足够的空间可以分配。除此之外，什么也没有。所谓"荣"者，就是精神满足，缺乏实惠。

退休金制度则涵盖面广泛，凡是服务达到一定年数的教职员均合格。但是由于牵涉到财务制度和政府法律，退休金制度花费许多时间准备才得以颁布，因此第一批创校者一概享受不到。当时的折中办法是把退休金放在教授的薪金中预先发放。到了退休时，校方和教授已经一刀两断，互不相欠了，教授退休后的生活费用来源还是他原先工作单位（北美洲大学）缩了水的退休金。

II. 创校教授为什么不留在香港

香港科大的美籍华裔教授们有一种很独特的心理。一方面他们为了推进香港教育的发展可谓竭尽所能，甚至比在北美洲工作时更加卖力，全心全意要为香港科大的教学和研究做出最精彩的贡献，以求香港科大早日达到世界级大学的水平。他们付出的精力和虔诚，可以和香港任何教授比较，只有过之，而无不及。面对香港广大纳税人，他们可以问心无愧，甚至感到自豪。当然在这种心理后面有一只看不见的大推手，就是他们的民族感情（内地和台湾同时包括在内），希望能借助香港这块跳板为更大的华人地区的大学教育做出些许贡献。

但是另外一方面，他们因为不会说广东话，打不进本地人的社交圈子，只能在校园内寻求友情。当年参与建校的教授时常感叹的是，他们在世界上跑了那么多地方，只要假以时日，总会交上几个知心的本地朋友，彼此也会被请到对方家里去聊天、吃饭、做客。唯独在香港十几年，却从来没有这种机遇。难怪这群人一旦退休就立即离开香港，很少有恋恋不舍之情。其实香港科大为所有的教授都提供了一个选择：要么住学校的教职员宿舍，要么折合现金到校外购置自己的房产，等于是为自己投资。有趣的是，第一代教授多数选择住宿舍，退休时两手空空离开香港。在香港置产定居的想法显然缺乏诱惑力，部分原因是退休制度使得大部分教授在10~12年的服务时间里，无法累积到足够的财力在香港购置房产定居，更大的原因是上述的感情因素。因此那群讲普通话的创校者，只有一两位在退休后留在香港。

III. 告别校园

校方规定非常刻板，凡是教授退休，限两个星期内必须从学校宿舍搬出。据笔者所知，所有的创校教授都谨遵规定，准时扫地出门，没有拖拖拉拉现象。当然有极为个别的例子（比如说生病），在两星期内实在无法搬家，那么他们就必须在第15天开始付房租。而2000年后，香港科大的房租与香港租赁市场同步上涨，一套教授宿舍的租金高达每月3万港元，根本不是退休教授所能负担得起的。

搬离校园之后，绝大部分教授也就完全脱离组织关系，不再过问院系事务。有些教授为了避免官样文章，甚至婉谢院系为他们举办官方惜别会，因为他们认为同事们的留恋不舍之情，无须借助这种形式主义的做法，当然他们也不至于绝情到拒绝同事们私下的惜别聚会。这种干净利落的告别方式，使得后继者能够放开手去实现他们自己的理想，不会被"老前辈们"以"阴魂不散"的方式绊手绊脚。这种爽朗的切割方式，本来就是北美洲一般大学所遵行的法则，了无新意，只是在香港科大做得比较彻底，而且创校者从开始就有意识、有计划地安排，也可以说是他们对香港科大最后的贡献。仔细想来，这种感情和行为模式的剧烈变化也是难得：1990年代，他们放弃北美洲一切事业根基，为的就是要在华人地区的香港去创建一所魂魄所寄的大学；而2000年代，在竭尽所能地工作并把成果交出之后，就头也不回地离去。

笔者在离开香港科大之后，关于内地和台湾的大学都增长了不少见识，也进一步领悟到它们各自背负的文化上和体制上的包袱有多么沉重。中国文化里的敬老尊贤在大学中被扭曲地解读，变成是老而不退，退而不休。一方面是老教授出于对系里面的爱护，留恋不舍，对于万事都依然牵肠挂肚。另一方面也确实有人是不甘寂寞，冠冕堂皇的说辞是发挥余热，实际上是想享受余温。说穿了，退休教授们诚然大有余热可以散发，但是一定要慎选场地和对象，他们可以在学术上去发挥，而不应该在业务上去干涉。如果学者都有取之不尽用之不竭的研究精力和巧思，余热仍然有如泉涌，那的确是人类的福音；但是如果他们忍不住手痒，还要经常干涉校务，那也可真是学校的灾难，特别是在那些有"学派"和徒子徒孙当权的系里面，更可能造成不断的困扰。

在这方面，香港科大创校者或许留给了香港科大一个最好的临别秋波式的礼物，使后继者完全可以按照他们的意愿和本事去经营香港科大的教育事业。几乎可以肯定的是，有些后继者可以比创校者做得更多更好，取得发扬光大和更上层楼的功绩。也可能有些后继者会败坏前人留下来的基业。伤感地说，这就是人间事所必须面对的过程和承担的风险。香港科大创校者所能做的最大努力，是创造一个理性的制度，然后以身作则，立下楷模。这都是他们原来的规划，也幸亏他们能够言出必行，为办一所好大学而尽心尽力。

在此不禁联想到一句常被引用的老话，叫做人走茶凉。通常讲这话的人是在感叹人情淡薄、世态炎凉，老同事、老领导一旦退休就变得不受欢迎，回到老单位也不能得到应该有的礼遇和温暖。

事实上，用人走茶凉来形容香港科大的退休制度还真是非常恰当。而坚持履行这个制度的，并非别人，却正是老一辈的创校教授们自己。他们之所以认真招聘和严格评审新进的教授们，为的就是在自己退休时，可以把大学的延续和创新工作，放心地交给接班人，由后者去把学校办得更精彩。而出于对接班人的尊重，他们自己在退休后更不应该继续对系务、院务去指手画脚，要放就要放得一干二净，决不容拖泥带水。这是创校者的基本责任，也是他们对于建立制度所能做出的最后贡献。在他们看来，人都走了，茶还不应该凉吗？退休教授根本就应该赶快把剩茶倒掉，把茶杯洗干净退场才对。

IV. 退休生涯

香港科大创校者退休后的情况如何？

大致而言，第一批创校教授约略集中在2000~2005年退休，如今算来，他们中有的超过了80岁。据辗转传递的信息显示，这批教授绝大多数去了内地和台湾或是返回北美洲（特别是南加州）。他们有的被其他地区的大学延揽重执教鞭，成为该地区学坛的重量级人物；有的继续做科研工作，带领新一批年轻学者，成为国家重点研究项目的主持人，并且不断地推出新的学术成就；有的定期到内地和台湾去做短期访问学者；有人改行写文学作品，而且不断推出新成果；有的完全退隐园林，安度余生；也有的爱国热情依然旺炙，向国家领导人进万言书，疾呼教育必须改革。这些五花八门的活动，都显示他们依然沉浸在浓郁的民族情绪和文化情结之中。

总的来说，这群北美洲大学出身的华裔知识分子，因缘际会，从1980年代末期到1990年代初期，为了理想抱负和在心中潜伏多年的中华情结而凝聚在一起，努力地做了一些教育工作，然后各奔东西。他们的聚合离散，真是如同转动万花筒所呈现的一刹那。

这些人姓甚名谁？本书一字未提，但是在华人教育史上，却会长远留下痕迹。他们来自五湖四海，虽然萍水相逢却可以精诚共事，了却一番为华人的高教事业做些事情的心愿，这份同心协力的经验一定让他们感到高度的安慰，也充满了感恩，因为他们能够得到如此珍贵的机遇，得以参与这么难得的事业。对于华人的高等教育而言，他们在香港科大的工作或许提供了一些思考的空间和值得参考的行为模式。在这个意义上，这些人实在是高教历史上的幸运儿，因为他们借着为他人服务的机遇，最终丰实了自己的人生。

人生如飘萍，越到老越容易领略这句话的写实性。就在本书着笔之际，他们之中又有好几位相继离开人世，而其他的人也在急速衰退凋零。

第8章
联想和结语
LIANXIANG HE JIEYU

笔者在北美洲的整个学术生涯，除了第一年在一所知名的小型博雅书院（liberal arts college）度过，一直是在研究型大学，攻读研究院如此，教书廿余年如此，到了香港科大亦复如此。这段经历为我一生提供了无限的快乐，然而也夹杂着深刻的痛苦。说白了，想要进入大学工作的人，大多数都不是以本人的性向，而是以学校的名望为主要考虑因素。一般人都想要进入研究型大学，因为它们声望好，地位高，薪水也或许略高一些，在社会上有"面子"。但是研究型大学绝不是所有博士都应该挤进去的一扇窄门。笔者年轻时确实对研究产生高度兴趣，但是在做助理教授时段，一方面固然为所选择的研究课题而感到兴高采烈，天天都有一种探索宝藏的新奇感，但是另外一方面又为生计而感到前途未卜。再加上当时已经成家有孩子，压力非常大。万一作品被出版社拒绝接受的话怎么办？幸好做出了些许成果，升成副教授。当自己还在急不可待地朝下一个研究课题继续前进时，就发觉有些同事已经停顿下来了，不管是他们的人生有了新目标，还是江郎才尽，总之就是出不了成果。

真正的痛苦是自己升为正教授之后才开始体会，因为此后评审别人的研究成绩成了无可逃避的责任。这时才真正认识到，不喜欢做研究的人，或是没有能力持续做研究的人，根本就不要去蹚研究型大学这趟浑水，而且他们还应该毫不惭愧，甚至理直气壮地舍弃研究型大学才对。笔者在北美洲服务的大学是以研究为使命，同事们每日在办公楼走廊上相互打招呼的口头禅是："你现在在做什么研究课题？""你研究的项目最近的进展如何？"那些无法持续研究热情和拿不出成果的同事，面对这种衷心亲切的致意（绝不是缺德带刺），逃又逃不掉，答又无法答，只能哼哼哈哈地顾左右而言他，其精神之痛苦，不难想象。有的同事为了避免这种一月数起的尴尬场面，甚至特意向系里面申请最偏僻角落的办公室，有的则把值班时段（office hours）和其他同事完全错开，以求避免碰面。当然也有些同事和研究生非常冷酷无情，在背后用了一堆字眼形容他们，"过气"（past the prime）、"走下坡路"（over the hill, going downhill）、"朽木一块"（a piece of dead wood），等等，实在残忍。

而最不幸的是，有几位研究工作做不好的教授，却是学校百年难得一遇的好老师。他们对教学充满热忱，对学生亲切关心，本科生抢着选他们的课，经常挤不进去，办公室里不时有三五成群的学生围着他们热烈地讨论学术问题。一千位教授中难得找到一两位如此优秀的老师。其中有一位是学校里公认口才最好的教授，每当学校有重大庆典都会请他代表教授群致词，他用语既机智又有深度，也是一本颇

为畅销的教科书的作者。但是有一次他酒后吐真言，自嘲身材之所以如此痴肥（的确肥），就是因为自己在研究方面不能写出具有原创性的作品（在笔者曾服务的北美洲大学，教科书不能算为创作），只能依靠暴饮暴食来麻醉自己。真是一个万万令人想不到的自白，听了叫人心酸不已。而另外一位同样受学生爱戴的好教授，在1800位教授的阵营里屡次获得最佳教师大奖，由于太过于出众，以致系里甚至在评奖时都不好再提他名，担心评奖变成是他唱独角戏。偏偏如此一位人才，却因为拿不出研究成果，62岁就郁郁而终。

I. 研究和教学果真是相辅相成吗

当研究型大学声称研究与教学并重时，其实是言不由衷，那只是为了避免被社会大众批评为自我封闭的象牙塔而做出来的公关姿态而已。在实际运作上，研究做得好而教学马马虎虎，过关升等并不困难；反之，教学做得一流而研究做得不好，过关就难于登天。笔者在北美洲首次尝到的痛苦，就是在担任评鉴委员时投票否定自己最亲密的朋友的升等，而且在几年中三番五次地做这种事。因为按照学校规定，一位教授如果感到自己接受评鉴的时机尚未成熟，只能申请免审一次（薪水当然就停留不动），以后就必须依照既定的日程表接受审核。而每次审核如果通不过，就如同是被鞭子抽了一次。就职业道德而言，评审者公事公办，应毫无愧疚，但是在个人感情上说，实在是难过不已。而后继的发展更是让人难过，因为这些停顿在副教授位置上的同事们在精神上所受的打击，让他们加速苍老，早离人世。真是误入歧途，完全不值得。

笔者在职业生涯中，就亲眼看到过几种类型的同事。第一种是初出道时充满活力，光芒四射，接二连三地发表几篇精彩论文、一本专著，然后就江郎才尽（burned out），再也写不出有原创性的作品来。笔者在北美洲工作时就有五六位这样的同事（全系50余位教授）。那时在笔者的学术领域里全美最为人津津乐道的例子是，有一位刚刚做助理教授的年轻人，一连发表了三篇立论精辟的论文，好评如潮，立即被全美最著名的大学网罗提拔为正教授。但是从此他再没有写出一篇大作。再过几年，此人毅然弃学从商，拔腿就走。真是聪敏。第二种是持续优质高产，中间或许偶尔有低潮，但是很快就恢复元气，每隔不了多久就推出一篇精彩的论文。第三种是慢工出细活，一点一滴地拿出研究成果，在进行过程中看起来并不亮眼，但是回过头去看总成绩，却成就斐然。当然还有第四种，那就是打从头就讨厌（或是不善于做）研究，可是热爱教学，只是偏偏没有考虑周全，一不小心掉进研究型大学这个"烂泥坑"。以上第二种和第三种学者都可以在不同性质的研究型大学中开创出自己的一片天地，但是第一种和第四种人则应该避开研究型大学或是急流勇退。

至于笔者在理智上的立场，其实非常简单。我欣赏北美洲的多元化大学体制，不强迫千万学者去挤一座单一性的金字塔，也无需把所有的大学一律定性为研究型大学，然后还煞有介事地把它们的排名做得似乎精准无比。简言之，北美洲大学的制度是多元的，既有研究型大学，又有教学型大学、一般性混杂型大学、社区型学院（community college）、职业技术型专科，公立的、私立的、社区的、教会的、公司的，五花八门。而且每一类型的学校都有好坏之分，老师和学生都有充分的机会去选择最适合自己的大学。

在此可以做一个简单的比较。笔者早年在美国所服务大学所在的州，1990年代之前人口尚不足600万，却有106所各种类型的大专学校，其中有六七所排名在美国著名大学之列，至于个别系的排名，地位就更高。这种教育体制的布局，可以帮助学生们各取所需。这个州的人口和当年香港几乎不相上下，但是各类大学总数是香港的近二十倍，教育事业费用充裕。这是为什么？因为专款专用。房产税的一部分（有特定保障比例）和全部汽油买卖税都用于教育，不许挪用。换言之，只要汽车进加油站去加油，每一加仑（gallon）的油费中就有几分钱是为了教育事业而征收的，政府无法移作其他用途。更何况除了政府拨款，还有大量私人的捐助。这个州造就的人才远远超过香港，虽然它的历史背景是个农业州，但是在不到二十年时间内成功地转型为高科技州。曾经有一项人才调查发现，若以每平方英里为计算单位，则这个州有一个小小的三角地带有三所在全美名列前茅的大学，吸引了世界上许多民间高科技公司和国家级的高科技单位去设立实验室，成为全世界拥有博士学位人数密度最高的地区。这么小的一个州，什么样的大学都并存而不悖，各走各的路。

笔者在感情上的立场就更简单了，那就是认为学校最基本的任务是把学生教好，造就人才。笔者在受教育的过程中，遇到了几位老师，带给了笔者一生受教育的高潮。笔者在英文上的进步得感谢一位在初中一年级时来代课的老师，他仅教了一周，便将笔者从一个混沌可怕的黑洞里解救出来，带进一个条理分明的世界，从此略略地领悟到一些努力的方向和窍门。而笔者在中文上的进步，得感谢高中二年级时一位功力深厚的国文老师，是他为笔者打开了欣赏诗、词、歌、赋、史记、汉书的大门，使笔者从门外略微瞄到文化大观园内的那些奇花异草，成就了笔者一生的迷恋。笔者大学一年级时，一位美国老处女老师在课堂上毫不顾忌地张开她那满嘴歪牙的"血盆大口"，坚持让我们每个学生必须在三寸左右的距离之内瞪大眼睛往里面看个仔细，借此去了解牙齿和舌头之间应该如何互动，才能达到英语发音正确。虽然那个景象惨不忍睹（那一代人从小就不许去窥视长辈的口腔秘密，女生们笑起来还必须用手掩口才算是有教养，更何况美国老师的那一嘴歪牙），但是功效显著。当然，在笔者周边一定还有许多好老师都很称职地帮助了其他学生，笔者打从读研究生课程开始，到后来自己做教授的几十年当中，也接触过不少名家大师，但是比起上述这几位老师对笔者一生的影响而言，委实无法同日而语。

相对而言，大学教授们所做的是研究工作，在研究院的教授当中，有多位世界级的一流权威，他们的研究成果可以影响学坛数十年，他们的讲课的确有一小部分是研究和教学最佳结合的实例。但至于大多数教授，则有的平淡尚算称职，有的词不达意，也有的不知所云。读他们的学术著作会赞叹是出自巨匠之手，但是听他们讲课却未必有什么精彩之处。也还有另外一种情形，那就是若是念过了他们的著作就不必去听课了，因为教授们写的著作远比他们讲的课有条理多了。

如果这种情形非常普遍，就难免产生一个疑问，那就是学生们又何必去研究型大学念书呢？

按照传统说法，研究和教学应该是相辅相成的。教授在教学的过程中，容易发现有许多问题缺乏合理的答案，因此激起了他自己去找答案的好奇心，这就是研究工作的原动力。做了研究之后，他就能够把教学的内容讲得更丰富明白。这个道理说得真是好，可惜真实的世界未必如此。因为这么理想的结合，百位教授之中难得有一两人。更常见的现象是，研究与教学工作，在时间、精力和注意力的运用上经常互相冲突，顾此就会失彼，难以两全。所以很多在研究型大学任职的教授经常要求学生们不要去打扰他们，还把繁重的基础课丢给研究生去讲授而自己却躲在办公室或是实验室里做"更重要"的研究，甚至还要盛气凌人地让学生们识趣：他们的求知其实并不重要,教授们的研究才真正重要。

再说,许多教授所做研究项目的内容,和他们在课堂上讲授的内容经常毫不相干。也或许教授辛辛苦苦花了几年工夫才做出来的研究成果,在课堂上用不着一节课就讲完了,剩下来的那整个学期他仍然必须讲授基本知识(bread and butter)。在知识的瀚海之中,一位教授的研究成果或是一篇精彩无比的学术论文,只不过是一滴水珠而已,难以成为一门学问。糟糕的情况是教授和他自己的"博导"对于本门学术掌握有限,甚至找不到好题目去做研究,因此只好走偏锋,去挖一个冷僻的小题目,不管它是否有重要性,但是肯定前人没有碰过,这就至少可以挤出一些原创性,借此完成学术论文。当然也有一种更悲惨的情形,那就是教授可能对自己的成果视同珍宝,强迫学生当听众,忍受他在讲堂上的摇头晃脑地自我陶醉,而对那门学问的其他方面则置之不顾。说到这里,笔者马上回忆起学生时代一个具体的例子,那就是关于中外交通史,从秦汉以降不知有多少重要的课题应该包括在内(丝绸之路、玄奘、郑和,等等)。偏偏有位授课的教授写过一本极具原创性的专著,就研究工作而言,属于上乘之作,只可惜他把整门课一半时间用来讲自己的书,以致学生们一学期下来对于这门课的大领域还是摸不着头绪。

换言之,除非是研究生院的高度专业性的课程或是专题演讲可以允许教授们把自己的研究心得讲得淋漓尽致,否则的话,一个人的研究成果只能满足教学内容所需的一小部分而已,大部分时间需要讨论的题材和教授个人的研究项目无关。这样的结合就未免缺乏对称了。

回过来答复原来的问题:什么人必须进入研究型大学求学?笔者个人的答案是:念研究生学位的学生和热爱研究工作的本科生。那么其他94%的本科生呢?哪个学校教学工作做得杰出,就去念哪个学校。

II. 大学教育的总体布局——多元化选择

笔者个人比较极端的想法是,一个国家和社会必须在教育的结构和资源部署上做出宏观思考,不可一味标榜研究型大学,造成全国只有一座金字塔的局面。如果"万般皆下品,唯有研究高"成为教育主轴的话,其结果是专科学校急着升等为学院,学院急着升等为大学,大学争取升等为综合(全科)大学,然后升等为研究型大学，然后继续伸拳踢腿地争取成为重点大学，最后"荣任"全国顶尖大学。这样办学校，重点不是改进教育质量，而是把学校变成自我膨胀的根据地，学校真的成为校方工作人员的摇钱树了。而全国人民费了"十牛三虎"之力把它们养胖，却不能把它们练壮，它们依然进不了世界级大学的前列。真是可怜天下父母心，虚耗了纳税人的钱，却只看见画在天边的大饼，而吃不到地面上长出来的粗粮。

纯粹从个人立场出发，笔者认为北美洲大学的制度还有其他方面值得参考。在一般公立大学中，每个州通常都会有一个校总部，然后有5~10个分校（或更多），校总部一般是该州公立大学的重点所在，经费多，学生多，因此多半是研究型大学，而其他分校则比较注重教学。当然也有一些分校逐渐转型成为全国知名的研究型大学（这个现象在加州尤其普遍）。也有的大学越办越好，但是它们宁可让醉心研究的教授另谋高就，也不愿意改变自己的教育特色。散布在全美国的许多小型的博雅书院就是靠这种执着精神才能长年维护自己的传统，继续在美国高教事业中扮演重要角色。

这种制度的合理性在于，公立大学的经费来自本州居民的纳税钱，他们最大的需要是让自己的子弟接受良好教育。好大学必须把书教好，这是天经地义的事，研究则是锦上添花的事，二者的顺序不可颠倒错乱。至于私立大学，则创办人和出资捐助者完全有权决定它们将成为何种大学，属于自由市场，政府不可干涉，只可定出学术标准，保证大学教育名实相符，达到应有的水平。这些不同类型的大学之间，很少攀比竞争，而是各得其所，全心全意去完善各自设定的教育使命，这其中最大的受惠者是学生。大家只要打开近年来流行的全美国大学评鉴排名榜（U.S. News & World Report）一看，就可以略窥全貌：全美国能授予大专学位的机构超过3000所，而进入全国排名榜的机构不过数百所而已，绝大多数学校不属于研究型大学，但是却能向学生提供良好的受教育机会，这才是一个国家高等教育应该有的布局和财政资源应该据以分配的原则。

不幸的是，当举国上下一味走研究型大学的窄路、声嘶力竭地全力以赴时，却在许多领域中提不出可敬可佩的研究成绩单。华人社会成天叫嚷要和世界学坛接轨，要缔造世界级大学，而所获得的成果完全不能和投入的资源成正比。这中间或许有一个简单的原因，那就是研究型大学所招聘的对象可能大部分并不具有研究能力。换言之，招聘这种人去做教授，第一道手续就错位了。如果本科毕业生选择攻读博士学位的动机并不是出于对研究有炙热和不可自抑的兴趣，而只是为了找一个被社会称羡的饭碗（一个热门系），那么他一旦做了博士候选人，就显现出缺乏自主发掘问题和进行独立研究的能力，最后只好哀求指导教授替他找个题目（最好是简单的题目），并且还要一步一步地由老师带领着去找资料和完成写作。这种人即使得到博士学位，因为缺乏独立思考和创新知识的能力，也仍然必须接受他人的指挥才能执行研究工作。

在华人社会里，"恩师"这个词用得非常普遍，许多研究生都自认有"恩师"，而一般社会人士也用这个词来形容师生关系。但是或许这个"恩"字所代表的，不是指老师们为他们的学生指点迷津和刺激求知欲，而是帮他们全程护航获得学位，甚至帮他们争取到留在本系工作。照常理说，教授们教书和指导研究是职责之所在，原本就应该做好，那是他的职业道德，否则他怎么对得起学生？所以，在正常情况之下不应该产生"恩"的问题，因此多半的"恩"可能是"私恩"，就是偏袒特定的学生，让他们"吃小灶"。果真如此的话，那就一辈子也还不清这个"恩"债了。

如果此类人留在原校服务，近亲繁殖的病症随即发生。因为地位卑微的讲师或助理教授要想生存下去，当然必须一切服膺老师的使唤，对于老师的学问，也绝不敢推陈出新，只能"发扬光大"：或是越来越琐碎，找些小题目去做文章；或是在老师的学术成就上"添砖加瓦"。也就是在这样的过程中，学阀应运而生，祖师爷、徒子、徒孙充斥一堂，扼杀知识创新的动力。而且为了虚应故事，维持"研究型"的假象，抄袭、造假此起彼落，漫布学坛，把研究工作变成"小题大做"已经算是诚实的了。整个社会的资源浪费在一个崇尚学术研究的虚幻景象里，数以千百亿的经费浪掷在一大群做不出扎实研究成果而又装模作样的研究型学者身上，诚可谓是整个社会的一大悲剧，也是一大骗局，结局是教学和研究两头落空。如果社会能够重新部署，承认在教育的整体领域里教学的重要性绝不低于研究工作的话，则社会所能期望的回收值可能会大得多。

同样让人难以理解的是，许多大学本身就已经师资单薄营养不良，却还要雄心万丈地去开疆拓土，勇于到处设立分校，由北向南，远及边陲（细想起来，还很少有南方的学校去北方进行扩张的）。除了圈地建屋、搜寻商机，实在很难想象它们还有多少剩余的养分可以去滋润和造福其他地区的学生。这种办大学的方式在北美洲还真是难得听到。因为凡是需要设立大学的地方，大可以另起炉灶独立办校，而不需要挂上现有知名大学的金字招牌，把大学里的三流人才派遣到偏僻地区去冒充大梁。而这些现有的大学，假如真精力充沛的话，就应该先充实自己的校本部，争取早日进入世界级大学行列。

另外一个问题与此类似，但以不同的形式表现出来，那就是某些地区博士、硕士数量超乎寻常（比如依据统计，台湾在2012年底超过100万），并因此而造成失业危机。也有一些地区，县、市级政府里就有三五位干部的名片上印着某某博士头衔，连这种穷乡僻壤里都有这般精英汇集的盛况，一般老百姓怎能不肃然起敬或是心生疑窦？

一个社会或地区应该配备（或是说"可以承受"）多少博士和硕士，当然需要考虑多方面因素，包括国家长期发展对人才的需求、就业市场的容纳量，等等。但是最根本的因素是它们的教育机构有能力培养出多少博士、硕士。这些博士、硕士们到底是真材实料，还是银样镴枪头？这些问题都是需要盘根究底地去找答案的。

社会大众盛行拜学位主义，这必须经由社会力量去扭转风气，但是大学也必须担负很大的责任。众所周知，在许多大学里，教授们自己都没有在研究领域里做出成绩，只不过在报刊上发表过一些缺乏原创性的作品（或是小品文章？），就胆敢申报设立硕士班、博士班，装模作样地去指导别人做研究。而大学也碍于同事情面，或出于经济效益，或打肿脸充胖子，向社会推出博士、硕士培养项目，甚至主

动招徕学生上钩。这就难怪三流的师傅教出了四流五流的徒弟。他们充斥市场，欺世盗名，最后引发了就业危机。这种现象背后的受害者首先是学生们。他们遇人不淑，误上贼船，陷入高不成低不就的尴尬局面，或许他们一生的事业都会受到打击。而加害者肯定是那些大学。其中个别教授为了获得"博导"的虚荣，或者是为了用硕士博士学位项目向政府申请补助经费，不惜招摇撞骗；而学校当局为了借此获得"研究型大学"的光环，不惜伙同误导。实在是罪过。

　　说来说去，还是那句老话，大学（和任何层次的学校）最基本的任务，是把教学工作做好，使学生们因为"上了学"而充实了人生。不然的话，就应该考虑关门或重组，或经由市场机制予以淘汰。这或许就是西方国家大学群能够霸占世界学坛（世界百强、200强、400强）的一个根本生态环境。

　　以上所言，似乎和香港科技大学的存在并没有直接关系，不应该在这里说题外话，但两者其实有重要的间接关系。笔者在此想指出的是，对于大多数的大学教授而言，研究和教学之间的实证关系，是冲突大于互补。按照传统理论，一个教授如果同时致力于创新知识，那么他的教学效率就会更高。这种论调的理论基础是什么？据说是因为这种教授对学生的启发能力就会更强，能够以身作则鼓励学生们去探索学术的新领域，然后在教学过程中又能得到灵感，发掘新的研究课题。这种互补和相得益彰的关系，听起来头头是道，但是据笔者几十年的工作经验，研究做得好在课堂上又教得好的教授凤毛麟角，反之，教书教得好但缺乏研究著作的老师却比比皆是。至于说教学与研究是两个相辅相成性质的工作，只是笔者听过的美丽理想。当然也有不熟悉中外教育学的学者做过实证性的研究，拿出数据来告诉我们两者紧密互补的关系，但在笔者有限的职业经验里，看过一大堆一流的研究型学者在课堂上平平庸庸，也看过一大堆在课堂上极具启发性的老师一辈子没有出版过具有创造性的学术作品，两者兼备的学者，恕笔者浅薄，还真是没有看过几位可以让人情不自禁地赞羡不已的。

　　在一个多元化的社会，应该支持两种（或多种）不同的教育模式并存，如果把不同的教育模式混为一谈，将非驴非马，既浪费资源，也逼得大学教育从业者走投无路，只好整天把"研究"挂在嘴上，自欺欺人，自误误人。

　　香港科技大学当然极力强调研究成果，研究成绩的优劣在香港科大是生死攸关的一等大事，可是它的许多院系也有意识地强调教学。这个"两全"的高尚模式是当年筹备时期几位极具远见的委员和学术领导所坚持的目标，真是值得敬佩。但是这似乎和当前许多号称"研究型"的大学颇有出入。笔者虽然有幸参加了香港科大的创办，但是并不认为它的模式具有通用性，如果缺少类似香港科大早期几位筹备者和创办者那样的坚持，是难以做到的，而且其他学校可能根本不会想去做。笔者在内心深处认为，一个国家或是社会，只需要少数的货真价实的研究型大学即可，但是一旦选择了这个任务，就应该尽量朝"两全"的方向努力，而不可以贬低学生的教育需求。相对而言，大多数大学应该致力于教学型大学，"一全"即可。

或许可以顺便说一句的是，如果大学的宗旨是成为研究型大学，则必须要有"世界视野"追求"世界水平"，因为在当今知识爆炸的时代，每一天不知道哪个角落里就可能有新发明和新发现，如果研究型大学的教授们不能掌握最新信息，只知道闭门造车的话，那就根本无法创造知识，而只能捡拾别人的残肴剩饭。当然更可悲的是明明没有做原创性研究的能力，却还要以若有其事的姿态用次等货、假货充数，或是去找些毫无意义（无重要性）的课题去大做文章。在这个意义上，研究型大学必定得有世界视野，以世界学坛为竞技场，知识创新的标杆只能是世界性的知识库，低于这个标杆就是炒冷饭，或是坐井观天。香港科大当初创办的理念就是要在这个竞技场上争得一席之地，赢得其他竞争者的认可。这个理念不但推动了香港科大创校的几十位资深教授，也感染了每一位后加入的生力军。如此说来，香港科大在一开始就企望与世界接轨，并且努力进入世界学坛的领先地位，这是香港科大在创校时就播下的种子，欣见其终于能开花结果。

教学型的大学是否也需要走同样的路？我个人的看法是不需要。教学型大学的主要任务是掌握世界上珍贵有用的知识，扎扎实实地将之传授给下一代。这种工作没有明显的竞技性质，找不到一个明显的竞技场，也难以提出世界性的标准，但是却会对千家万户乃至国家和民族的前途产生无比巨大的影响。香港科大在教学方面也认真地做出了各种努力，但是距离纯粹教学型大学大概还有一段路程。

III. 教育的目标是什么

教育对于人类的重要性，大概可以从两个层次来评估：一是个体层次，二是集体层次。

中国号称有五千年文化,其中的精髓有一大部分受赐于教育的普及。这不仅仅是文字的创造,继之而起的诗词歌赋、道德哲理都赖教育而成为民族的财宝。至少从孔子开始,教育成为中华民族的一个特别课题,其强调的程度超过世界许多民族。但是从清朝盛世结束,中国国民的教育就普遍落后于西方,而且每况愈下。西方的教育普及度不但自文艺复兴运动之后赶上而且超过中国,他们对于知识更新的活力,更是百十倍甚至千百倍于中国。而中国由于过去百余年来不断地遭受内忧外患,文盲人数远远超过西方,知识质量也远远地被西方人抛在后面。这应该被视为民族的大危机而加以处理才对。教育的危机大过军事危机,大过经济危机,因为后二者都可以运用外交手段求得暂时的舒缓,或是运用政治智慧予以消弭,唯独教育失败的种子一旦播下,不经过几代人的努力就无法补回。换言之,到2030年,中国是否有竞争力、个人是否受到尊重,其种子在今天正在播撒。

中国最近二三十年来,民族意识增强,这应该是一个可喜的趋势,至少比起俯首委屈地受外人霸凌要可取得多。但是必须记得的是,这种民族意识从19世纪中叶即已萌芽。令人伤心的是,前几代的都市青年走上街头,农村青年横尸战场,数以千万计的老百姓颠沛流离,为民族尊严和荣誉付出惨痛代价,但是经过了约略150年的民族情绪亢进狂潮,西方人看中国人和看日本人还是带着两种不同的眼神。新近更令人担忧的是,甚至西方人看韩国人和新加坡人都和看中国人不一样。这就不是责怪西方人种族歧视可以解说的了。华人可以生出15亿优质的婴儿,但是如何把他们培育成优质的人才,这才是莫大的课题。如果社会麻木不仁,只会骂口不绝,而不积极提升华人本身的教育质量,则再过几十年,还是别人眼中的次等人,除了自己活该之外,还能如何反驳?

观当前民族情绪的种种表现,或是以在数量上取胜的成就而洋洋自得;或是特别热衷于建立世界纪录——如果一个华人(或少数人)能够打破某一项世界纪录,就会令大众为之狂喜,似乎全体华人都达到了那个水平;或是只要华人做出了一些小成就,就"震惊"了世界学坛、文坛、体坛、乐坛、时尚坛,等等,不一而足。中国和外国发生一点纠纷,就有人急不可待地要给那些不知天高地厚的"洋鬼子"一点颜色看一看。中国人略微长得健壮美貌,就必定让外国佬"惊艳"。外国女性和中国男人结婚,那表示她们仰慕中国文化,但是中国女性和外国男人结婚,那就表示她有些犯贱。一般人民能够引以为豪的,不是当今广大中国人民的学识、科技、文化艺术和生活质量如何地优秀，而是我们的老祖宗比西方的老祖宗厉害得多。这一切都显示出教育的缺失。

一个大国想要和平崛起，第一步要加码投资的就是教育，培养广大人民的气度和见识。国家的策略既然是要小心翼翼地不和别的国家去比武力的强弱，也未必需要去比经济收入的高低，那么最可以比的就是人民的学识和素质。也唯有在这个领域里的崛起，最不容易引起他人的阻挠和打击，最能运用和平方式达成目的。相对而言，军事崛起最容易引起军备竞赛，最后导致武装冲突；经济崛起容易引起他人的嫉妒，甚至导致军事和政治的介入。唯有教育的崛起，很少会触发他国的反制或反击，而他国也没有反制和阻遏的方法。而教育一旦崛起，其他各方面的崛起路子也就会广阔得多。

在世界近代史里，战败的日本和德国提供了两个最生动的例证。就以邻近的日本为例，它在1945年遭到全国性的摧毁，而不仅仅是军事失败而已：城市被夷为平地，国民流离失所家破人亡，百业凋零，国民平均所得大约50美元（和当时中国内地和台湾不相上下）。他们唯一留存下来的，就是那些没有死而又受过扎实教育的人民。他们经过不到20年的埋头苦干，不张扬，不吹牛，在强大的美国面前低声下气，夹着尾巴做人，终于在1960年代末期走上大国崛起的路途。除了武力，日本在其他领域里都被公认是世界的文明大国。简言之，日本人的优质教育拯救了日本。德国的情形大致也相似。从过去两三百年的世界历史来看，没有一个大国是植根于教育水平低下的国民身上的，而中国的低质教育正是拖累中国崛起的基本因素。

令人不解的是，中国不乏情绪高昂的民族主义者，但是为什么很少听到他们大声疾呼？劣质的国民教育其实才是现阶段民族的最大危机，这才是我们的心头之痛！

从纯粹个人层次而言，每个人活在世上数十寒暑，都希望能够过优质的生活。而良好的教育，是实现这一理想最可靠的途径。人生在世，如果能够接受良好教育来启发求知欲，挖掘潜能，开阔眼界，磨练谋生技能，乃至完善人格和充实感情生活，那么他的人生必定会更丰富美满。为人父母的当然爱护子女，不惜牺牲自己的生活质量而指望下一代能够成龙成凤，而每个人都会珍惜自己的生命，他们自然都会把教育看成是天般重要的工作来处理。因此，如果那些掌握社会资源和从事教育工作的人不能善尽其责，甚至把学校当成个人的摇钱树，那可真是理应被口诛笔伐。

西方自从文艺复兴运动以来，就逐渐注重教育的普及化，把教育当成与政府的施政指标与政绩紧密相关的任务。西方国家近几百年来之所以发展得如此之快，一个重要原因就是全民性而又全面性地发展，在政治领域内如此，在知识、学术、科技界如此，在文艺、体育、娱乐界亦复如此。而在世界上有不少国家和社会还处于一种状况，那就是一小群受过良好教育的精英，拖着一大群没有受过良好教育的庸才（或是文盲）在慢步挣扎前进。21世纪已经来临，中国在诸多领域仍尚待通过现代化指标的检验，最直接的原因就是教育落后，在数量和质量上均是如此。教育将决定中国在此后30~50年的国家命脉，实不容忽视，也无法拖延。就如同个人需要做"体格检查"才知道自己的健康状况一样，如果中国新一代的民族主义者能够转移他们的视野，为民族做一个"脑力检查"的话，或许他们就会发现最可怕的敌人并不是在国境之外的坚船利炮，而是在卧榻之旁的愚昧无知和腐蚀沉沦。

IV. 一个稍纵即逝的中外教育交流机会

中国改革开放的历史虽然并不长，但是高教改革曾经出现过一丝曙光，只可惜没有善加运用，未能创造出新气象。这个故事必须回溯到改革开放的初年，当时国家教育部门领导人在和外国日益频繁的交往过程中，发现中国大学教育存在重大弱点，如体制僵化、教学内容落后、教学方法死板，等等，急需吸取国外先进经验。当时中国与国外教育合作交流的唯一模式是苏联模式。而讽刺的是，该模式却正在被苏联人唾弃。中国必须另辟新途。鉴于美国的高等教育被世界公认成绩斐然，中国政府自然属意建立中美教育合作的渠道。而此时美国教育界最负盛名的民间教育研究机构卡内基教学促进基金会（Carnegie Foundation for the Advancement of Teaching）也刚开始拓展其国际视野，其领导人当机立断地对中国做出热情试探。双方很快签订了一项长期合作协议。为了显示这个关系的重要性，签约仪式还选在美国国会图书馆举行。合作也受到美国政府在幕后的大力支持。

这个合作关系名义上是以平等互惠为原则，但在实质上，中国方面只是把国内的教育情况向美方概括性地介绍，许多不足为外人道的内情（陋习？）则守口如瓶，严守内外有别的原则。卡内基基金会的工作人员则是充满热情，一心一意想要把美国高等教育的模式和内涵向中国朋友们毫无保留地和盘托出。因此只要中国方面提出要求，想要了解美国高教任何情况，卡内基基金会都竭尽全力地满足。在此之外，卡内基基金会的领导人还主动地推测中国未来的需要，不等中国方面开口，已经自动自发地扩大交流的范畴和内容。值得强调的是，卡内基基金会是一个货真价实的民间团体，不是美国政府的冷战工具，也没有政治企图，完全站在推展教育的专业立场和中国进行交流。这比以往的中苏教育交流要单纯许多。

出于这些因素，在那段时间里，中国高教领导人对于美国高教的哲学、原则、体制和运

作细节等，都有了相当全面的了解，对于美国办大学的优点和缺点，包括不符合中国国情的若干要点，都充分掌握。这中间不牵涉抄袭美国制度的面子问题，而是借他山之石以攻错。活学活用，本来就是国人的优势。

为了达到这个洋为中用的目标，中国派了几批重点大学领导人（包括北大、清华、复旦、上海交大的校长）到美国去实地考察，并且首次以中国大学校长团的身份受到哈佛、耶鲁、普林斯顿、伯克利、斯坦福等大学校长的官方接待，彼此交换治校经验。与此同时，美国也组织了几批大学校长团到中国的广州、厦门、上海、北京等地举行座谈会，向各个地区100多位大学校长和校级领导人介绍美国各类型大学的办学方法，出席者囊括了当时中国高教系统中最顶尖的大学。因为双方主持人的认真，所以交流内容充实，不讲客套，更无游山玩水吃喝玩乐之事。这种大规模、长时间的中美高等教育领导人有系统和目标明确的交流，可谓空前。

通过交流，中国的高教领导人和大学领导人对美国高教的经验有了通盘而又深刻的了解。美国高等教育最突出的一点或许就是大学的多元化，除了研究型大学，还有教学型大学、社区大学（community college）、少数的公立大学、绝大多数的私立大学、小而精的博雅大学（liberal arts college）和专业大学（professional and vocational schools）。换言之，在美国的高教领域里，不是所有的学校挤破头地（并因而被迫去弄虚作假）去往一座金字塔上爬，而是有许多座金字塔，各有使命和评鉴尺度，只要货真价实，就能出人头地。举一个简单的例子，《美国新闻与世界报道》设立了一个专栏，把200多所博雅大学的评鉴成绩专门列出，和研究型大学完全分隔处理。这就可以看出博雅大学自成一格的气势，也可以看出美国的学生和家长们不是一味追求研究型大学的虚名。

此外，美国方面对于入学制度、大学科系的配设、课目和学分的安排、如何运用工读金和奖学金方式帮助贫穷子弟受教育，等等，都作了极为详尽的介绍。而与会的中国大学领导人，也提出了许多与本身经验和需要极为切题的问题，希望从美国经验中获得一些对中国高教改革有帮助的启发和借镜。一时间，双方交流的气氛极为热烈，内容也丰富而有系统，而不是拉拉杂杂鸡零狗碎，显然可以看出中国的大学领导人在经过30余年的闭关自守之后，终于对世界先进经验有了全面性了解，一时的确掀起了一番高教改革的热潮。

从宏观而言，这些交流和国内大学领导们的关注焦点，显然已经触及教育质量改造的实质问题；从微观而言，这些交流也给国内教育改革带来了一股强烈的创新欲望。

具体的事实是，卡内基基金会认为以中国之大，不可能也无必要让大大小小几千所大学一律捆绑在单一的研究型大学模式的牢笼里面。依据美国的经验，社区大学对于知识的创新或许从来没有做出过震惊世界的贡献，但是对于知识的传播和普及（造就人才）却产生了巨大的影响。在此可以举一个简单的例子略作说明。美国加州（California）是一个事事敢于创新的地区，也是美国人口最多的州，选民投票的动向可以左右总统竞选的成败。加州经济实力名列世界最大经济实体（包括各个国家在内）的前茅。在高等教育领域里，加州也是研究型大学林立的地区，公立的硕大无朋的加州大学系统就产生了如伯克利、洛杉矶、南加州这些分校，私立的如斯坦福大学和加州理工学院等都是傲视全球学术界的巨子。但是加州政府却在1970年代拨出巨额经费扩展社区大学。这些两年制的社区大学名不见经传，没有花招，没有院士级的大教授，只知道规规矩矩踏踏实实地把实用知识传授给学生；而且这些学校费用极低，使中等收入以下乃至贫寒家庭的子弟都有受教育的机会，是一个借用教育手段促进社会公平化的重要推手。社区学校帮助全民提升受教育水平，锻炼他们的就业技能，使他们在毕业之后能够去应聘中等收入的工作。根据事后的效益统计，加州政府每拨款1美元投资在这类教育机构上，就可以产生4.5美元的经济收益。更何况，更想上进的学生从两年制社区大学毕业之后就可以申请进入一般大学（包括研究型大学）的三年级，只要再读两年就能拿到学士学位，这又为政府省下了一大笔教育经费。道理很简单，因为在研究型大学读一、二年级的费用远远超过在社区大学的费用。笔者所知道最荒唐（聪敏？）的一个例子是，一位在研究型大学航空机械系（aero-space engineering）读完四年的工程学士，在毕业之后不想立即陷入早九晚五的上班生活，而父母又不准他在家里游手好闲，所以只好选择进入一个费用低廉的社区大学去搪塞家人。哪知道他一入学，大受老师启发，最后改行去攻读商学院，彻底改变了人生规划。

卡内基基金会对于社区大学的作用当然了如指掌，因此请了美国规模最大的社区大学领导人三番五次地向中国大学教育政策制定者和专家们报告社区大学的重要性。经过两三年的交流和邀请中国高教领导人到美国进行现场观察，南方两个省份教委认同他们关于社区大学的看法，并且各自指定了一所大学作为试点，为中国高教改革试探一条新途径。一时间前景似乎相当乐观。岂知眨眼之间风云骤变，中国高教界掀起了一股"创收"潮流，教育"产业化"了，大学领导们的视野和关注点产生了惊天动地的变化。这股潮流在名义上是鼓励大学自力更生，不可依赖国家拨款；实际上，各校领导们最热心的话题不再是教学和研究的优质化，而是如何去增加财政收入。甚至有些大学沦落到变相出卖分数的地步，如果有学生差几分考不上，则可以按分计价，只要学生交钱（每个大学价码自定），就可以一分一分地买，最后跨过门槛，进入大学殿堂。大学真是成了摇钱树。这就难怪这类大学中富家子弟逐年增多，贫困子弟急剧减少了。能够在这种大学工作的教职工，肯定是祖上八辈子积来的阴德，在不到十年光景之内，奇迹般的把一锅清水变成了鸡汤。他们左手拿国家的薪资和重点大学的特别拨款，右手拿家长的学费和捐献，中间四年再去压榨学生们的宿舍费、伙食费等，他们"聪明"脑袋瓜想得出来各式招财进宝的妙招。即使这样还不能满足，继之而来的是在大学里吃得开的教授们到校外去开公司、去画商业广告画、去电视台说书；学校则把校产租出去开店铺（甚至把校区中心地带租出去开卡拉OK），进而气派越来越大，圈地皮，开辟第二校区，开进修班广发文凭证书。五花八门，令人眼花缭乱，就是铁了心不把学生们当成是教育的对象，也拿不出一流的研究成果到世界学坛去扬眉吐气。当然，那个"不成材"的诺贝尔奖评审委员会偏偏不懂得尊重"大国"的学术界，居然连一个科技奖都不颁给。而人口不到中国人口二百分之一的犹太人，却在历史上拿了10个奖。就连我们隔壁那个以"小"为绰号的某国家，竟也拿了20个奖。怎能不令人气结？

几乎就是在中国内地高教界经历那场大变的同时，一小群华裔学者不声不响地跑到了香港，参与创办香港科技大学。那一群人虽然都建立了自己的学术地位，但是多少还保存了一些苏东坡笔下的那种白首忘机的天真，夹杂着难以厘清的民族情结，对于本分内的事务又有坚持要恭恭谨谨地做好的习惯，对偷鸡摸狗的行径既不参与也不宽容，却诚心诚意地想要把来自香港社会经济底层的学生在送出校门时教成"人才"。他们既追求自己对职业成就感的满足，也努力为后来加入香港科大阵营的同事们开辟一条坦荡的路，期待后来者把学校办得更精彩。说白了，那群人绝对有高昂的民族意识，但是他们选择的方式不是走上街头高呼打倒"洋鬼子"的口号，而是进入校园给自己的同胞增补知识的营养。

这种对比纵然颇为强烈，但是对于邻近地区而言，香港科大的例子或许无法复制，却仍有可供参考借鉴的价值，那就是如何去培养才德兼备的大学生，使他们能够融入现代社会，如鱼得水，游刃有余，而不会背负严重的疏离感或失落感。在这个为千万年轻人造福的过程中，社会民族集体的力量也得到了加强，这或许将是今后数十年大学教育工作者所必须完成的大使命。一个国民素质低下的国家，难以实现"大国崛起"的目标。中国面临的困境可能是：如果想要"和平"崛起，则必须大力充实国民心智的内涵；如果想要以"不和平"方式去崛起，则必须先在心理上做好准备——西方列强和左右邻邦绝不会坐视，如果他们勾结在一起，肯定将带来无尽的灾难；而如果国民的心智浅薄残缺，则又如何能够做好应对的准备？

如果有朝一日国家或是地区领导人能够把关切的焦点放回到教育，特别是大学教育这个课题上，说不定香港科大的创校经历可供有识之士再度拿出来作为思考和检查的对象，甚至可以用来作为反面教材，因为并不是所有的地区都筹得出足够的经费去开办一所研究型大学。说得极端一点，在众多省份特别是边远地区，如果也想东施效颦地开办研究型大学，实在是浪费人力物力；反之，向当地子弟提供良好的教育，却是他们责无旁贷的天职。

目前有些地区对高等教育的认识似乎普遍有一个的盲点，那就是一味以研究型大学为模范。其实，中国古来对于教育和师道的期许，只要稍做修改，在当今依然可以适用。古人说"传道，授业，解惑"是为师之道。在现今的时代里，所传的"道"，不必再拘泥于褊狭的教条，其主要内容应该是依照科学方法而获得和累积下来的"真理"，是培养学习方法的道理和道路，是养成求知欲和好奇心，是一切人类知识累进的"道"。这种"道"在欧美的大学中仍然占有重要地位。所授的"业"，或许可以解释为"职业"的必要内容，举凡技术（technologies）、技能和技巧（professional skills and know-how）、方法（methodologies）均可以包含在其中。至于说到"解惑"，那正是求知过程中的一个重要部分。解惑不是由学校把"正确的"知识灌进学生的脑袋瓜里，因为并不是脑袋里装满了正确的知识就可以不惑，今天最时髦的知识，明天就可能失效或是过期。欧美大学强调的解惑，是训练学生们自己去发掘问题，培养他们"兵来将挡，水来土掩"的活学活用的解惑手法和灵巧的头脑。这样才能让千千万万的人有独立能力去解惑，而不是每次遇到疑难就跑到"权威"、"大师"那里去乞讨"正确"的解惑仙丹。这样教出来的国民，才能营造出一个崛起的大国。

V. 教育工作的内容是什么

笼统来说，从事传授知识工作的人士应该发挥两方面的功能：一方面是对于人类现有知识的保存（preservation）、整合（integration）和传播（propagation）；另一方面则是对未来的知识的创造或是创新（knowledge creation）。前者应该是一项全民性的活动，关系着千万人和国家与民族下一代的素养，甚至下几代的生命和福祉。通过官方拨款、主持，或是经过民间集资集才的方式开办所谓的"公立"和"私立"学校，就可以参与这个高尚宏伟的"造人"（造就人才）计划。这一计划可以丰富和充实每个国民的个人生命，也可以为整个国家和民族奠定几十年安康富强的根基。我们民族对知识的"保存"工作做得不好，许多文化财富"失传"，中药大概是最明显的例子；"整合"工作做得不够，以致知识支离破碎；至于"传播"工作做得不好，最直接的灾害就是产生了大量的文盲和无知者。每一样都是惨痛的。

我们不妨去参考上个世纪以来世界最强大的国家——美国，去看一看它的许多有声望的大学是如何为自己的教育使命定位的。

仅是从美国2000～2010年的少数几项统计数字，我们就可以得到一些意想不到的启示。2010年美国调查显示，全美国授予学士学位的教育机构（相当于大学和学院）共有4495所，其中四年制大学有2774所（61%），两年制学院有1721所（39%）。仅仅是从这个宏观性的比例就可以看出，两年制学院（社区大学）在美国高教体系中所扮演的角色有多么重要。

再就四年制大学来说，公立学校有672所（24%），而私立学校却有2102所（76%）。相对而言，在两年制的学院中，公立学校有1000所（58%），私立学校有721所（42%）。如以在校学生计算，四年制学校招收了1300万学生（63%），两年制学校录取了750万学生（37%）。换言之，每3个大学生就有一个是在两年制大学完成学业的。如果再以全部的大学生来说，其中1300万人在公立学校就读，700多万人在私立学校就读。同样地，每3个大学生就有一个是在社会资源的支持下追求知识的。

从地区来看，全美国高等教育最发达的州应该是加州和纽约州，加州有436

所大专院校，纽约州有305所。当然这两个州都是人口众多的大州。但是也有人口不过六七百万的中小型州，却拥有100多所大专院校，而且其中还有多所全美的名校。在中国，这种人口规模只不过是中等城市而已。

这些简单醒目的数字马上向我们透露了美国高教的一些基本信息：

第一，除了政府主办高等教育，民间社会对于高教领域的持续性发展贡献了大量的人力和财政资源，提供了一个全社会办教育的模式。

第二，美国高教多元化，两年制学校在整个高教体制里占了很大的比重。可以断言的是，两年制学校完全不是研究型学校，而是教学型学校。而即使在四年制学校中，也有相当一部分不以研究为重点。两者相加，教学型学校总数肯定大大地超过研究型大学。这也说明为什么即使以评鉴大学而著称于世的《美国新闻和世界报道》每年的评鉴对象也只不过是美国全部大专院校中的一小部分而已。还是那句老话，研究是美国高教存在的重要使命，但绝不是唯一使命，对于众多高等院校来说，甚至毫不相干。

第三，近年来，美国经济环境受到巨大冲击，高教界产生了一个令人注目的变化，那就是两年制学校招生数显著增加。低收入家庭把子弟送进社区学院还可以说是贫苦家庭不得已的行为，更重要的是年收入超过10万美元的中等收入家庭也开始把子弟送往社区学院，这种压力迫使某些地区的社区学院感到应接不暇，不得不招兵买马，增加教授和设备，去迎接新增加的学生。这种现象所反映的就是一种理性的市场行为：美国的父母们也终于发现，社区学院可以提供比研究型大学更好的教育。

为什么会有这种现象？最简单的例子就是，在研究型大学，一、二年级课程经常被那些醉心于研究的（或是被研究工作逼得喘不过气来的）教授们丢给研究生去应付，而一、二年级又偏偏是大学本科生打基础最重要的阶段。社区学院的优势，则是把这些课程交由合格而又有经验的教授们授课，让学生能够得到高质量的教育。所以，许多社区大学已经在和一般大学建立互相依存的关系，先在社区大学念一、二年级，然后顺理成章地转学去念研究型大学的三、四年级，这成为一条新的大学教育轨道。

当前世界众多先进发达国家的高教体制都显示，大学最努力完成的任务是知识的保存、整理和传播工作，务求使最大多数的国民能够接受扎实的教育，把全人类数千年来辛辛苦苦累积下来的知识学到手并加以使用。如果我们信手拿一些著名大学自订的使命来看，就不难看出它们如何去界定它们的工作。

世界许多名校非常注重学生的平衡发展，诸如理性分析的能力、独立思考的胆量、旺盛的求知欲、发掘知识的本领（而不是填鸭式的塞一大堆数据和事实）、学习新知识的技能、为社会和人类服务、养成人格、争辩真理的口才和智力、领导才能、融入社会、成为一个文化人、了解人间社会和自然环境、解决问题的技巧，等等，这些都是学校培养学生所要达成的目标，最终目的是使学生成为德智体群兼备的现代人。尽管东西方采用的辞藻和语法不尽相同，但是说来说去，还是可以借用传统的说法，那就是传道、授业、解惑，让学生掌握和灵活运用人类几千年来库存的知识。

相对而言，知识的创造或是更新当然万分重要，但是也绝不可能（也不应该）是一个全民全力以赴的活动。大略地说，基本的生物学告诉我们，每个人都有学习的能力，因此要发挥人类这一与生俱来的禀赋，这是一个事半功倍的努力，很容易

取得广度和深度兼备的成绩。但是研究和创新知识只是极少数幸运儿才具有的异秉,或是要千辛万苦才能练成的功夫,可能是百中有一,甚至千中有一。除此,研究工作还需要极为雄厚的财力做后盾。因此强求全部大学教授都去追求研究,可谓舍长就短,根本不切实际。如果为了追求研究而忽略了教学,那就更得不偿失。如果教授们把研究工作负担太重当成借口着意忽视教学的话,则学生首先成了牺牲品。而如果他们大多数人事实上又做不出像样的研究成果的话,那就是一个大骗局,让整个社会忙着自欺欺人。

然则知识的创造到底是否重要?答案是:当然重要,非常重要,然而未必绝对重要。这个问题可以分为几个层次来衡量:

首先,知识的创造是人类发展的基础。现在我们不再过着茹毛饮血的生活,而是享受现代科技带来的诸多便利,这就是拜前人不断创造新知识之赐。所以从世界的眼光来看,研究型大学自有其高度的重要性,但是又未必所有的国家都需要全力以赴地强调研究型大学。诚然,在当今高度竞争的世界里,如果一个国家缺乏

创造知识的能力，很可能成为弱肉强食的牺牲品。即便是如此，其中还是有相当广阔的选择空间，需要人们深思熟虑。如果把科学粗分为理论性科学（theoretical science）和实用性科学（empirical or applied science）的话，则某些财力有限的国家大可以选择不在前者领域里做过多的投资，因为理论性科学的成果从世界著名学报上可以不花成本获取，无需每个国家重复投资。事实上，根据过去几十年的经验，很多当前的世界大（强）国，理论科学都不是它们的强项，但是这并不阻碍它们成为科技和经济大国。最好的例子大概就是日本。什么是财力有限的国家？简言之，一个国家如果拿不出4%～6%的国民所得去兴办教育的话，就是财力有限。而如果把那么少的教育经费大量投注在研究创新的工作上而忽略了教学工作，就是舍本逐末，不自量力。反过来说，许多国家在实用性科学的领域里却可以用很小的财力投入做出重要的成绩。

知识的创新工作或许可以分成三个层次来探讨。一是全人类性的，二是国际性的，三是国内性的。从全人类的观点来看，知识创新的速度越快，似乎给人类带来的福祉就越多，比如说在生物学和医学方面的创新知识，可以使人延年益寿，身心健康。但是也未必一定如此。比如说有关原子能的新知识就给人类带来了不可控制的危险。在人类几千年或是几万年的历史中，哲学家和科学家还没有把知识创新的速度和人类幸福的指数演绎出一个令人信服的相对关系来。欧洲中古的黑暗时期固然因为知识创新速度太慢而给人类带来了种种不幸，然而上世纪中叶以后的知识爆炸也给人类带来了其他的种种不幸。换言之，以全人类的幸福为出发点，我们固然无法扼杀人类的好奇心和创造欲，但是把全人类的大学都不计代价地圈限于追求知识创新一途，实在是难以令人信服。

其次，从国际现实而言，知识创新的能力不但是展示国力的最好证明之一，也是提高国家竞争力的最有效手段之一，因此许多国家的领袖们为了追求国家的强大，都会希望在知识创新工作上投注大量资本。但是如果有些国家连小康境界都还没有达到，便以巨额投资去发展知识创新工作，则只是虚骄而已，甚至可能成为阻碍进步的绊脚石，或是被国际竞争者一棒打死。

说到最后，一个国家内部的教育战略和资源布局最需要三思而后行，而且在"行"之后还要继续地"思"，以便不断地修正偏差。作为全局的部署，一个大国的确可以把部分资源投注在知识创新的工作上，指派专门人才主持其事。西方许多经济富裕国家，其知识创新工作得到不同来源的支持，包括政府部门、军方、工商企业、民间团体、学术机构，等等，其中大部分是认真的研究工作，但是其效果却未必一定彰显，而且也有巧立名目、小题大做、课题重复等弊端。但是这些国家有的是财源，可以摆阔气，更何况它们的教育体系还保持一定程度的冷静和平衡。总的来说，在这些国家做研究只是教育使命中的一部分而已，大部分精力还是用在教学上。难怪其国力可以持续进步，而民众之中可以人才辈出。

但是在经济不发达的国家里，如果把整个教育体系绑在"知识创新"的任务上，认为只有研究型大学才是值得尊敬的大学，以这种简单的单一尺度来评鉴全部大学，那只能说是对教育缺乏现代观和整体观，其代价是忽略了成千上万青年人的智力培养。更可悲的是，正由于全国上下都追求知识创新，而创新又不是可以用行政命令强制推行的，也不能靠狠下决心就保证获得成果，因此把一大群明明没有创新知识能力的人塞进大学之门，然后用创新的尺度去衡量他们的工作成绩，到最后只能逼得许多人绞尽脑汁去弄虚作假，浪费公帑又误人子弟。时下令许多华人最难以释怀的是，华人地区大学叫嚷强调研究的口号这么多年，为什么总是拿不到诺贝尔科技奖？或许大众更应该关心的是，一旦拿到了一个诺贝尔科技奖，难道就证明我们已经变成了科技大国了吗？

VI. 与香港科大经验无关的因素

香港科技大学的创办，其实可能会给华人教育界带来一些反思：它不是去激励所有大学重蹈香港科技大学的"覆辙"，而是应该问一问，我们真的也需要这么做吗？以中国现有的经济发达程度和人才分布的情况，大众应该思考的是，说不定在今后15~20年内，中国只需要在经济高度发达的省份支持少数大学去从事知识创新工作。最理想的局面是研究领域不要重复，人才的运用和资源的掌控都需要和国际通用的行为法则接轨，该做的是货真价实的研究工作，其最终目的是知识的创新。而研究经费的运用更需要严格控制，一定要用在刀刃上，彻底杜绝中饱私囊。

国家或许可以考虑从现有的大学中挑选十分之一二，支持其研究工作。其他的十分之八九都应该以教学为终极任务，而且在施加严肃的评鉴之后也给予优厚的支持。研究型大学是以研究成果评高下，教学型大学是以教书的技能和效果评高下，分属两条轨道，两者不分高下。主轴既定，则彼此之间仍然可以交叉，研究型大学鼓励教授把书教好，而教学型大学也可以帮助有研究兴趣及才华的教授去满足他们的创新欲望，并且给予额外的奖励，但是各自的主轴不变。

如果能够朝这个方向去思考，则香港科技大学的经验就或许可以为内地高教界提供不同角度的参考。

香港科技大学为什么在这么短短的十几二十年内可以从无变为有，并跻身世界前列？这个问题在最近数年来经常被关心高等教育的人士提出来。而答案却莫衷一是。当然，设若香港科大在世界学坛的知名度完全是商业宣传策略的成果，是由广告高手精心打造而成的话，则社会大众大可不必虚耗精神去了解和分析这所大学，最好的反应就是予以漠视，因为虚名迟早会被揭穿。

反过来说，假如香港科大的成就还真是有些根据的话，则笔者纯从个人极有限的观察和体会出发，也确实在被逼问之余进行了多次思考。我的思考方式是先从应该被排除的因素说起。

第一个要被排除的因素是它的外表——地理位置和校园景观。许多到过香港科大的人会不约而同地赞许香港科大校园"漂亮"，是一个诱人的工作环境，怪不得引诱那么多人去谋职。这个说法并不准确，因为和北美洲一般大学校园相比，香港科大的校园委实微不足道。北美洲大学的校园动辄占地数千英亩甚至数万英亩，有茂密的森林和湖沼，有精心栽培的花园，有农牧场，有高尔夫球场，等等。香港科大全部面积只有60公顷（约150英亩）。而在这一块如同豆腐干般大小的土地上，从地势最高点到最低点的斜坡却有45度，落差为140米，步行极为吃力，老弱妇孺尤其难以应付。一般体力的人从山脚走到大门口要近30分钟，中间还必须停下来喘几次气。即使是汽车加足马力上坡也颇费劲地制造大量废气。更糟糕的是，它地处偏远，一片荒芜，是当年香港最不起眼的地区，原本是一所军队营房的预留地，只是打算建造一所可以容纳3000名士兵的营房，后来变成了可容纳15000人的大学，其拥挤程度可以想见。换言之，最早参加香港科大建设工作的先驱者看到的是一片乱草丛生的山冈，后来的环境是他们辛辛苦苦栽培出来的，不可倒果为因。

再说，香港科大校园建筑的精美和环境的清洁又有什么值得称道之处？基本上，香港科大使用的是合乎政府规范的建筑费，并没有奢华设备，包括校级领导的办公室都是简单朴素，绝不铺张。香港科大校园建筑唯一可以肯定的是，每一块钱的建筑费都是诚诚实实地用于建材和劳工薪水,其间没有克扣,没有贪污,没有转包施工等层层扒皮的鬼把戏,每一块砖瓦都是真材实料,没有一个角落里隐藏了豆腐渣工程。如果连这么简单诚实的施工也要被表扬的话,那真是暴露了教育界令人心惊胆战的黑暗了。

十多年下来,在维持正常保养的情况下,香港科大的建筑依然不减当年的坚固和光鲜明亮。这对任何一个事业单位而言,都应该是最基本的要求吧?读者们只要看过欧美著名大学的那种古色古香或是金碧辉煌的校园,就能领会为什么来自北美洲的学者不会为这个"劳斯莱斯"而倾倒。

至于说到香港科大校区的负面因素,还真是不少。它离地铁线很远,早期甚至没有到市区的公交车,只能哀求隔壁邻居电影城开恩,允许搭乘他们的交通车进城,对于配偶和子女工作和上学极不方便,这是招聘教授的一大负面因素。买菜要乘车三四十分钟才能抵达最近的彩虹街市,买完菜提回家更是痛苦,因为汤汤水水的食物常常会把衣服弄脏弄湿,令人狼狈不堪。创校初期校园里光秃秃一片,没有树木草坪,毫无屏障,秋冬季节日日如同刮台风,加上经常浓雾满山谷,因此有人把香港科大戏称为 foggy daihe①。对于初创者而言,香港科大的地理位置和校园可说是一无是处。难怪在最初时期有一个知名的故事,说是有一位年轻气盛的助理教授从北美洲初次到香港科大报到,看到这番景象,便在走廊上破口大骂,连呼受骗才会来到"这个鬼地方",而且发誓只要找到新工作一定立即走人。连助理教授都看不上眼的"鬼地方",资深正教授大概也不至为之倾倒。后来的"劳斯莱斯"雅号,是创校者努力营造出来的成果,绝不是最初吸引他们趋之若鹜的本钱。

第二个要被排除的因素是香港科大利用高薪招聘到高级教授。俗话不是说"重赏之下必有勇夫"吗?的确,当年香港教授的薪金待遇,至少可以和北美洲知名大学相比拟,或者高一些。但是要想借此招揽一批在北美洲事业有根基的学者,让他们只是为了多一点钱而跑到人生地不熟的香港去扎根,大概引诱力还不够强。更何况,如果真的只是为了钱而从美国拔根而起,也大可以设法混进香港其他历史更悠久的姐妹校去任教,既可以驾轻就熟地融入新环境,又能获得社会的尊敬,总之无需去一个名不见经传的后生晚辈的"小"学校去冒险。因此,香港的薪水诚可能成

---

① foggy daihe:"雾气蒙蒙的大学"之意,发音与"科技大学"的广东话发音类似。——编者注

为诱因，但是香港科大的薪水比起香港其他大学则毫无优势可言。姑且不说当时香港其他姐妹校的同行们早就瞪大眼睛盯紧香港科大薪水，绝不允许超过他们的所得，就是香港科大刚开办就放弃了姐妹校所尊敬的"讲座教授"称呼，便更是降低了自己的市场价值。

但是尽管事实真相如此，香港科大之成立和行事作风着实惹起了一部分香港同行的无名之火，并产生了一种抵制心理，就等着看香港科大出丑。比如说，当香港科大在最初几年就成功地聘请到相当数量的资深教授时，其他校园马上传出风声，把这些外来学者形容为淘金客，断言他们一旦捞饱了钱就会绝裾而去。为此，香港科大当局还被迫在报纸上列举数据来辟谣。而时间证明，大多数创校者都在香港科大服务到退休年龄，谣言不攻自破。但是这一段往事也显出当年姐妹校对这个新进后生是如何地见外。

这一切事实都使得"有钱好办事"的说法缺乏说服力。说白了，香港科大的教授不是在世界学术市场上以高价买来的教书匠。特别是对于从北美洲来的教授而言，他们除了要向香港政府纳税，还要向美国政府付税，既繁琐又伤财。如果他们的子女还在北美洲念书而无法转学来港，则维持两地家庭的经济负担就会更重。

若以学校为计算单位，则香港科大每年的总预算远远落在香港老资格大学之后。香港那些老资格的大学，规模大，人数多，经费当然也充裕。香港科大并非港英政府高教界的新宠，反而需要艰辛勤奋地争取和姐妹校平等的财政待遇。在这种情形下，把香港科大招聘教授的成绩看成是"重赏之下必有勇夫"的结果，实在离题太远。但是从另外一个角度着眼，没有钱确实不好办事，特别是办科技研究型的大学，经费（funding）的重要性无可置疑。在此需要强调的是，香港科大并没有得天独厚地去接受政府恩宠，它的经常性经费是依照香港政府的预算分发的，而研究费是靠自己的实力争取来的。

第三个因素虽然不能完全排除，但是也不能过分强调，那就是创办香港科大的教授是一群少有的知识分子，是精英中的精英，这种组合是复杂的历史机缘造成的，难以复制。这种高帽子说法诚然能让香港科大创校者个人的虚荣心得到极大满足，笔者也不敢得罪往日同事而替他们矢口否认，但是又未必尽合事实。笔者曾经就这个问题和多位当年的创办人探讨，他们多数人并不觉得自己对办教育有什么高深理论素养或是真知灼见，反而当他们在谈论到中国的人才时，经常赞叹其他华人多么聪敏而自叹望尘莫及。笔者在香港科大服务期间，几乎没有接触过同事有自许为人中龙凤的，反而是露出一份发自内心的谦虚和平实。也可能在创校的最初日子里，的确有少数几位自许为人中龙凤，但是一旦看出其他教授只不过是些平实学者，就另择他木而栖了。

VII. 与香港科大经验密切相关的因素

笔者曾经问过一些参与香港科大创办的资深教授和领导，他们许多人认为在创办过程中，最重要的工作不是教育体制的创新工程，而是移植工程（transfer, transplant）。换言之，原创内容较少，而移植内容则一大堆。

早在香港科大第一批学生入学之前，筹备委员会的前辈们早已动员了许多美籍华裔学者摸索出多条重要的办学途径，更有一些善意的美籍华裔学者在不同场合里，有的提了口头意见，有的写出书面建议，他们功不可没。等到1991年之后，学校运转的实际重心转移到了香港科大校园之内。校长、学术副校长和四个学院的院长，加上部分教授，继续花费了许多精力，只要发现了问题，就会把他们原本在北美洲教书的大学里最熟悉的规矩拿到桌面上讨论，经过筛选和调和，认为足够完善时，便交给秘书们去整理，然后在下次会议上审核通过，成为学校的

规章。大致情况就是如此。在香港科大高阶层脑力激荡会议上经常被提到的北美洲大学有二三十所，有的是个别系所办得杰出，有的是全校均衡发展，其制胜之道正是香港科大要取的经。

这种做法既非崇洋媚外也非标新立异，而是洋为中用，开拓国际视野，与世界学术界接轨。教授的选聘如此，办学的方针如此，只要是好的，香港科大就去学习。这和我们去参加万众迷醉的奥林匹克运动会没有两样，无论是想参加哪一项竞赛，首先把规矩弄明白，继之去探索那些得奖人赢得金牌的秘诀，然后有样学样，"和世界接轨"。所以香港科大在初创年岁里，高层学术负责人的会议上经常是先提出一个当前需要处理的问题，随即请与会者各尽所知地去探索解决方案，如果在大方针上能够取得共识，下一步就是去搜集北美洲一流大学处理该类事务的典章制度，继之结合本校的实际情况和需要，拟定规章予以实施。

笔者想要强调的是，香港科大在拟订大学运作的制度（governance）上虽然不敢吹嘘自己有什么了不起的创意，但是也不是东拼西凑地乱抓，而是非常谨慎、勤奋、认真地学习西方先进经验。从制度层面而言，香港科大的成立对于当年港英政府在香港经营多年的大学体制肯定是一个严重的挑战甚至颠覆，但也为香港的大学教育开创了许多新的机会和选择。香港科大的新体制大部分是移植融会出的综合产品，所幸移植的不是北美洲大学的皮毛，而是精髓。在这个融会吸收过程中，香港科大的确小心谨慎，北美洲大学的每一个重要的制度，它是否符合香港和邻近地区（特别是内地和台湾）的需要，都是香港科大主事者在采用前曾经反复思考的问题，以求在众多优质模式中采用最恰当的一个，必要时加以修改，使之在香港能发挥更高的效用。香港科大的制度基本上是这么建立起来的，创新的特色并不突出，但是吸纳和修改的努力则有一刀一斧的痕迹，历历可数，非常慎重。

说白了，世界知名大学在过去几百年来已经发展出多种办大学的优良模式，值得借镜。如果一个社会还没有办出优质大学的话，就不要好高骛远去侈言新教育理论来自我标榜（更何况那些新理论很可能是别人早已抛弃的糟糠，只是自己才疏学浅没有察觉而已），还不如拿出务实精神，诚恳而认真地先学会别人办学的诀窍，把自己的工作做出水平，然后再求更上层楼。这就像西方那句谚语：Reinvent the wheel（别人既然已经发明了车轮，就无需自己从头再去发明一次）。只要因地制宜，善加修改，就可以洋为中用。

到了1994～1995年，学术部门把许多运作规则汇集成为规范（法规），印成手册，分发给全校各层次和单位。如果把香港科大比喻成一部机器的话，则前几年是打出粗模，然后在运转中临机应变，不断修补，改善机器的各个配件，同时编写使用手册或是说明书（manual，instruction book）。香港科大这部机器大致定型，又有了说明书，即使是刚刚加入香港科大工作的人，只要先去参阅这些说明书，就可以知道如何参与香港科大这部机器的运转。在这一堆说明书之中，最重要的就是《教员手册》（Faculty Handbook），厚度超过300页，举凡教学、研究、招聘、升等、退休、出公差、请假、校外咨询限制、实验室管理、仪器设备添置、图书馆管理，等等，只要和大学教育有关的事务，都有详尽严格的规定，其内容也逐年增改。

本书在此完全没有意愿把这些规定一一列举细述来占据篇幅，但是希望提出两个重点。

第一，一所大学和一部机器当然并不完全相同，但是有一点却相同，那就是要制度化（institutionalization），一定要把它的各部门的操作程序和规范写得清清楚楚，不能怠惰。程序的功用是避免个人（特别是领导人）以即兴的手法或是强烈的主观意愿去处理事务。凡事都要有规矩，而说明书的功用就是让所有参与大学工作的人都看得到，没有深藏不露的那一手怪招，更没有让领导胡作非为的空间。所谓"常规化"（routinization），意思就是避免把所有在工作上可能发生的事务当成新事务来处理，不能这次一种做法下次又是另外一种做法，毫无章法，甚至前后矛盾，让人捉摸不定。在没有章法的情况下，领导会显得特别重要和莫测高深。校内的教职员们想要把事务办成，必须"揣摩上意"，最好的途径当然就是成为领导的心腹，成为领导的宠臣。而常规化就是用明文订出行事规则，让全校上下有规矩可循，大家照规矩办事。这样不但能够使机器的功能得以充分发挥，而且可以互相监督，避免有坏蛋或是笨蛋把机器乱搞一气。香港科大所做的第一步就是在常规化和制度化的工作上作出了极大的努力。

第二，香港科大这部机器的说明书充分透明化，没有什么诀窍或暗盘，一切白纸黑字写在300多页的手册里。读者们如果有兴趣，也可以去拿一本（或是从香港科大的网站上去查阅）。一旦看了，就可以把香港科大行事的底细摸清楚，完全没有神秘感。

总的来说，香港科大对于在北美洲行之有效的教育理念和实践经验的吸收能力、消化能力、融合能力和截长补短的能力尚属不差。香港科大既然能学会借鉴先进经验，其他华人地区的大学哪有学不会的道理？以香港科大创校者的智能能够做出的成绩，其他华人地区聪敏十倍的学者们哪有不能做得更好的道理？笔者在本书的前言里，曾经提到香港科大的特殊性和共同性，并且表明个人的倾向是强调共同性。香港科大那群人的确有某种程度的特殊性（那是一个历史性质的问题），但是他们做的事则是世界上一心求好的大学都可以做到的，这个共同性非常重要。

VIII. 说到底，还是事在人为

把一切典章制度都收集齐全汇集成书，是否保证大学就办得好？当然不能！天下哪有这么美好的事！最后决定性的因素还是"人"。

法治？人治？近年来引起了不少人的思考。香港科大的"法制"的确做得相当周全，但是如果忽略了"人"的因素，则徒有法制并不保证自然能够"法治"，从而把大学带上康庄繁荣的大道。香港科大有些创校老同事非常乐观，认为他们千辛

万苦地把基本法则建立起来，制度化就会长期延续下去，对于前景充满信心。笔者当然希望他们的预言能够成真。

但是笔者可能是受了自己的专业之"害"，却不敢如此乐观。我们不妨做一个虚拟的比喻。任何大学，尽管有严格的招聘制度，但是如果企图心不旺盛，不积极地持续输入新血的话，则教授阵营在几年之内就可能变成一潭死水。而积极与否是一个心态问题，无法去制度化。有的校长和教授可以马不停蹄低声下气地四处访才和求才；有的则大可以云游四方为个人广结善缘，好几年都不去招聘一位好教授。在真实世界里，两种人都有。

以当前华人学者在世界一流学府教书和做研究的数量而言，何止比当年香港科大创办时多出100倍，甚至可能多出1000倍。如果能够争取到他们之中的一小部分去创办一所新大学，人才方面可说毫不成问题，立竿即可见影。

对人才的理解或许可以更细致地分为两部分来说。第一部分是专业知识，即教学和科研的基本功夫。在这方面，笔者坚决相信华人社会绝不缺乏人才，而是极为丰沛。只要能够把他们聚集起来参加大学工作，这些学校的学术水平应该可以指望和世界看齐。但是要达到高水平的学术成果，先决条件是优良的学术风气和运作秩序（又是governance）。否则的话，徒有高水平的学者，也未必能够办出高水平的大学。

这就牵涉到对人才理解的第二部分，即人的素质问题。素质也可从两方面来分析，有其偶然性，也有其必然性。

以香港科大的创校教授群而言，偶然性非常显著。他们多半是40~55岁事业有成的华裔学者，不论其来自台湾或是香港（创办人之中没有直接从内地来的资深学者），都和1960~1970年代华人的民族情绪有关联（包括美国的"钓鱼台运动"，但是也有不少人与"钓鱼台运动"毫无瓜葛）。这种民族情绪和情结的内涵虽然颇难界定，但是和港英政府计划创办一所科技大学的时机正好吻合，于是有求有应，汇集成主要动力。换了一个时空环境，就可能需要另外一种因素作为推动力，但是可能性依然存在，因此不能过分强调特殊性，把这一机缘看成千载难逢、稍纵即逝甚至空前绝后。因为不要忘记，世界上有许多一流的大学，创校时没有类似香港科大的那份天时地利，依然能够把教育事业办得有声有色。如果外国人能，为什么华人就不能？历史无需重演，但是可以在另外一些条件下做出同样或是更好的成绩。

在1990年初的一个筹备会议上，一位早期参与建校工作的华人教授曾经说过一段颇有代表性的话，原文是英文，大意是："我们许多学术界的人士，在来香港科大之前都经历过一番挣扎，最后决定顺从自己的心声，而不服从自己的大脑。他们这些看似违反逻辑的决定，最后必将会创造奇迹。只要我们校方学术界的人员，和贵方各位香港社会人士能够结成一条心，则我们共同的心愿必定会圆满达成。"几十年后回顾这段话，的确是当时创校一代人心情的真实写照。简略地说，当年香港科大创办者普遍有一个心愿，那就是到香港去办一所精彩的大学。如果只是到香港去办一所平庸的大学，那又何必离开自己现在供职的好大学呢？因此，他们最低的目标是能够为华人社会办起一所"好"大学。如果能够更上层楼，把它办成"一流"大学，则更能满足心愿。这是一个极为重要的原动力，是香港科大一切发展的开始，不可忽视。

香港科大创校教授群必然性的素质，就是当年每个创办人的气度、人格、个性和修养。如前文所言，香港科大的创办并不是创办者发明了一大堆办大学的锦囊妙计，他们也未必比别人独具慧眼和慧根。他们的确细心地制订了一套好制度，但是光有好的制度并不够，因为文字可以照抄，表面看起来洋洋洒洒，实践起来却可能面目全非。这种现象在当前的大学里极为普遍，最明显的例子就是许多大学都采用了学术审核的办法，却做不出认真审核的行为，最终画虎不成反类犬。

笔者回顾个人有限的观察，香港科大早年的经历绝非一帆风顺。即便是在成立之初，领导人之间已经产生过严重歧见，不同院系之间也曾发生过关于资源和办学理念的尖锐冲突。这些痛苦与挫折和其他大学可能经历的遭遇并无二致。然而香港科大创办者有一个特色，就是绝大多数人的确认真，甚至天真。凡是经过合法程序表决通过的事务，一定照规矩办事，不和稀泥，不做"好人"，不拉帮结派，不蒙混过关，公事公办，私事私办，黑白力求分明。

这些话说起来容易，迹近宣传八股，但是做起来难。香港科大当然不能例外。幸而当时来自北美洲的大多数同事能够爱惜自己、尊重他人，一心一意要把香港科大办成一流大学，因此蔚然形成一股风尚。也或许是这群人太珍惜这个新事业所提供的一显身手和一偿夙愿的机会，也或许是他们泰半没有经过华人社会的熏陶和历练，不懂得"做人难"的那些深奥哲理。既然缺乏那番磨练，也就没有那些包袱。因此在为人处世等方面，大家的共识是追求单纯、明亮、诚信、坦荡和有话直说。

这个共识（风尚）的珍贵处，是它们并不出自教条，也不是服膺学校哪位领导者的精神感召，而是人人自许自重的基本原则，也是他们依之检验别人的尺度，包括检验校领导。这些素质为香港科大的内部管理和教授治校开辟了一条坦荡的道路，也形成了一股颇具特色的校风。前文提到"教授治校"观念时，笔者曾经表达过个人的立场：好教授治校，学校就会越办越好；坏教授治校，学校就会越办越糟。遗憾的是，在华人社会里，这两种情况同时存在。

毋庸讳言，其间当然也有与上述风气格格不入的人士，他们一看情况不妙就赶紧另谋高就，也有人是被校方劝退或是解聘的。这个过程绝非一帆风顺，这恐怕是一切人间组织都必须面对的烦恼，幸亏香港科大最终仍然能够维系优良学风。我们或许可以做出另外一个推想，那就是如果把香港科大当年创校时那几十位学者分散配置到许多所不同的大学里去任职的话，则他们不但不能产生推动、提升那些大学质量的功效，反而很可能被同化，或是被环境所击败，最终变成和染缸的颜色一样（当然，他们也很可能根本就不会离开北美洲的原职）。这就难免引起另外一种遐想，那就是如果一旦有一大群学者想要改革大学教育，最好的方法不是把他们分散配置到许多不同的单位，任由这些单位的旧习气和旧关系网先去侵蚀他们的热诚、调动他们明哲保身的求生本能、模糊他们的道德尺度，最后把他们各个击垮，而是把他们集中放在一个系、一个院，甚至创办一所新学校，使志同道合的人能够彼此呼应，创造一股新风气。

在日常生活的实例里我们或许可以得到一个灵感。如果我们想要使一瓶被污染了的水变清洁，通常有两种方法：一是注入清洁水，以改造方式去淡化瓶中污水，其结果是要用三四倍甚至更多的清洁水，都未必能够恢复瓶中水未被污染时的清洁度；二是把瓶中污水全部倒光，重新灌注清洁水，只要一瓶水就可以达到目的。同理推论之，如果一所大学被恶习污染，送几位好教授进去进行改造，可能寡不敌众，全部阵亡；如果另起炉灶，让优质的新人去创办新的系、院、校，则可能事半功倍。当然当前教育界的现实问题要复杂得多，不是这种简单一刀切的方式就可以解决的，但是如果一个社会面临巨大数量的同类型问题，则这个简单的道理或许就会有更多的适用空间。比如说，如果这个社会随着经济发展和国际竞争压力加大而必须急速增加大学教育的规模，或是能够招聘到1000位优质教授的话，应该如何借他们的力去改造大学教育？如果有10000位优质教授呢？或许有一天当国家面临这般宏观性的选择时，上述清洁水的比喻就显得更切合实际。

香港科大创校那一代的教授，的确不乏享誉世界学坛的学者，从聪明才智而言肯定属于华裔中的扎实学者，但未必是天赋异禀的顶尖人才。即使是顶尖人才，他们也不肯如此自视。事实上，香港科大有些教授在被人尊称为"大师"的时候，典型的反应是慌张失措、结结巴巴而又急不可待地予以强烈否认（似乎是遭受侮蔑一般），"大师"之类的美称在香港科大校园里十年难得听到一次。然而他们各自带来的气度和修养实在弥足珍贵，是缔造学校成绩最大的保证。依笔者之见，这种人才组合现象在华裔学者群中虽不敢说是俯拾即是，但是到处可以寻谋到手，无足为奇。香港科大（和香港人）的幸运是从华人这样一个浩瀚的人才宝库里，吸引到一批诚恳、敬业、勤奋、思想单纯、行事明朗正派的学者去为香港科大奠定基石，并且这些人能够无私无我地就事论事。他们能够做出一些成绩，足以令他们感到骄傲；另一方面，他们有机会和一群志同道合人格高尚的学者共同参与创校的工作，也是他们前世修来的福分。

为何香港科大在短短十几年内可以做出一些成就？笔者的答案非常简单，归根结底，是人为因素。而人为因素不是指创校者们天资超群，而是指他们为人单纯，做事认真。换言之，不是上文所提创校者素质的偶然性，而是必然性。一般社会上所谓的"世故"，在香港科大校园里缺乏市场。同事们加入香港科大不是为了去谋一张饭票，也没有建立学术山头称霸一方的小人得志的妄想，更不敢尸位素餐地鬼混。学校小心翼翼地制订了许多合乎理性和提高效率的规章制度，从校长开始，一切人照规章办学，没有特权例外，不认可权宜之计。香港科大几位学术领导人在位时，手操几百位教授和一两千名职员的职业生命，但是他们洁身自爱兢兢业业，绝不玩权弄法，这已经是极为难能可贵。而同样值得称道的是，以他们的位高权重，居然没有人去巴结逢迎、讨好和求情，这才真正显出了香港科大全体同事人格高尚的一面。

就像香港科大一位领导人在退休后的回顾所言，他在行政岗位上若干年里，从来没有人在人事安排问题上直接或是间接地向他进行游说或施压。这种话除了叙述他个人的工作经验之外，实在是对香港科大广大同仁们莫大的赞扬。至于到办公室去吵架、耍赖、哭诉，或是在背后造谣生事、中伤别人，更是从不曾在香港科大校园内听闻。

香港科大教授们的共同目标,就是把学校办得对得起香港纳税人,造就学生,同时为自己打造有尊严和荣誉感的职业生涯。当这些规范被上下各级人士共同遵守时,香港科大的成长就孕育在其中。这个道理其实一点也不复杂。香港科大教授所具备的"必然性"也就是效法世界上其他一流大学成功所必须具备的基本质量。如果有人去对世界杰出大学进行调查,就可能发现这些大学的教授们专业学术造诣当然非常优秀。但是这并不够,因为一所好大学不只是把一大群学识优秀的教授网罗到自己的门下,同等重要的是要订出规章制度,然后身体力行地把学校的事务管理好。在程序化和制度化的框架之下,务必使好教授们的优秀学识可以发挥得淋漓尽致,而某些人的负面能量则完全施展不出来。这就是办好大学的必然性。如果有大学不具备这些必然性的素质而还想领先世界学坛的话,那只能是天方夜谭。

本书在前言里曾经开宗明义地指出,大学成功的三大要素分别是经费(funding)、人才(manpower & talents)和管理(governance)。本书在各章的叙述中也指出香港科大的经费既不缺乏也不富裕,基本上是比照香港政府平均分配的模式,和其他学校平等。研究费较多是香港科大教授们靠本领在竞争中赢得的,

民间捐助少则是香港科大的毕业生还没有熬成工商业大亨而香港科大本身的社会关系也有些孤僻所致。在人力方面，本书对于香港科大的求才和留才所做的努力，也提供了务实的介绍。笔者既不敢以虚伪的客套自谦香港科大人才平庸，也不敢趾高气扬地吹嘘其人才杰出，但是读者从各个章节诚实的叙述中应该可以得到一个客观的了解。笔者敢肯定的是，只有好人才不一定能办成好大学，同样重要的是管理。这就是本书花了极大篇幅去介绍香港科大管理工作的原因之所在。

华人社会想努力办好高等教育，有挤进世界百强的雄心壮志，应该为之欢呼击掌予以鼓励。但是也需要慎戒地记住，这个世界上有好些杰出的大学已有三百年、四百年或更长的历史。西方国家能够做到的事，华人社会也一定要敢去想和谦虚勤奋地去做，而不是自我陶醉或以此傲人，特别是不要在自家后院逞英雄舞大刀，到了国际上却还是一个叫人看轻的侏儒。世界上的好大学，要想保持一流水平，必须靠一代又一代人长期不懈地自我驱策，方能在世界学坛挣得一席被人尊敬的地位，要不然就会昙花一现。正因为世事每每如此，所以孔尚任在《桃花扇》结尾的那几句万分悲叹的话才会被人不断地引用："眼看他起朱楼，眼看他宴宾客，眼看他楼塌了。"华人的高等教育一定要跳出这个圈套，这当然包括香港科大在内。

最后尚要一提的是，香港科大作为一所与众不同（标新立异？）的大学得以生存和蓬勃发展，人们不得不承认，它的背后还有一只看不见的手，那就是港英政府。这只手的主要功能不是去操纵香港科大的运作，而是去保护香港科大不被校外力量操控，充分信赖教授治校原则的良性发展。由于港英政府尊重学术，不插手校务，不安插人事，有权有势的公务员才无法指望到大学去修个假学位，或是把子女塞进博士班，等等。这样大学才有机会尽施所能地办好。政府的这个"不作为"是香港科大办得好的起步点，然而政府并没有放弃检查权，只不过只是检查香港科大的成果，不干涉香港科大的运作。